Ainsi parlait Zarathoustra

Friedrich Wilhelm Nietzsche

feedbooks

CW00458949

Ainsi Parlait Zarathoustra

Friedrich Wilhelm Nietzsche

(Traducteur: Henri Albert)

Publication: 1885
Catégorie(s): Non-Fiction, Sciences humaines, Philosophie
Source: http://www.ebooksgratuits.com

A Propos Nietzsche:

Friedrich Wilhelm Nietzsche (October 15, 1844 – August 25, 1900) was a German philosopher. His writing included critiques of religion, morality, contemporary culture, philosophy, and science, using a distinctive style and displaying a fondness for aphorism. Nietzsche's influence remains substantial within and beyond philosophy, notably in existentialism and postmodernism. Nietzsche began his career as a philologist before turning to philosophy. At the age of 24 he became Professor of Classical Philology at the University of Basel, but resigned in 1879 due to health problems, which would plague him for most of his life. In 1889 he exhibited symptoms of a serious mental illness, living out his remaining years in the care of his mother and sister until his death in 1900.

Note: Ce livre vous est offert par Feedbooks.

http://www.feedbooks.com

Il est destiné à une utilisation strictement personnelle et ne peut en aucun cas être vendu.

Note de H. Albert

L'idée de Zarathoustra remonte chez Nietzsche aux premières années de son séjour à Bâle. On en retrouve des indices dans les notes datant de 1871 et 1872. Mais, pour la conception fondamentale de l'œuvre, Nietzsche lui-même indique l'époque d'une villégiature dans l'Engadine en août 1881, où lui vint, pendant une marche à travers la forêt, au bord du lac de Silvaplana, comme « un premier éclair de la pensée de Zarathoustra », l'idée de l'éternel retour. Il en prit note le même jour en ajoutant la remarque : « Au commencement du mois d'août 1881 à Sils Maria, 6000 pieds au-dessus du niveau de la mer et bien plus haut encore au-dessus de toutes les choses humaines » (Note conservée). Depuis ce moment, cette idée se développa en lui : ses carnets de notes et ses manuscrits des années 1881 et 1882 en portent de nombreuses traces et Le gai Savoir qu'il rédigeait alors contient « cent indices de l'approche de quelque chose d'incomparable ». Le volume mentionnait même déjà (dans l'aphorisme 341) la pensée de l'éternel retour, et, à la fin de sa quatrième partie (dans l'aphorisme 342, qui, dans la première édition, terminait l'ouvrage), « faisait luire, comme le dit Nietzsche lui-même, la beauté des premières paroles de Zarathoustra ».

La première partie fut écrite dans « la baie riante et silencieuse » de Rapallo près de Gênes, où Nietzsche passa les mois de janvier et février 1883. « Le matin je suis monté par la superbe route de Zoagli en me dirigeant vers le sud, le long d'une forêt de pins ; je voyais se dérouler devant moi la mer qui s'étendait jusqu'à l'horizon ; l'après-midi je fis le tour de toute la baie depuis Santa Margherita jusque derrière Porto-fino. C'est sur ces deux chemins que m'est venue l'idée de toute la première partie de Zarathoustra, avant tout Zarathoustra lui-même, considère comme type ; mieux encore, il est venu sur moi » (jeu de mot sur *er fiel mir ein* et *er überfiel mich*). Nietzsche a plusieurs fois certifié n'avoir jamais mis plus de dix jours à chacune des trois premières parties de Zarathoustra : il entend par là les jours où les idées, longuement mûries, s'assemblaient en un tout, où, durant les fortes marches de la journée, dans l'état d'une inspiration incomparable et dans une violente tension de l'esprit, l'œuvre se cristallisait dans son ensemble, pour être ensuite rédigée le soir sous cette forme de premier jet. Avant ces dix jours, il y a chaque fois un temps de préparation, plus ou moins long, immédiatement après, la mise au point du manuscrit définitif ; ce dernier travail s'accomplissait aussi avec une véhémence et s'accompagnait d'une « expansion du sentiment » presque insupportable. Cette « œuvre de dix jours » tombe pour la première partie sur la fin du mois de janvier 1883 : au commencement de février la première conception est entièrement rédigée, et au milieu du mois le manuscrit est prêt à être donné à l'impression. La conclusion de la première partie (De la vertu qui donne) « fut terminée exactement pendant l'heure sainte où Richard Wagner mourut à Venise » (13 février).

Au cours d'un « printemps mélancolique » à Rome, dans une loggia qui domine la Piazza Barbarini, « d'où l'on aperçoit tout Rome et d'où l'on entend mugir au-dessous de soi la Fontanas », le Chant de la Nuit de la deuxième partie fut composé au mois de mai. La seconde partie elle-même fut écrite, de nouveau en dix jours, à Sils Maria, entre le 17 juin et le 6 juillet 1883 : la première rédaction fut terminée avant le 6 juillet et le manuscrit définitif avant le milieu du même mois.

« L'hiver suivant, sous le ciel alcyonien de Nice, qui, pour la première fois, rayonna alors dans ma vie, j'ai trouvé le troisième Zarathoustra. Cette partie décisive qui porte le titre : « Des vieilles et des nouvelles Tables, fut composée pendant une montée des plus pénibles de la gare au merveilleux village maure Eza, bâti au milieu des rochers – ». Cette fois encore « l'œuvre de dix jours » fut terminée fin janvier, la mise au net au milieu du mois de février.

La quatrième partie fut commencée à Menton, en novembre 1884, et achevée, après une longue interruption, de fin janvier à mi-février 1885 : le 12 février le manuscrit fut envoyé à l'impression. Cette partie s'appelle d'ailleurs injustement « quatrième et dernière partie » : « son titre véritable (écrit Nietzsche à Georges Brandès), par rapport à ce qui précède à ce qui suit, devrait être : La tentation de Zarathoustra, un intermède ». Nietzsche a en effet laissé des ébauches de nouvelles parties d'après lesquelles l'œuvre entière ne devait se clore que par la mort de Zarathoustra. Ces plans et d'autres fragments seront publiés dans les œuvres posthumes. La première partie parut en mai 1883 chez E. Schmeitzner, à Chemnitz, sous le titre : Ainsi parlait Zarathoustra. Un livre pour tous et pour personne (1883). La seconde et la troisième partie parurent en septembre 1883 et en avril 1884 sous le même titre, chez le même éditeur. Elles portent sur la couverture, pour les distinguer, les chiffres 2 et 3.

La première édition complète de ces trois parties parut à la fin de 1886 chez E.W. Fritsch, à Leipzig (qui avait repris quelques mois avant le dépôt des œuvres de Nietzsche), sous le titre : Ainsi parlait Zarathoustra. Un livre pour tous et pour personne. En trois parties (sans date).

Nietzsche fit imprimer à ses frais la quatrième partie chez C.G. Naumann, à Leipzig, en avril 1885, à quarante exemplaires. Il considérait cette quatrième partie (le manuscrit portait : « pour mes amis seulement et non pour le public ») comme quelque chose de tout à fait personnel et recommandait aux quelques rares dédicataires une discrétion absolue. Quoiqu'il songeât souvent à livrer aussi cette partie au public, il ne crut pas devoir le faire sans remanier préalablement quelques passages. Un tirage à part, imprimé en automne 1890, lorsque eut éclaté la maladie de Nietzsche, fut publié, en mars 1892, chez C.G. Naumann, après que tout espoir de guérison eut disparu et par conséquent toute possibilité pour l'auteur de décider lui-même de la publication. En juillet 1892, parut chez C.G. Naumann la deuxième édition de Zarathoustra, la première qui contînt les quatre parties. La troisième édition fut publiée chez le même éditeur en août 1893.

La présente traduction a été faite sur le sixième volume des Oeuvres complètes de Fr. Nietzsche, publié en août 1894 chez C.G. Naumann, à Leipzig, par les soins du « Nietzsche-Archiv ». Les notes bibliographiques qui précèdent ont été rédigées d'après l'appendice que M. Fritz Koegel a donné à cette édition. Nous nous sommes appliqués à donner une version aussi littérale que possible de l'œuvre de Nietzsche, tâchant d'imiter même, autant que possible, le rythme des phrases allemandes. Les passages en vers sont également en vers rimés ou non rimés dans l'original.

Le Prologue de Zarathoustra

1.

Lorsque Zarathoustra eut atteint sa trentième année, il quitta sa patrie et le lac de sa patrie et s'en alla dans la montagne. Là il jouit de son esprit et de sa solitude et ne s'en lassa point durant dix années. Mais enfin son cœur se transforma, – et un matin, se levant avec l'aurore, il s'avança devant le soleil et lui parla ainsi :

« Ô grand astre ! Quel serait ton bonheur, si tu n'avais pas ceux que tu éclaires ?

Depuis dix ans que tu viens vers ma caverne : tu te serais lassé de ta lumière et de ce chemin, sans moi, mon aigle et mon serpent.

Mais nous t'attendions chaque matin, nous te prenions ton superflu et nous t'en bénissions.

Voici ! Je suis dégoûté de ma sagesse, comme l'abeille qui a amassé trop de miel. J'ai besoin de mains qui se tendent. Je voudrais donner et distribuer, jusqu'à ce que les sages parmi les hommes soient redevenus joyeux de leur folie, et les pauvres, heureux de leur richesse.

Voilà pourquoi je dois descendre dans les profondeurs, comme tu fais le soir quand tu vas derrière les mers, apportant ta clarté au-dessous du monde, ô astre débordant de richesse !

Je dois disparaître ainsi que toi, me coucher, comme disent les hommes vers qui je veux descendre.

Bénis-moi donc, œil tranquille, qui peux voir sans envie un bonheur même sans mesure !

Bénis la coupe qui veut déborder, que l'eau toute dorée en découle, apportant partout le reflet de ta joie !

Vois ! cette coupe veut se vider à nouveau et Zarathoustra veut redevenir homme. »

Ainsi commença le déclin de Zarathoustra.

2.

Zarathoustra descendit seul des montagnes, et il ne rencontra personne. Mais lorsqu'il arriva dans les bois, soudain se dressa devant lui un vieillard qui avait quitté sa sainte chaumière pour chercher des racines dans la forêt. Et ainsi parla le vieillard et il dit à Zarathoustra :

« Il ne m'est pas inconnu, ce voyageur ; voilà bien des années qu'il passa par ici. Il s'appelait Zarathoustra, mais il s'est transformé.

Tu portais alors ta cendre à la montagne ; veux-tu aujourd'hui porter ton feu dans la vallée ? Ne crains-tu pas le châtiment des incendiaires ?

Oui, je reconnais Zarathoustra. Son œil est limpide et sur sa lèvre ne se creuse aucun pli de dégoût. Ne s'avance-t-il pas comme un danseur ?

Zarathoustra s'est transformé, Zarathoustra s'est fait enfant, Zarathoustra s'est éveillé : que vas-tu faire maintenant auprès de ceux qui dorment ?

Tu vivais dans la solitude comme dans la mer et la mer te portait. Malheur à toi, tu veux donc atterrir ? Malheur à toi, tu veux de nouveau traîner toi-même ton corps ? »

Zarathoustra répondit : « J'aime les hommes. »

« Pourquoi donc, dit le sage, suis-je allé dans les bois et dans la solitude ? N'était-ce pas parce que j'aimais trop les hommes ?

Maintenant j'aime Dieu : je n'aime point les hommes. L'homme est pour moi une chose trop imparfaite. L'amour de l'homme me tuerait. »

Zarathoustra répondit : « Qu'ai-je parlé d'amour ! Je vais faire un présent aux hommes. »

« Ne leur donne rien, dit le saint. Enlève-leur plutôt quelque chose et aide-les à le porter – rien ne leur sera meilleur : pourvu qu'à toi aussi cela fasse du bien !

Et si tu veux donner, ne leur donne pas plus qu'une aumône, et attends qu'ils te la demandent ! »

« Non, répondit Zarathoustra, je ne fais pas l'aumône. Je ne suis pas assez pauvre pour cela. »

Le saint se prit à rire de Zarathoustra et parla ainsi : « Tâche alors de leur faire accepter les trésors. Ils se méfient des solitaires et ne croient pas que nous venions pour donner.

À leurs oreilles les pas du solitaire retentissent trop étrangement à travers les rues. Défiants comme si la nuit, couchés dans leurs lits, ils entendaient marcher un homme,

longtemps avant de lever du soleil, ils se demandent peut-être :
Où se glisse ce voleur ?

Ne vas pas auprès des hommes, reste dans la forêt ! Retourne plutôt auprès des bêtes ! Pourquoi ne veux-tu pas être comme moi, – ours parmi les ours, oiseau parmi les oiseaux ? »

« Et que fait le saint dans les bois ? » demanda Zarathoustra.

Le saint répondit : « Je compose des chants et je les chante, et quand je fais des chants, je ris, je pleure et je murmure : c'est ainsi que je loue Dieu.

Avec des chants, des pleurs, des rires et des murmures, je rends grâce à Dieu qui est mon Dieu. Cependant quel présent nous apportes-tu ? »

Lorsque Zarathoustra eut entendu ces paroles, il salua le saint et lui dit : « Qu'aurais-je à vous donner ? Mais laissez-moi partir en hâte, afin que je ne vous prenne rien ! » – Et c'est ainsi qu'ils se séparèrent l'un de l'autre, le vieillard et l'homme, riant comme rient deux petits garçons.

Mais quand Zarathoustra fut seul, il parla ainsi à son cœur : « Serait-ce possible ! Ce vieux saint dans sa forêt n'a pas encore entendu dire que *Dieu est mort* ! »

3.

Lorsque Zarathoustra arriva dans la ville voisine qui se trouvait le plus près des bois, il y vit une grande foule rassemblée sur la place publique : car on avait annoncé qu'un danseur de corde allait se montrer. Et Zarathoustra parla au peuple et lui dit :

Je vous enseigne le Surhomme.

[1]...1

L'homme est quelque chose qui doit être surmonté. Qu'avez-vous fait pour le surmonter ?

Tous les êtres jusqu'à présent ont créé quelque chose au-dessus d'eux, et vous voulez être le reflux de ce grand flot et plutôt retourner à la bête que de surmonter l'homme ?

Qu'est le singe pour l'homme ? Une dérision ou une honte douloureuse. Et c'est ce que doit être l'homme pour le surhomme : une dérision ou une honte douloureuse.

Vous avez tracé le chemin qui va du ver jusqu'à l'homme et il vous est resté beaucoup du ver de terre. Autrefois vous étiez singe et maintenant encore l'homme est plus singe qu'un singe.

Mais le plus sage d'entre vous n'est lui-même qu'une chose disparate, hybride fait d'une plante et d'un fantôme. Cependant vous ai-je dit de devenir fantôme ou plante ?

Voici, je vous enseigne le Surhomme !

Le Surhomme est le sens de la terre. Que votre volonté dise : que le Surhomme *soit* le sens de la terre.

Je vous en conjure, mes frères, *restez fidèles à la terre* et ne croyez pas ceux qui vous parlent d'espoirs supraterrestres ! Ce sont des empoisonneurs, qu'ils le sachent ou non.

Ce sont des contempteurs de la vie, des moribonds et des empoisonnés eux-mêmes, de ceux dont la terre est fatiguée : qu'ils s'en aillent donc !

Autrefois le blasphème envers Dieu était le plus grand blasphème, mais Dieu est mort et avec lui sont morts ses blasphémateurs. Ce qu'il y a de plus terrible maintenant, c'est de blasphémer la terre et d'estimer les entrailles de l'impénétrable plus que le sens de la terre !

Jadis l'âme regardait le corps avec dédain, et rien alors n'était plus haut que ce dédain : elle le voulait maigre, hideux, affamé ! C'est ainsi qu'elle pensait lui échapper, à lui et à la terre !

Oh ! Cette âme était elle-même encore maigre, hideuse et affamée : et pour elle la cruauté était une volupté !

Mais, vous aussi, mes frères, dites-moi : votre corps, qu'annonce-t-il de votre âme ? Votre âme n'est-elle pas pauvreté, ordure et pitoyable contentement de soi-même ?

En vérité, l'homme est un fleuve impur. Il faut être devenu océan pour pouvoir, sans se salir, recevoir un fleuve impur.

1

Voici, je vous enseigne le Surhomme : il est cet océan ; en lui peut s'abîmer votre grand mépris.

Que peut-il vous arriver de plus sublime ? C'est l'heure du grand mépris. L'heure où votre bonheur même se tourne en dégoût, tout comme votre raison et votre vertu.

L'heure où vous dites : « Qu'importe mon bonheur ! Il est pauvreté, ordure et pitoyable contentement de soi-même. Mais mon bonheur devrait légitimer l'existence elle-même ! »

L'heure où vous dites : « Qu'importe ma raison ? Est-elle avide de science, comme le lion de nourriture ? Elle est pauvreté, ordure et pitoyable contentement de soi-même ! »

L'heure où vous dites : « Qu'importe ma vertu ! Elle ne m'a pas encore fait délirer. Que je suis fatigué de mon bien et de mon mal ! Tout cela est pauvreté, ordure et pitoyable contentement de soi-même. »

L'heure où vous dites : « Qu'importe ma justice ! Je ne vois pas que je sois charbon ardent. Mais le juste est charbon ardent ! »

L'heure où vous dites : « Qu'importe ma pitié ! La pitié n'est-elle pas la croix où l'on cloue celui qui aime les hommes ? Mais ma pitié n'est pas une crucifixion. »

Avez-vous déjà parlé ainsi ? Avez-vous déjà crié ainsi ? Hélas, que ne vous ai-je déjà entendus crier ainsi !

Ce ne sont pas vos péchés – c'est votre contentement qui crie contre le ciel, c'est votre avarice, même dans vos péchés, qui crie contre le ciel !

Où donc est l'éclair qui vous léchera de sa langue ? Où est la folie qu'il faudrait vous inoculer ?

Voici, je vous enseigne le Surhomme : il est cet éclair, il est cette folie !

Quand Zarathoustra eut parlé ainsi, quelqu'un de la foule s'écria : « Nous avons assez entendu parler du danseur de corde ; faites-nous-le voir maintenant ! » Et tout le peuple rit de Zarathoustra. Mais le danseur de corde qui croyait que l'on avait parlé de lui se mit à l'ouvrage.

4.

Zarathoustra, cependant, regardait le peuple et s'étonnait. Puis il dit :

L'homme est une corde tendue entre la bête et le Surhomme, – une corde sur l'abîme.

Il est dangereux de passer de l'autre côté, dangereux de rester en route, dangereux de regarder en arrière – frisson et arrêt dangereux.

Ce qu'il y a de grand dans l'homme, c'est qu'il est un pont et non un but : ce que l'on peut aimer en l'homme, c'est qu'il est un *passage* et un *déclin*.

J'aime ceux qui ne savent vivre autrement que pour disparaître, car ils passent au delà.

J'aime les grands contempteurs, parce qu'ils sont les grands adorateurs, les flèches du désir vers l'autre rive.

J'aime ceux qui ne cherchent pas, derrière les étoiles, une raison pour périr ou pour s'offrir en sacrifice ; mais ceux qui se sacrifient à la terre, pour qu'un jour la terre appartienne au Surhomme.

J'aime celui qui vit pour connaître et qui veut connaître afin qu'un jour vive le Surhomme. Car c'est ainsi qu'il veut son propre déclin.

J'aime celui qui travaille et invente, pour bâtir une demeure au Surhomme, pour préparer à sa venue la terre, les bêtes et les plantes : car c'est ainsi qu'il veut son propre déclin.

J'aime celui qui aime sa vertu : car la vertu est une volonté de déclin, et une flèche de désir.

J'aime celui qui ne réserve pour lui-même aucune parcelle de son esprit, mais qui veut être tout entier l'esprit de sa vertu : car c'est ainsi qu'en esprit il traverse le pont.

J'aime celui qui fait de sa vertu son penchant et sa destinée : car c'est ainsi qu'à cause de sa vertu il voudra vivre encore et ne plus vivre.

J'aime celui qui ne veut pas avoir trop de vertus. Il y a plus de vertus en une vertu qu'en deux vertus, c'est un nœud où s'accroche la destinée.

J'aime celui dont l'âme se dépense, celui qui ne veut pas qu'on lui dise merci et qui ne restitue point : car il donne toujours et ne veut point se conserver.

J'aime celui qui a honte de voir le dé tomber en sa faveur et qui demande alors : suis-je donc un faux joueur ? – car il veut périr.

3

J'aime celui qui jette des paroles d'or au-devant de ses œuvres et qui tient toujours plus qu'il ne promet : car il veut son déclin.

J'aime celui qui justifie ceux de l'avenir et qui délivre ceux du passé, car il veut que ceux d'aujourd'hui le fassent périr.

J'aime celui qui châtie son Dieu, parce qu'il aime son Dieu : car il faut que la colère de son Dieu le fasse périr.

J'aime celui dont l'âme est profonde, même dans la blessure, celui qu'une petite aventure peut faire périr : car ainsi, sans hésitation, il passera le pont.

J'aime celui dont l'âme déborde au point qu'il s'oublie lui-même, et que toutes choses soient en lui : ainsi toutes choses deviendront son déclin.

J'aime celui qui est libre de cœur et d'esprit : ainsi sa tête ne sert que d'entrailles à son cœur, mais son cœur l'entraîne au déclin.

J'aime tous ceux qui sont comme de lourdes gouttes qui tombent une à une du sombre nuage suspendu sur les hommes : elles annoncent l'éclair qui vient, et disparaissent en visionnaires.

Voici, je suis un visionnaire de la foudre, une lourde goutte qui tombe de la nue : mais cette foudre s'appelle le Surhomme.

5.

Quand Zarathoustra eut dit ces mots, il considéra de nouveau le peuple et se tut, puis il dit à son cœur : « Les voilà qui se mettent à rire ; ils ne me comprennent point, je ne suis pas la bouche qu'il faut à ces oreilles.

Faut-il d'abord leur briser les oreilles, afin qu'ils apprennent à entendre avec les yeux ? Faut-il faire du tapage comme les cymbales et les prédicateurs de carême ? Ou n'ont-ils foi que dans les bègues ?

Ils ont quelque chose dont ils sont fiers. Comment nomment-ils donc ce dont ils sont fiers ? Ils le nomment civilisation, c'est ce qui les distingue des chevriers.

C'est pourquoi ils n'aiment pas, quand on parle d'eux, entendre le mot de « mépris ». Je parlerai donc à leur fierté.

Je vais donc leur parler de ce qu'il y a de plus méprisable : je veux dire *le dernier homme*. »

4

Et ainsi Zarathoustra se mit à parler au peuple :

Il est temps que l'homme se fixe à lui-même son but. Il est temps que l'homme plante le germe de sa plus haute espérance.

Maintenant son sol est encore assez riche. Mais ce sol un jour sera pauvre et stérile et aucun grand arbre ne pourra plus y croître.

Malheur ! Les temps sont proches où l'homme ne jettera plus par-dessus les hommes la flèche de son désir, où les cordes de son arc ne sauront plus vibrer !

Je vous le dis : il faut porter encore en soi un chaos, pour pouvoir mettre au monde une étoile dansante. Je vous le dis : vous portez en vous un chaos.

Malheur ! Les temps son proches où l'homme ne mettra plus d'étoile au monde. Malheur ! Les temps sont proches du plus méprisable des hommes, qui ne sait plus se mépriser lui-même.

Voici ! Je vous montre le *dernier homme*.

« Amour ? Création ? Désir ? Étoile ? Qu'est cela ? » – Ainsi demande le dernier homme et il cligne de l'œil.

La terre sera alors devenue plus petite, et sur elle sautillera le dernier homme, qui rapetisse tout. Sa race est indestructible comme celle du puceron ; le dernier homme vit le plus longtemps.

« Nous avons inventé le bonheur, » – disent les derniers hommes, et ils clignent de l'œil.

Ils ont abandonné les contrées où il était dur de vivre : car on a besoin de chaleur. On aime encore son voisin et l'on se frotte à lui : car on a besoin de chaleur.

Tomber malade et être méfiant passe chez eux pour un péché : on s'avance prudemment. Bien fou qui trébuche encore sur les pierres et sur les hommes !

Un peu de poison de-ci de-là, pour se procurer des rêves agréables. Et beaucoup de poisons enfin, pour mourir agréablement.

On travaille encore, car le travail est une distraction. Mais l'on veille à ce que la distraction ne débilite point.

On ne devient plus ni pauvre ni riche : ce sont deux choses trop pénibles. Qui voudrait encore gouverner ? Qui voudrait obéir encore ? Ce sont deux choses trop pénibles.

Point de berger et un seul troupeau ! Chacun veut la même chose, tous sont égaux : qui a d'autres sentiments va de son plein gré dans la maison des fous.

« Autrefois tout le monde était fou, » – disent ceux qui sont les plus fins, et ils clignent de l'œil.

On est prudent et l'on sait tout ce qui est arrivé : c'est ainsi que l'on peut railler sans fin. On se dispute encore, mais on se réconcilie bientôt – car on ne veut pas se gâter l'estomac.

On a son petit plaisir pour le jour et son petit plaisir pour la nuit : mais on respecte la santé.

« Nous avons inventé le bonheur, » – disent les derniers hommes, et ils clignent de l'œil.

Ici finit le premier discours de Zarathoustra, celui que l'on appelle aussi « le prologue » : car en cet endroit il fut interrompu par les cris et la joie de la foule. « Donne-nous ce dernier homme, ô Zarathoustra, – s'écriaient-ils – rends-nous semblables à ces derniers hommes ! Nous te tiendrons quitte du Surhomme ! » Et tout le peuple jubilait et claquait de la langue. Zarathoustra cependant devint triste et dit à son cœur :

« Ils ne me comprennent pas : je ne suis pas la bouche qu'il faut à ces oreilles.

Trop longtemps sans doute j'ai vécu dans les montagnes, j'ai trop écouté les ruisseaux et les arbres : je leur parle maintenant comme à des chevriers.

Placide est mon âme et lumineuse comme la montagne au matin. Mais ils me tiennent pour un cœur froid et pour un bouffon aux railleries sinistres.

Et les voilà qui me regardent et qui rient : et tandis qu'ils rient ils me haïssent encore. Il y a de la glace dans leur rire. »

6.

Mais alors il advint quelque chose qui fit taire toutes les bouches et qui fixa tous les regards. Car pendant ce temps le danseur de corde s'était mis à l'ouvrage : il était sorti par une petite poterne et marchait sur la corde tendue entre deux tours, au-dessus de la place publique et de la foule. Comme il se trouvait juste à mi-chemin, la petite porte s'ouvrit encore une fois et un gars bariolé qui avait l'air d'un bouffon sauta dehors et suivit d'un pas rapide le premier. « En avant, boiteux, cria son horrible voix, en avant paresseux, sournois, visage blême ! Que je ne te chatouille pas de mon talon ! Que fais-tu là entre ces tours ? C'est dans la tour que tu devrais être enfermé ; tu barres la route à un meilleur que toi ! » – Et à chaque mot il s'approchait davantage ; mais quand il ne fut plus qu'à un pas du danseur de corde, il advint cette chose terrible qui fit taire toutes les bouches et qui fixa tous les regards : – le bouffon poussa un cri diabolique et sauta par-dessus celui qui lui barrait la route. Mais le danseur de corde, en voyant la victoire de son rival, perdit la tête et la corde ; il jeta son balancier et, plus vite encore, s'élança dans l'abîme, comme un tourbillon de bras et de jambes. La place publique et la foule ressemblaient à la mer, quand la tempête s'élève. Tous s'enfuyaient en désordre et surtout à l'endroit où le corps allait s'abattre.

Zarathoustra cependant ne bougea pas et ce fut juste à côté de lui que tomba le corps, déchiré et brisé, mais vivant encore. Au bout d'un certain temps la conscience revint au blessé, et il vit Zarathoustra, agenouillé auprès de lui : « Que fais-tu là, dit-il enfin, je savais depuis longtemps que le diable me mettrait le pied en travers. Maintenant il me traîne en enfer : veux-tu l'en empêcher ? »

« Sur mon honneur, ami, répondit Zarathoustra, tout ce dont tu parles n'existe pas : il n'y a ni diable, ni enfer. Ton âme sera morte, plus vite encore que ton corps : ne crains donc plus rien ! »

L'homme leva les yeux avec défiance. « Si tu dis vrai, répondit-il ensuite, je ne perds rien en perdant la vie. Je ne suis guère plus qu'une bête qu'on a fait danser avec des coups et de maigres nourritures. »

« Non pas, dit Zarathoustra, tu as fait du danger ton métier, il n'y a là rien de méprisable. Maintenant ton métier te fait périr : c'est pourquoi je vais t'enterrer de mes mains. »

Quand Zarathoustra eut dit cela, le moribond ne répondit plus ; mais il remua la main, comme s'il cherchait la main de Zarathoustra pour le remercier.

7.

Cependant le soir tombait et la place publique se voilait d'ombres : alors la foule commença à se disperser, car la curiosité et la frayeur mêmes se fatiguent. Zarathoustra, assis par terre à côté du mort, était noyé dans ses pensées : ainsi il oubliait le temps. Mais, enfin, la nuit vint et un vent froid passa sur le solitaire. Alors Zarathoustra se leva et il dit à son cœur :

« En vérité, Zarathoustra a fait une belle pêche aujourd'hui ! Il n'a pas attrapé d'homme, mais un cadavre.

Inquiétante est la vie humaine et, de plus, toujours dénuée de sens : un bouffon peut lui devenir fatal.

Je veux enseigner aux hommes le sens de leur existence : qui est le Surhomme, l'éclair du sombre nuage homme.

Mais je suis encore loin d'eux et mon esprit ne parle pas à leurs sens. Pour les hommes, je tiens encore le milieu entre un fou et un cadavre.

Sombre est la nuit, sombres sont les voies de Zarathoustra. Viens, compagnon rigide et glacé ! Je te porte à l'endroit où je vais t'enterrer de mes mains. »

8.

Quand Zarathoustra eut dit cela à son cœur, il chargea le cadavre sur ses épaules et se mit en route. Il n'avait pas encore fait cent pas qu'un homme se glissa auprès de lui et lui parla tout bas à l'oreille – et voici ! celui qui lui parlait était le bouffon de la tour.

« Va-t'en de cette ville, ô Zarathoustra, dit-il, il y a ici trop de gens qui te haïssent. Les bons et les justes te haïssent et ils t'appellent leur ennemi et leur contempteur ; les fidèles de la vraie croyance te haïssent et ils t'appellent un danger pour la foule. Ce fut ton bonheur qu'on se moquât de toi, car vraiment tu parlais comme un bouffon. Ce fut ton bonheur de t'associer au chien mort ; en t'abaissant ainsi, tu t'es sauvé pour cette fois-ci. Mais va-t'en de cette ville – sinon demain je sauterai par-dessus un mort. »

Après avoir dit ces choses, l'homme disparut ; et Zarathoustra continua son chemin par les rues obscures.

À la porte de la ville il rencontra les fossoyeurs : ils éclairèrent sa figure de leur flambeau, reconnurent Zarathoustra et se moquèrent beaucoup de lui. « Zarathoustra emporte le chien mort : bravo, Zarathoustra s'est fait fossoyeur ! Car nous avons les mains trop propres pour ce gibier. Zarathoustra veut-il donc voler sa pâture au diable ? Allons ! Bon appétit ! Pourvu que le diable ne soit pas plus habile voleur que Zarathoustra ! – il les volera tous deux, il les mangera tous deux ! » Et ils riaient entre eux en rapprochant leurs têtes.

Zarathoustra ne répondit pas un mot et passa son chemin. Lorsqu'il eut marché pendant deux heures, le long des bois et des marécages, il avait tellement entendu hurler des loups affamés que la faim s'était emparée de lui. Aussi s'arrêta-t-il à une maison isolée, où brûlait une lumière.

« La faim s'empare de moi comme un brigand, dit Zarathoustra ? Au milieu des bois et des marécages la faim s'empare de moi, dans la nuit profonde.

Ma faim a de singuliers caprices. Souvent elle ne me vient qu'après le repas, et aujourd'hui elle n'est pas venue de toute la journée : où donc s'est elle attardée ? »

En parlant ainsi, Zarathoustra frappa à la porte de la maison. Un vieil homme parut aussitôt : il portait une lumière et demanda : « Qui vient vers moi et vers mon mauvais sommeil ? »

« Un vivant et un mort, dit Zarathoustra. Donnez-moi à manger et à boire, j'ai oublié de le faire pendant le jour. Qui donne à manger aux affamés réconforte sa propre âme : ainsi parle la sagesse. »

Le vieux se retire, mais il revint aussitôt, et offrit à Zarathoustra du pain et du vin : « C'est une méchante contrée pour ceux qui ont faim, dit-il ; c'est pourquoi j'habite ici. Hommes et bêtes viennent à moi, le solitaire. Mais invite aussi ton compagnon à manger et à boire, il est plus fatigué que toi. » Zarathoustra répondit : « Mon compagnon est mort, je l'y déciderais difficilement. »

« Cela m'est égal, dit le vieux en grognant ; qui frappe à ma porte doit prendre ce que je lui offre. Mangez et portez-vous bien ! »

Ensuite Zarathoustra marcha de nouveau pendant deux heures, se fiant à la route et à la clarté des étoiles : car il avait l'habitude des marches nocturnes et aimait à regarder en face tout ce qui dort. Quand le matin commença à poindre, Zarathoustra se trouvait dans une forêt profonde et aucun chemin ne se dessinait plus devant lui. Alors il plaça le corps dans un arbre creux, à la hauteur de sa tête – car il voulait le protéger contre les loups – et il se coucha lui-même à terre sur la mousse. Et aussitôt il s'endormi, fatigué de corps, mais l'âme tranquille.

9.

Zarathoustra dormit longtemps et non seulement l'aurore passa sur son visage, mais encore le matin. Enfin ses yeux s'ouvrirent et avec étonnement Zarathoustra jeta un regard sur la forêt et dans le silence, avec étonnement il regarda en lui-même. Puis il se leva à la hâte, comme un matelot qui tout à coup voit la terre, et il poussa un cri d'allégresse : car il avait découvert une vérité nouvelle. Et il parla à son cœur et il lui dit :

Mes yeux se sont ouverts : J'ai besoin de compagnons, de compagnons vivants, – non point de compagnons morts et de cadavres que je porte avec moi où je veux.

Mais j'ai besoin de compagnons vivants qui me suivent, parce qu'ils veulent se suivre eux-mêmes – partout où je vais.

Mes yeux se sont ouverts : Ce n'est pas à la foule que doit parler Zarathoustra, mais à des compagnons ! Zarathoustra ne doit pas être le berger et le chien d'un troupeau !

C'est pour enlever beaucoup de brebis du troupeau que je suis venu. Le peuple et le troupeau s'irriteront contre moi : Zarathoustra veut être traité de brigand par les bergers.

Je dis bergers, mais ils s'appellent les bons et les justes. Je dis bergers, mais ils s'appellent les fidèles de la vraie croyance.

Voyez les bons et les justes ! Qui haïssent-ils le plus ? Celui qui brise leurs tables des valeurs, le destructeur, le criminel : – mais c'est celui-là le créateur.

Voyez les fidèles de toutes les croyances ! Qui haïssent-ils le plus ? Celui qui brise leurs tables des valeurs, le destructeur, le criminel : – mais c'est celui-là le créateur.

Des compagnons, voilà ce que cherche le créateur et non des cadavres, des troupeaux ou des croyants. Des créateurs comme lui, voilà ce que cherche le créateur, de ceux qui inscrivent des valeurs nouvelles sur des tables nouvelles.

Des compagnons, voilà ce que cherche le créateur, des moissonneurs qui moissonnent avec lui : car chez lui tout est mûr pour la moisson. Mais il lui manque les cent faucilles : aussi, plein de colère, arrache-t-il les épis.

Des compagnons, voilà ce que cherche le créateur, de ceux qui savent aiguiser leurs faucilles. On les appellera destructeurs et contempteurs du bien et du mal. Mais ce seront eux qui moissonneront et qui seront en fête.

Des créateurs comme lui, voilà ce que cherche Zarathoustra, de ceux qui moissonnent et chôment avec lui : qu'a-t-il à faire de troupeaux, de bergers et de cadavres !

Et toi, mon premier compagnon, repose en paix ! Je t'ai bien enseveli dans ton arbre creux, je t'ai bien abrité contre les loups.

Mais je me sépare de toi, te temps est passé. Entre deux aurores une nouvelle vérité s'est levée en moi.

Je ne dois être ni berger, ni fossoyeur. Jamais plus je ne parlerai au peuple ; pour la dernière fois j'ai parlé à un mort.

Je veux me joindre aux créateurs, à ceux qui moissonnent et chôment : je leur montrerai l'arc-en-ciel et tous les échelons qui mènent au Surhomme. Je chanterai mon chant aux solitaires et à ceux qui sont deux dans la solitude ; et quiconque a des oreilles pour les choses inouïes, je lui alourdirai le cœur de ma félicité.

Je marche vers mon but, je suis ma route ; je sauterai par-dessus les hésitants et les retardataires. Ainsi ma marche sera le déclin !

10.

Zarathoustra avait dit cela à son cœur, alors que le soleil était à son midi : puis il interrogea le ciel du regard — car il entendait au-dessus de lui le cri perçant d'un oiseau. Et voici ! Un aigle planait dans les airs en larges cercles, et un serpent était suspendu à lui, non pareil à une proie, mais comme un ami : car il se sentait enroulé autour de son cou.

« Ce sont mes animaux ! dit Zarathoustra, et il se réjouit de tout cœur.

L'animal le plus fier qu'il y ait sous le soleil et l'animal le plus rusé qu'il y ait sous le soleil — ils sont allés en reconnaissance.

Ils ont voulu savoir si Zarathoustra vivait encore. En vérité, suis-je encore en vie ?

J'ai rencontré plus de dangers parmi les hommes que parmi les animaux. Zarathoustra suit des voies dangereuses. Que mes animaux me conduisent ! »

Lorsque Zarathoustra eut ainsi parlé, il se souvint des paroles du saint dans la forêt, il soupira et dit à son cœur :

Il faut que je sois plus sage ! Que je sois rusé du fond du cœur, comme mon serpent.

Mais je demande l'impossible : je prie donc ma fierté d'accompagner toujours ma sagesse.

Et si ma sagesse m'abandonne un jour : – hélas, elle aime à s'envoler ! – puisse du moins ma fierté voler avec ma folie !

Ainsi commença le déclin de Zarathoustra.

Partie 1

Les trois métamorphoses

Je vais vous dire trois métamorphoses de l'esprit : comment l'esprit devient chameau, comment le chameau devient lion, et comment enfin le lion devient enfant.

Il est maint fardeau pesant pour l'esprit, pour l'esprit patient et vigoureux en qui domine le respect : sa vigueur réclame le fardeau pesant, le plus pesant.

Qu'y a-t-il de plus pesant ! ainsi interroge l'esprit robuste. Dites-le, ô héros, afin que je le charge sur moi et que ma force se réjouisse.

N'est-ce pas cela : s'humilier pour faire souffrir son orgueil ? Faire luire sa folie pour tourner en dérision sa sagesse ?

Ou bien est-ce cela : déserter une cause, au moment où elle célèbre sa victoire ? Monter sur de hautes montagnes pour tenter le tentateur ?

Ou bien est-ce cela : se nourrir des glands et de l'herbe de la connaissance, et souffrir la faim dans son âme, pour l'amour de la vérité ?

Ou bien est-ce cela : être malade et renvoyer les consolateurs, se lier d'amitié avec des sourds qui m'entendent jamais ce que tu veux ?

Ou bien est-ce cela : descendre dans l'eau sale si c'est l'eau de la vérité et ne point repousser les grenouilles visqueuses et les purulents crapauds ?

Ou bien est-ce cela : aimer qui nous méprise et tendre la main au fantôme lorsqu'il veut nous effrayer ?

L'esprit robuste charge sur lui tous ces fardeaux pesants : tel le chameau qui sitôt chargé se hâte vers le désert, ainsi lui se hâte vers son désert.

Mais au fond du désert le plus solitaire s'accomplit la seconde métamorphose : ici l'esprit devient lion, il veut conquérir la liberté et être maître de son propre désert.

Il cherche ici son dernier maître : il veut être l'ennemi de ce maître, comme il est l'ennemi de son dernier dieu ; il veut lutter pour la victoire avec le grand dragon.

Quel est le grand dragon que l'esprit ne veut plus appeler ni dieu ni maître ? « Tu dois », s'appelle le grand dragon. Mais l'esprit du lion dit : « Je veux. »

« Tu dois » le guette au bord du chemin, étincelant d'or sous sa carapace aux mille écailles, et sur chaque écaille brille en lettres dorées : « Tu dois ! »

Des valeurs de mille années brillent sur ces écailles et ainsi parle le plus puissant de tous les dragons : « Tout ce qui est valeur – brille sur moi. »

Tout ce qui est valeur a déjà été créé, et c'est moi qui représente toutes les valeurs créées. En vérité il ne doit plus y avoir de « Je veux » ! Ainsi parle le dragon.

Mes frères, pourquoi est-il besoin du lion de l'esprit ? La bête robuste qui s'abstient et qui est respectueuse ne suffit-elle pas ?

Créer des valeurs nouvelles – le lion même ne le peut pas encore : mais se rendre libre pour la création nouvelle – c'est ce que peut la puissance du lion.

Se faire libre, opposer une divine négation, même au devoir : telle, mes frères, est la tâche où il est besoin du lion.

Conquérir le droit de créer des valeurs nouvelles – c'est la plus terrible conquête pour un esprit patient et respectueux. En vérité, c'est là un acte féroce, pour lui, et le fait d'une bête de proie.

Il aimait jadis le « Tu dois » comme son bien le plus sacré : maintenant il lui faut trouver l'illusion et l'arbitraire, même dans ce bien le plus sacré, pour qu'il fasse, aux dépens de son amour, la conquête de la liberté : il faut un lion pour un pareil rapt.

Mais, dites-moi, mes frères, que peut faire l'enfant que le lion ne pouvait faire ? Pourquoi faut-il que le lion ravisseur devienne enfant ?

L'enfant est innocence et oubli, un renouveau et un jeu, une roue qui roule sur elle-même, un premier mouvement, une sainte affirmation.

Oui, pour le jeu divin de la création, ô mes frères, il faut une sainte affirmation : l'esprit veut maintenant sa *propre* volonté, celui qui a perdu le monde veut gagner son *propre* monde.

Je vous ai nommé trois métamorphoses de l'esprit : comment l'esprit devient chameau, comment l'esprit devient lion, et comment enfin le lion devient enfant. –

Ainsi parlait Zarathoustra. Et en ce temps-là il séjournait dans la ville qu'on appelle : la Vache multicolore.

Des chaires de la vertu

On vantait à Zarathoustra un sage que l'on disait savant à parler du sommeil et de la vertu, et, à cause de cela, comblé d'honneurs et de récompenses, entouré de tous les jeunes gens qui se pressaient autour de sa chaire magistrale. C'est chez lui que se rendit Zarathoustra et, avec tous les jeunes gens, il s'assit devant sa chaire. Et le sage parla ainsi :

Ayez en honneur le sommeil et respectez-le ! C'est la chose première. Et évitez tous ceux qui dorment mal et qui sont éveillés la nuit !

Le voleur lui-même a honte en présence du sommeil. Son pas se glisse toujours silencieux dans la nuit. Mais le veilleur de nuit est impudent et impudemment il porte son cor.

Ce n'est pas une petite chose que de savoir dormir : il faut savoir veiller tout le jour pour pouvoir bien dormir.

Dix fois dans la journée il faut que tu te surmontes toi-même : c'est la preuve d'une bonne fatigue et c'est un pavot pour l'âme.

Dix fois il faut te réconcilier avec toi-même ; car s'il est amer de se surmonter, celui qui n'est pas réconcilié dort mal.

Il te faut trouver dix vérités durant le jour ; autrement tu chercheras des vérités durant la nuit et ton âme restera affamée.

Dix fois dans la journée il te faut rire et être joyeux : autrement tu seras dérangé la nuit par ton estomac, ce père de l'affliction.

Peu de gens savent cela, mais il faut avoir toutes les vertus pour bien dormir. Porterai-je un faux témoignage ? Commettrai-je un adultère ?

Convoiterai-je la servante de mon prochain ? Tout cela s'accorderait mal avec un bon sommeil.

Et si l'on possède même toutes les vertus, il faut s'entendre à une chose : envoyer dormir à temps les vertus elles-mêmes.

Il ne faut pas qu'elles se disputent entre elles, les gentilles petites femmes ! et encore à cause de toi, malheureux !

Paix avec Dieu et le prochain, ainsi le veut le bon sommeil. Et paix encore avec le diable du voisin. Autrement il te hantera de nuit.

Honneur et obéissance à l'autorité, et même à l'autorité boiteuse ! Ainsi le veut le bon sommeil. Est-ce ma faute, si le pouvoir aime à marcher sur des jambes boiteuses ?

Celui qui mène paître ses brebis sur la verte prairie sera toujours pour moi le meilleur berger : ainsi le veut le bon sommeil.

Je ne veux ni beaucoup d'honneurs, ni de grands trésors : cela fait trop de bile. Mais on dort mal sans un bon renom et un petit trésor.

J'aime mieux recevoir une petite société qu'une société méchante : pourtant il faut qu'elle arrive et qu'elle parte au bon moment : ainsi le veut le bon sommeil.

Je prends grand plaisir aussi aux pauvres d'esprit : ils accélèrent le sommeil. Ils sont bienheureux, surtout quand on leur donne toujours raison.

Ainsi s'écoule le jour pour les vertueux. Quand vient la nuit je me garde bien d'appeler le sommeil ! Il ne veut pas être appelé, lui qui est le maître des vertus !

Mais je pense à ce que j'ai fait et pensé dans la journée. En ruminant mes pensées je m'interroge avec la patience d'une vache, et je me demande : quelles furent donc tes dix victoires sur toi-même ?

Et quels furent les dix réconciliations, et les dix vérités, et les dix éclats de rire dont ton cœur s'est régalé ?

En considérant cela, bercé de quarante pensées, soudain le sommeil s'empare de moi, le sommeil que je n'ai point appelé, le maître des vertus.

Le sommeil me frappe sur les yeux, et mes yeux s'alourdissent. Le sommeil me touche la bouche, et ma bouche reste ouverte.

En vérité, il se glisse chez moi d'un pied léger, le voleur que je préfère, il me vole mes pensées : j'en reste là debout, tout bête comme ce pupitre.

Mais je ne suis pas debout longtemps que déjà je m'étends. –

Lorsque Zarathoustra entendit ainsi parler le sage, il se mit à rire dans son cœur : car une lumière s'était levée en lui. Et il parla ainsi à son cœur et il lui dit :

Ce sage me semble fou avec ses quarante pensées : mais je crois qu'il entend bien le sommeil.

Bienheureux déjà celui qui habite auprès de ce sage ! Un tel sommeil est contagieux, même à travers un mur épais.

Un charme se dégage même de sa chaire magistrale. Et ce n'est pas en vain que les jeunes gens étaient assis au pied du prédicateur de la vertu.

Sa sagesse dit : veiller pour dormir. Et, en vérité, si la vie n'avait pas de sens et s'il fallait que je choisisse un non-sens, ce non-sens-là me semblerait le plus digne de mon choix.

Maintenant je comprends ce que jadis on cherchait avant tout, lorsque l'on cherchait des maîtres de la vertu. C'est un bon sommeil que l'on cherchait et des vertus couronnées de pavots !

Pour tous ces sages de la chaire, ces sages tant vantés, la sagesse était le sommeil sans rêve : ils ne connaissaient pas de meilleur sens de la vie.

De nos jours encore il y en a bien quelques autres qui ressemblent à ce prédicateur de la vertu, et ils ne sont pas toujours aussi honnêtes que lui : mais leur temps est passé. Ils ne seront pas debout longtemps que déjà ils seront étendus.

Bienheureux les assoupis : car ils s'endormiront bientôt. –

Ainsi parlait Zarathoustra.

Des hallucinés de l'arrière-monde

Un jour Zarathoustra jeta son illusion par delà les hommes, pareil à tous les hallucinés de l'arrière-monde. L'œuvre d'un dieu souffrant et tourmenté, tel lui parut alors le monde.

Le monde me parut être le rêve et l'invention d'un dieu ; semblable à des vapeurs coloriées devant les yeux d'un divin mécontent.

Bien et mal, et joie et peine, et moi et toi, – c'étaient là pour moi des vapeurs coloriées devant les yeux d'un créateur. Le créateur voulait détourner les yeux de lui-même, – alors, il créa le monde.

C'est pour celui qui souffre une joie enivrante de détourner les yeux de sa souffrance et de s'oublier. Joie enivrante et oubli de soi, ainsi me parut un jour le monde.

Ce monde éternellement imparfait, image, et image imparfaite, d'une éternelle contradiction – une joie enivrante pour son créateur imparfait : tel me parut un jour le monde.

Ainsi, moi aussi, je jetai mon illusion par delà les hommes, pareil à tous les hallucinés de l'arrière-monde. Par delà les hommes, en vérité ?

Hélas, mes frères, ce dieu que j'ai créé était œuvre faite de main humaine et folie humaine, comme sont tous les dieux.

Il n'était qu'homme, pauvre fragment d'un homme et d'un « moi » : il sortit de mes propres cendres et de mon propre brasier, ce fantôme, et vraiment, il ne me vint pas de l'au-delà !

Qu'arriva-t-il alors, mes frères ? Je me suis surmonté, moi qui souffrais, j'ai porté ma propre cendre sur la montagne, j'ai inventé pour moi une flamme plus claire. Et voici ! Le fantôme s'est éloigné de moi !

Maintenant, croire à de pareils fantômes ce serait là pour moi une souffrance et une humiliation. C'est ainsi que je parle aux hallucinés de l'arrière-monde.

Souffrances et impuissances – voilà ce qui créa les arrière-mondes, et cette courte folie du bonheur que seul connaît celui qui souffre le plus.

La fatigue qui d'un seul bond veut aller jusqu'à l'extrême, d'un bond mortel, cette fatigue pauvre et ignorante qui ne veut même plus vouloir : c'est elle qui créa tous les dieux et tous les arrière-mondes.

Croyez-m'en, mes frères ! Ce fut le corps qui désespéra du corps, – il tâtonna des doigts de l'esprit égaré, il tâtonna le long des derniers murs.

Croyez-m'en, mes frères ! Ce fut le corps qui désespéra de la terre, – il entendit parler le ventre de l'Être.

Alors il voulut passer la tête à travers les derniers murs, et non seulement la tête, – il voulut passer dans « l'autre monde ».

Mais « l'autre monde » est bien caché devant les hommes, ce monde efféminé et inhumain qui est un néant céleste ; et le ventre de l'Être ne parle pas à l'homme, si ce n'est comme homme.

En vérité, il est difficile de démontrer l'Être et il est difficile de le faire parler. Dites-moi, mes frères, les choses les plus singulières ne vous semblent-elles pas les mieux démontrées ?

Oui, ce *moi*, – la contradiction et la confusion de ce *moi* – affirme le plus loyalement son Être, – ce moi qui crée, qui veut et qui donne la mesure et la valeur des choses.

Et ce *moi*, l'Être le plus loyal – parle du corps et veut encore le corps, même quand il rêve et s'exalte en voletant de ses ailes brisées.

Il apprend à parler toujours plus loyalement, ce *moi* : et plus il apprend, plus il trouve de mots pour exalter le corps et la terre.

Mon *moi* m'a enseigné une nouvelle fierté, je l'enseigne aux hommes : ne plus cacher sa tête dans le sable des choses célestes, mais la porter fièrement, une tête terrestre qui crée le sens de la terre !

J'enseigne aux hommes une volonté nouvelle : suivre volontairement le chemin qu'aveuglément les hommes ont suivi, approuver ce chemin et ne plus se glisser à l'écart comme les malades et les décrépits !

Ce furent des malades et des décrépits qui méprisèrent le corps et la terre, qui inventèrent les choses célestes et les gouttes du sang rédempteur : et ces poisons doux et lugubres, c'est encore au corps et à la terre qu'ils les ont empruntés !

Ils voulaient se sauver de leur misère et les étoiles leur semblaient trop lointaines. Alors ils se mirent à soupirer :

21

Hélas ! que n'y a-t-il des voies célestes pour que nous puissions nous glisser dans un autre Être, et dans un autre bonheur ! » – Alors ils inventèrent leurs artifices et leurs petites boissons sanglantes !

Ils se crurent ravis loin de leur corps et de cette terre, ces ingrats. Mais à qui devaient-ils le spasme et la joie de leur ravissement ? À leur corps et à cette terre.

Zarathoustra est indulgent pour les malades. En vérité, il ne s'irrite ni de leurs façons de se consoler, ni de leur ingratitude. Qu'ils guérissent et se surmontent et qu'ils se créent un corps supérieur !

Zarathoustra ne s'irrite pas non plus contre le convalescent qui regarde avec tendresse son illusion perdue et erre à minuit autour de la tombe de son Dieu : mais dans les larmes que verse le convalescent, Zarathoustra ne voit que maladie et corps malade.

Il y eut toujours beaucoup de gens malades parmi ceux qui rêvent et qui languissent vers Dieu ; ils haïssent avec fureur celui qui cherche la connaissance, ils haïssent la plus jeune des vertus qui s'appelle : loyauté.

Ils regardent toujours en arrière vers des temps obscurs : il est vrai qu'alors la folie et la foi étaient autre chose. La fureur de la raison apparaissait à l'image de Dieu et le doute était péché.

Je connais trop bien ceux qui sont semblables à Dieu : ils veulent qu'on croie en eux et que le doute soit un péché. Je sais trop bien à quoi ils croient eux-mêmes le plus.

Ce n'est vraiment pas à des arrière-mondes et aux gouttes du sang rédempteur : mais eux aussi croient davantage au corps et c'est leur propre corps qu'ils considèrent comme la chose en soi.

Mais le corps est pour eux une chose maladive : et volontiers ils sortiraient de leur peau. C'est pourquoi ils écoutent les prédicateurs de la mort et ils prêchent eux-mêmes les arrière-mondes.

Écoutez plutôt, mes frères, la voix du corps guéri : c'est une voix plus loyale et plus pure.

Le corps sain parle avec plus de loyauté et plus de pureté, le corps complet, carré de la tête à la base : il parle du sens de la terre. –

Ainsi   parlait   Zarathoustra.

Des contempteurs du corps

C'est aux contempteurs du corps que je veux dire leur fait. Ils ne doivent pas changer de méthode d'enseignement, mais seulement dire adieu à leur propre corps – et ainsi devenir muets.

« Je suis corps et âme » – ainsi parle l'enfant. Et pourquoi ne parlerait-on pas comme les enfants ?

Mais celui qui est éveillé et conscient dit : Je suis corps tout entier et rien autre chose ; l'âme n'est qu'un mot pour une parcelle du corps.

Le corps est un grand système de raison, une multiplicité avec un seul sens, une guerre et une paix, un troupeau et un berger.

Instrument de ton corps, telle est aussi ta petite raison que tu appelles esprit, mon frère, petit instrument et petit jouet de ta grande raison.

Tu dis « *moi* » et tu es fier de ce mot. Mais ce qui est plus grand, c'est – ce à quoi tu ne veux pas croire – ton corps et son grand système de raison : il ne dit pas *moi*, mais il est *moi*.

Ce que les sens éprouvent, ce que reconnaît l'esprit, n'a jamais de fin en soi. Mais les sens et l'esprit voudraient te convaincre qu'ils sont la fin de toute chose : tellement ils sont vains.

Les sens et l'esprit ne sont qu'instruments et jouets : derrière eux se trouve encore le *soi*. Le *soi*, lui aussi, cherche avec les yeux des sens et il écoute avec les oreilles de l'esprit.

Toujours le *soi* écoute et cherche : il compare, soumet, conquiert et détruit. Il règne, et domine aussi le moi.

Derrière tes sentiments et tes pensées, mon frère, se tient un maître plus puisant, un sage inconnu – il s'appelle *soi*. Il habite ton corps, il est ton corps.

Il y a plus de raison dans ton corps que dans ta meilleure sagesse. Et qui donc sait pourquoi ton corps a précisément besoin de ta meilleure sagesse ?

Ton soi rit de ton moi et de ses cabrioles. « Que me sont ces bonds et ces vols de la pensée ? dit-il. Un détour vers mon but. Je suis la lisière du moi et le souffleur de ses idées. »

Le *soi* dit au *moi* : « Éprouve des douleurs ! » Et le moi souffre et réfléchit à ne plus souffrir – et c'est à cette fin qu'il doit penser.

Le *soi* dit au *moi* : « Éprouve des joies ! » Alors le *moi* se réjouit et songe à se réjouir souvent encore – et c'est à cette fin qu'il doit penser.

Je veux dire un mot aux contempteurs du corps. Qu'ils méprisent, c'est ce qui fait leur estime. Qu'est-ce qui créa l'estime et le mépris et la valeur et la volonté ?

Le *soi* créateur créa, pour lui-même, l'estime et le mépris, la joie et la peine. Le corps créateur créa pour lui-même l'esprit comme une main de sa volonté.

Même dans votre folie et dans votre mépris, vous servez votre *soi*, vous autres contempteurs du corps. Je vous le dis : votre soi lui-même veut mourir et se détourner de la vie.

Il n'est plus capable de faire ce qu'il préférerait : – créer au-dessus de lui-même. Voilà son désir préféré, voilà toute son ardeur.

Mais il est trop tard pour cela : – ainsi votre *soi* veut disparaître, ô contempteurs du corps.

Votre *soi* veut disparaître, c'est pourquoi vous êtes devenus contempteurs du corps ! Car vous ne pouvez plus créer au-dessus de vous.

C'est pourquoi vous en voulez à la vie et à la terre. Une envie inconsciente est dans le regard louche de votre mépris.

Je ne marche pas sur votre chemin, contempteurs du corps ! Vous n'êtes point pour moi des ponts vers le Surhomme ! –

Ainsi   parlait   Zarathoustra.

Des joies et des passions

Mon frère, quand tu as une vertu, et quand elle est ta vertu, tu ne l'as en commun avec personne.

Il est vrai que tu voudrais l'appeler par son nom et la caresser ; tu voudrais la prendre par l'oreille et te divertir avec elle.

Et voici ! Maintenant elle aura en commun avec le peuple le nom que tu lui donnes, tu es devenu peuple et troupeau avec la vertu !

Tu ferais mieux de dire : « Ce qui fait le tourment et la douceur de mon âme est inexprimable et sans nom, et c'est aussi ce qui cause la faim de mes entrailles. »

Que ta vertu soit trop haute pour la familiarité des dénominations : et s'il te faut parler d'elle, n'aie pas honte de balbutier.

Parle donc et balbutie : « Ceci est *mon* bien que j'aime, c'est ainsi qu'il me plaît tout à fait, ce n'est qu'ainsi que *je* veux le bien.

Je ne le veux point tel le commandement d'un dieu, ni tel une loi et une nécessité humaine : qu'il ne me soit point un indicateur vers des terres supérieures et vers des paradis.

C'est une vertu terrestre que j'aime : il y a en elle peu de sagesse et moins encore de sens commun.

Mais cet oiseau s'est construit son nid auprès de moi : c'est pourquoi je l'aime avec tendresse, – maintenant il couve chez moi ses œufs dorés. »

C'est ainsi que tu dois balbutier, et louer ta vertu.

Autrefois tu avais des passions et tu les appelais des maux. Mais maintenant tu n'as plus que tes vertus : elles naquirent de tes passions.

Tu apportas dans ces passions ton but le plus élevé : alors elles devinrent tes vertus et tes joies.

Et quand même tu serais de la race des colériques ou des voluptueux, des sectaires ou des vindicatifs :

Toutes tes passions finiraient par devenir des vertus, tous tes démons des anges.

Jadis tu avais dans ta cave des chiens sauvages : mais ils sont devenus des oiseaux et d'aimables chanteurs.

C'est avec tes poisons que tu t'es préparé ton baume ; tu as trait la vache *Affliction*, – maintenant tu bois le doux lait de ses mamelles.

Et rien de mal ne naît plus de toi, si ce n'est le mal qui naît de la lutte de tes vertus.

Mon frère, quand tu as du bonheur, c'est que tu as une vertu et rien autre chose : tu passes ainsi plus facilement sur le pont.

C'est une distinction que d'avoir beaucoup de vertus, mais c'est un sort bien dur ; et il y en a qui sont allés se tuer dans le désert parce qu'ils étaient fatigués de servir de champs de bataille aux vertus.

Mon frère, la guerre et les batailles sont-elles des maux ? Ce sont des maux nécessaires ; l'envie, et la méfiance, et la calomnie ont une place nécessaire parmi tes vertus.

Regarde comme chacune de tes vertus désire ce qu'il y a de plus haut : elle veut tout ton esprit, afin que ton esprit soit son héraut, elle veut toute ta force dans la colère, la haine et l'amour.

Chaque vertu est jalouse de l'autre vertu et la jalousie est une chose terrible. Les vertus, elles aussi, peuvent périr par la jalousie.

Celui qu'enveloppe la flamme de la jalousie, pareil au scorpion, finit par tourner contre lui-même le dard empoisonné.

Hélas ! mon frère, ne vis-tu jamais une vertu se calomnier et se détruire elle-même ? –

L'homme est quelque chose qui doit être surmonté : c'est pourquoi il te faut aimer tes vertus – car tu périras par tes vertus.

Ainsi   parlait   Zarathoustra.

Du pâle criminel

Vous ne voulez point tuer, juges et sacrificateurs, avant que la bête n'ait hoché la tête ? Voyez, le pâle criminel a hoché la tête : dans ses yeux parle le grand mépris.

« Mon *moi* est quelque chose qui doit être surmonté : mon *moi*, c'est mon grand mépris des hommes. » Ainsi parlent les yeux du criminel.

Ce fut son moment suprême, celui où il s'est jugé lui-même : ne laissez pas le sublime redescendre dans sa bassesse !

Il n'y a pas de salut pour celui qui souffre à ce point de lui-même, si ce n'est la mort rapide.

Votre homicide, ô juges, doit se faire par compassion et non par vengeance. Et en tuant, regardez à justifier la vie !

Il ne suffit pas de vous réconcilier avec celui que vous tuez. Que votre tristesse soit l'amour du Surhomme, ainsi vous justifierez votre survie !

Dites « ennemi » et non pas « scélérat » ; dites « malade » et non pas « gredin » ; dites « insensé » et non pas « pécheur ».

Et toi, juge rouge, si tu disais à haute voix ce que tu as déjà fait en pensées : chacun s'écrierait : « Ôtez cette immondice et ce venin ! »

Mais autre chose est la pensée, autre chose l'action, autre chose l'image de l'action. La roue de la causalité ne roule pas entre ces choses.

C'est une image qui fit pâlir cet homme pâle. Il était à la hauteur de son acte lorsqu'il commit son acte : mais il ne supporta pas son image après l'avoir accompli.

Il se vit toujours comme l'auteur d'un seul acte. J'appelle cela de la folie, car l'exception est devenue la règle de son être.

La ligne fascine la poule ; le trait que le criminel a porté fascine sa pauvre raison – c'est la folie *après* l'acte.

Écoutez, juges ! Il y a encore une autre folie : et cette folie est *avant* l'acte. Hélas ! vous n'avez pas pénétré assez profondément dans cette âme !

Ainsi parle le juge rouge : « Pourquoi ce criminel a-t-il tué ? Il voulait dérober. » Mais je vous dis : son âme voulait du sang, et ne désirait point le vol : il avait soif du bonheur du couteau !

Mais sa pauvre raison ne comprit point cette folie et c'est elle qui décida le criminel. « Qu'importe le sang ! dit-elle ; ne veux-tu pas profiter de ton crime pour voler ? Pour te venger ? »

Et il écouta sa pauvre raison : son discours pesait sur lui comme du plomb, – alors il vola, après avoir assassiné. Il ne voulait pas avoir honte de sa folie.

Et de nouveau le plomb de sa faute pèse sur lui, de nouveau sa pauvre raison est engourdie, paralysée et lourde.

Si du moins il pouvait secouer la tête, son fardeau roulerait en bas : mais qui secouera cette tête ?

Qu'est cet homme ? Un monceau de maladies qui, par l'esprit, agissent sur le monde extérieur : c'est là qu'elles veulent leur butin.

Qu'est cet homme ? Une grappe de serpents sauvages entrelacés, qui rarement se supportent tranquillement – alors ils s'en vont, chacun de son côté, pour chercher leur butin de par le monde.

Voyez ce pauvre corps ! Ses souffrances et ses désirs, sa pauvre âme essaya de les comprendre, – elle crut qu'ils étaient le plaisir et l'envie criminelle d'atteindre le bonheur du couteau.

Celui qui tombe malade maintenant est surpris par le mal qui est le mal de ce moment : il veut faire souffrir avec ce qui le fait souffrir. Mais il y a eu d'autres temps, il y a eu un autre bien et un autre mal.

Autrefois le doute et l'ambition personnelle étaient des crimes. Alors le malade devenait hérétique et sorcier ; comme hérétique et comme sorcier il souffrait et voulait faire souffrir.

Mais vous ne voulez pas m'entendre : ce serait nuisible pour ceux d'entre vous qui sont bons, dites-vous. Mais que m'importe vos hommes bons !

Chez vos hommes bons, il y a bien des choses qui me dégoûtent et ce n'est vraiment pas le mal. Je voudrais qu'ils aient une folie dont ils périssent comme ce pâle criminel !

Vraiment, je voudrais que cette folie s'appelât vérité, ou fidélité, ou justice : mais leur vertu consiste à vivre longtemps dans un misérable contentement de soi.

Je suis un garde-fou au bord du fleuve : que celui qui peut me saisir me saisisse ! Je ne suis pas votre béquille. –

Ainsi   parlait   Zarathoustra.

29

Lire et écrire

De tout ce qui est écrit, je n'aime que ce que l'on écrit avec son propre sang. Écris avec du sang et tu apprendras que le sang est esprit.

Il n'est pas facile de comprendre du sang étranger : je haïs tous les paresseux qui lisent.

Celui qui connaît le lecteur ne fait plus rien pour le lecteur. Encore un siècle de lecteurs – et l'esprit même sentira mauvais.

Que chacun ait le droit d'apprendre à lire, cela gâte à la longue, non seulement l'écriture, mais encore la pensée.

Jadis l'esprit était Dieu, puis il devint homme, maintenant il s'est fait populace.

Celui qui écrit en maximes avec du sang ne veut pas être lu, mais appris par cœur.

Sur les montagnes le plus court chemin va d'un sommet à l'autre : mas pour suivre ce chemin il faut que tu aies de longues jambes. Les maximes doivent être des sommets, et ceux à qui l'on parle des hommes grands et robustes.

L'air léger et pur, le danger proche et l'esprit plein d'une joyeuse méchanceté : tout cela s'accorde bien.

Je veux avoir autour de moi des lutins, car je suis courageux. Le courage qui chasse les fantômes se crée ses propres lutins, – le courage veut rire.

Je ne suis plus en communion d'âme avec vous. Cette nuée que je vois au-dessous de moi, cette noirceur et cette lourdeur dont je ris – c'est votre nuée d'orage. Vous regardez en haut quand vous aspirez à l'élévation. Et moi je regarde en bas puisque je suis élevé.

Qui de vous peut en même temps rire et être élevé ?

Celui qui plane sur les plus hautes montagnes se rit de toutes les tragédies de la scène et de la vie.

Courageux, insoucieux, moqueur, violent – ainsi nous veut la sagesse : elle est femme et ne peut aimer qu'un guerrier.

Vous me dites : « La vie est dure à porter. » Mais pourquoi auriez-vous le matin votre fierté et le soir votre soumission ?

La vie est dure à porter : mais n'ayez donc pas l'air si tendre ! Nous sommes tous des ânes et des ânesses chargés de fardeaux.

Qu'avons-nous de commun avec le bouton de rose qui tremble puisqu'une goutte de rosée l'oppresse.

Il est vrai que nous aimons la vie, mais ce n'est pas parce que nous sommes habitués à la vie, mais à l'amour.

Il y a toujours un peu de folie dans l'amour. Mais il y a toujours un peu de raison dans la folie.

Et pour moi aussi, pour moi qui suis porté vers la vie, les papillons et les bulles de savon, et tout ce qui leur ressemble parmi les hommes, me semble le mieux connaître le bonheur.

C'est lorsqu'il voit voltiger ces petites âmes légères et folles, charmantes et mouvantes – que Zarathoustra est tenté de pleurer et de chanter.

Je ne pourrais croire qu'à un Dieu qui saurait danser.

Et lorsque je vis mon démon, je le trouvai sérieux, grave, profond et solennel : c'était l'esprit de lourdeur, – c'est par lui que tombent toutes choses.

Ce n'est pas par la colère, mais par le rire que l'on tue. En avant, tuons l'esprit de lourdeur !

J'ai appris à marcher : depuis lors, je me laisse courir. J'ai appris à voler, depuis lors je ne veux pas être poussé pour changer de place.

Maintenant je suis léger, maintenant je vole, maintenant je me vois au-dessous de moi, maintenant un dieu danse en moi.

Ainsi   parlait   Zarathoustra.

De l'arbre sur la montagne

Zarathoustra s'était aperçu qu'un jeune homme l'évitait. Et comme il allait un soir seul par la montagne qui domine la ville appelée « la Vache multicolore », il trouva dans sa promenade ce jeune homme, appuyé contre un arbre et jetant sur la vallée un regard fatigué. Zarathoustra mit son bras autour de l'arbre contre lequel le jeune homme était assis et il parla ainsi :

« Si je voulais secouer cet arbre avec mes mains, je ne le pourrais pas.

Mais le vent que nous ne voyons pas l'agite et le courbe comme il veut. De même nous sommes courbés et agités par des mains invisibles.

Alors le jeune homme se leva stupéfait et il dit : « J'entends Zarathoustra et justement je pensais à lui. » Zarathoustra répondit :

« Pourquoi t'effrayes-tu ? – Il en est de l'homme comme de l'arbre.

Puis il veut s'élever vers les hauteurs et la clarté, plus profondément aussi ses racines s'enfoncent dans la terre, dans les ténèbres et l'abîme, – dans le mal ? »

« Oui, dans le mal ! s'écria le jeune homme. Comment est-il possible que tu aies découvert mon âme ? »

Zarathoustra se prit à sourire et dit : « Il y a des âmes qu'on ne découvrira jamais, à moins que l'on ne commence par les inventer. »

« Oui, dans le mal ! s'écria derechef le jeune homme.

Tu disais la vérité, Zarathoustra. Je n'ai plus confiance en moi-même, depuis que je veux monter dans les hauteurs, et personne n'a plus confiance en moi, – d'où cela peut-il donc venir ?

Je me transforme trop vite : mon présent réfute mon passé. Je saute souvent des marches quand je monte, – c'est ce que les marches ne me pardonnent pas.

Quand je suis en haut je me trouve toujours seul. Personne ne me parle, le froid de la solitude me fait trembler. Qu'est-ce que je veux donc dans les hauteurs ?

Mon mépris et mon désir grandissent ensemble ; plus je m'élève, plus je méprise celui qui s'élève. Que veut-il donc dans les hauteurs ?

Comme j'ai honte de ma montée et de mes faux pas ! Comme je ris de mon souffle haletant ! Comme je hais celui qui prend son vol ! Comme je suis fatigué lorsque je suis dans les hauteurs ! »

Alors le jeune homme se tut. Et Zarathoustra regarda l'arbre près duquel ils étaient debout et il parla ainsi :

« Cet arbre s'élève seul sur la montagne ; il a grandi bien au-dessus des hommes et des bêtes.

Et s'il voulait parler, personne ne pourrait le comprendre : tant il a grandi.

Dès lors il attend et il ne cesse d'attendre, – quoi donc ? Il habite trop près du siège des nuages : il attend peut-être le premier coup de foudre ? »

Quand Zarathoustra eut dit cela, le jeune homme s'écria avec des gestes véhéments : « Oui, Zarathoustra, tu dis la vérité. J'ai désiré ma chute en voulant atteindre les hauteurs, et tu es le coup de foudre que j'attendais ! Regarde-moi, que suis-je encore depuis que tu nous es apparu ? C'est la *jalousie* qui m'a tué ! » – Ainsi parlait le jeune homme et il pleurait amèrement. Zarathoustra, cependant, mit son bras autour de sa taille et l'emmena avec lui.

Et lorsqu'ils eurent marché côte à côte pendant quelques minutes, Zarathoustra commença à parler ainsi :

J'en ai le cœur déchiré. Mieux que ne le disent tes paroles, ton regard me dit tout le danger que tu cours.

Tu n'es pas libre encore, tu *cherches* encore la liberté. Tes recherches t'ont rendu noctambule et trop lucide.

Tu veux monter librement vers les hauteurs et ton âme a soif d'étoiles. Mais tes mauvais instincts, eux aussi, ont soif de la liberté.

Tes chiens sauvages veulent être libres ; ils aboient de joie dans leur cave, quand ton esprit tend à ouvrir toutes les prisons.

Pour moi, tu es encore un prisonnier qui aspire à la liberté : hélas ! L'âme de pareils prisonniers devient prudente, mais elle devient aussi rusée et mauvaise.

Pour celui qui a délivré son esprit il reste encore à se purifier. Il demeure en lui beaucoup de contrainte et de bourbe : il faut que son œil se purifie.

Oui, je connais le danger que tu cours. Mais par mon amour et mon espoir, je t'en conjure : ne jette pas loin de toi ton amour et on espoir !

Tu te sens encore noble, et les autres aussi te tiennent pour noble, ceux qui t'en veulent et qui te regardent d'un mauvais œil. Sache qu'ils ont tous quelqu'un de noble dans leur chemin.

Les bons, eux aussi, ont tous quelqu'un de noble dans leur chemin : et quand même ils l'appelleraient bon, ce ne serait que pour le mettre de côté.

L'homme noble veut créer quelque chose de neuf et une nouvelle vertu. L'homme bon désire les choses vieilles et que les choses vieilles soient conservées.

Mais le danger de l'homme noble n'est pas qu'il devienne bon, mais insolent, railleur et destructeur.

Hélas ! j'ai connu des hommes nobles qui perdirent leur plus haut espoir. Et dès lors ils calomnièrent tous les hauts espoirs.

Dès lors ils vécurent, effrontés, en de courts désirs, et à peine se sont-ils tracé un but d'un jour à l'autre.

« L'esprit aussi est une volupté » – ainsi disaient-ils. Alors leur esprit s'est brisé les ailes : maintenant il ne fait plus que ramper et il souille tout ce qu'il dévore.

Jadis ils songeaient à devenir des héros : maintenant ils ne sont plus que des jouisseurs. L'image du héros leur cause de l'affliction et de l'effroi.

Mais par mon amour et par mon espoir, je t'en conjure : ne jette pas loin de toi le héros qui est dans ton âme ! Sanctifie ton plus haut espoir ! –

Ainsi   parlait   Zarathoustra.

Des prédicateurs de la mort

Il y a des prédicateurs de la mort et le monde est plein de ceux à qui il faut prêcher de se détourner de la vie.

La terre est pleine de superflus, la vie est gâtée par ceux qui sont de trop. Qu'on les attire hors de cette vie, par l'appât de la « vie éternelle » !

« Jaunes » : c'est ainsi que l'on désigne les prédicateurs de la mort, ou bien on les appelle « noirs ». Mais je veux vous les montrer sous d'autres couleurs encore.

Ce sont les plus terribles, ceux qui portent en eux la bête sauvage et qui n'ont pas de choix, si ce n'est entre les convoitises et les mortifications. Et leurs convoitises sont encore des mortifications.

Ils ne sont pas encore devenus des hommes, ces êtres terribles : qu'ils prêchent donc l'aversion de la vie et qu'ils s'en aillent !

Voici les phtisiques de l'âme : à peine sont-ils nés qu'ils commencent déjà à mourir, et ils aspirent aux doctrines de la fatigue et du renoncement.

Ils aimeraient à être morts et nous devons sanctifier leur volonté ! Gardons-nous de ressusciter ces morts et d'endommager ces cercueils vivants.

S'ils rencontrent un malade ou bien un vieillard, ou bien encore un cadavre, ils disent de suite « la vie est réfutée » !

Mais eux seuls sont réfutés, ainsi que leur regard qui ne voit qu'un seul aspect de l'existence.

Enveloppés d'épaisse mélancolie, et avides des petits hasards qui apportent la mort : ainsi ils attendent en serrant les dents.

Ou bien encore, ils tendent la main vers des sucreries et se moquent de leurs propres enfantillages : ils sont accrochés à la vie comme à un brin de paille et ils se moquent de tenir à un brin de paille.

Leur sagesse dit : « Est fou qui demeure en vie, mais nous sommes tellement fous ! Et ceci est la plus grande folie de la vie ! » –

« La vie n'est que souffrance » – prétendent-ils, et ils ne mentent pas : faites donc en sorte que *vous* cessiez d'être ! Faites donc cesser la vie qui n'est que souffrance !

Et voici l'enseignement de votre vertu : « Tu dois te tuer toi-même ! Tu dois t'esquiver toi-même ! »

« La luxure est un péché, – disent les uns, en prêchant la mort – mettons-nous à l'écart et n'engendrons pas d'enfants ! »

« L'enfantement est pénible, disent les autres, – pourquoi enfanter encore ? On n'enfante que des malheureux ! » Et eux aussi sont des prédicateurs de la mort.

« Il nous faut de la pitié – disent les troisièmes. Prenez ce que j'ai ! Prenez ce que je suis ! Je serai d'autant moins lié par la vie ! »

Si leur pitié allait jusqu'au fond de leur être, ils tâcheraient de dégoûter de la vie leurs prochains. Être méchants – ce serait là leur véritable bonté.

Mais ils veulent se débarrasser de la vie : que leur importe si avec leurs chaînes et leurs présents ils en attachent d'autres plus étroitement encore ! –

Et vous aussi, vous dont la vie est inquiétude et travail sauvage : n'êtes-vous pas fatigués de la vie ? N'êtes-vous pas mûrs pour la prédication de la mort ?

Vous tous, vous qui aimez le travail sauvage et tout ce qui est rapide, nouveau, étrange, – vous vous supportez mal vous-mêmes, votre activité est une fuite et c'est la volonté de s'oublier soi-même.

Si vous aviez plus de foi en la vie, vous vous abandonneriez moins au moment. Mais vous n'avez pas assez de valeur intérieure pour l'attente – et vous n'en avez pas même assez pour la paresse !

Partout résonne la voix de ceux qui prêchent la mort : et le monde est plein de ceux à qui il faut prêcher la mort.

Ou bien « la vie éternelle » : ce qui pour moi est la même chose, – pourvu qu'ils s'en aillent rapidement !

Ainsi   parlait   Zarathoustra.

De la guerre et des guerriers

Nous ne voulons pas que nos meilleurs ennemis nous ménagent ni que nous soyons ménagés par ceux que nous aimons du fond du cœur. Laissez-moi donc vous dire la vérité !

Mes frères en la guerre ! Je vous aime du fond du cœur, je suis et je fus toujours votre semblable. Je suis aussi votre meilleur ennemi. Laissez-moi donc vous dire la vérité !

Je n'ignore pas la haine et l'envie de votre cœur. Vous n'êtes pas assez grands pour ne pas connaître la haine et l'envie. Soyez donc assez grands pour ne pas en avoir honte !

Et si vous ne pouvez pas être les saints de la connaissance, soyez-en du moins les guerriers. Les guerriers de la connaissance sont les compagnons et les précurseurs de cette sainteté.

Je vois beaucoup de soldats : puissé-je voir beaucoup de guerriers ! On appelle « uniforme » ce qu'ils portent : que ce qu'ils cachent dessous ne soit pas uniforme !

Vous devez être de ceux dont l'œil cherche toujours un ennemi – votre ennemi. Et chez quelques-uns d'entre vous il y a de la haine à première vue.

Vous devez chercher votre ennemi et faire votre guerre, une guerre pour vos pensées ! Et si votre pensée succombe, votre loyauté doit néanmoins crier victoire !

Vous devez aimer la paix comme un moyen de guerres nouvelles. Et la courte paix plus que la longue.

Je ne vous conseille pas le travail, mais la lutte. Je ne vous conseille pas la paix, mais la victoire. Que votre travail soit une lutte, que votre paix soit une victoire !

On ne peut se taire et rester tranquille, que lorsque l'on a des flèches et un arc : autrement on bavarde et on se dispute. Que votre paix soit une victoire !

Vous dites que c'est la bonne cause qui sanctifie même la guerre ? Je vous dis : c'est la bonne guerre qui sanctifie toute cause.

La guerre et le courage ont fait plus de grandes choses que l'amour du prochain. Ce n'est pas votre pitié, mais votre bravoure qui sauva jusqu'à présent les victimes.

Qu'est-ce qui est bien ? Demandez-vous. Être brave, voilà qui est bien. Laissez dire les petites filles : « Bien, c'est ce qui est en même temps joli et touchant. »

On vous appelle sans-cœur : mais votre cœur est vrai et j'aime la pudeur de votre cordialité. Vous avez honte de votre flot et d'autres rougissent de leur reflux.

Vous êtes laids ? Eh bien, mes frères ! Enveloppez-vous du sublime, le manteau de la laideur !

Quand votre âme grandit, elle devient impétueuse, et dans votre élévation, il y a de la méchanceté. Je vous connais.

Dans la méchanceté, l'impétueux se rencontre avec le débile. Mais ils ne se comprennent pas. Je vous connais.

Vous ne devez avoir d'ennemis que pour les haïr et non pour les mépriser. Vous devez être fiers de votre ennemi, alors les succès de votre ennemi seront aussi vos succès.

La révolte – c'est la noblesse de l'esclave. Que votre noblesse soit l'obéissance ! Que votre commandement lui-même soit de l'obéissance !

Un bon guerrier préfère « tu dois » à « je veux ». Et vous devez vous faire commander tout ce que vous aimez.

Que votre amour de la vie soit l'amour de vos plus hautes espérances : et que votre plus haute espérance soit la plus haute pensée de la vie.

Votre plus haute pensée, permettez que je vous la commande – la voici : l'homme est quelque chose qui doit être surmonté.

Ainsi vivez votre vie d'obéissance et de guerre ! Qu'importe la vie longue ! Quel guerrier veut être ménagé !

Je ne vous ménage point, je vous aime du fond du cœur, mes frères en la guerre ! –

Ainsi parlait Zarathoustra.

De la nouvelle idole

Il y a quelque part encore des peuples et des troupeaux, mais ce n'est pas chez nous, mes frères : chez nous il y a des États.

État ? Qu'est-ce, cela ? Allons ! Ouvrez les oreilles, je vais vous parler de la mort des peuples.

L'État, c'est le plus froid de tous les monstres froids : il ment froidement et voici le mensonge qui rampe de sa bouche : « Moi, l'État, je suis le Peuple. »

C'est un mensonge ! Ils étaient des créateurs, ceux qui créèrent les peuples et qui suspendirent au-dessus des peuples une foi et un amour : ainsi ils servaient la vie.

Ce sont des destructeurs, ceux qui tendent des pièges au grand nombre et qui appellent cela un État : ils suspendent au-dessus d'eux un glaive et cent appétits.

Partout où il y a encore du peuple, il ne comprend pas l'État et il le déteste comme le mauvais œil et une dérogation aux coutumes et aux lois.

Je vous donne ce signe : chaque peuple a son langage du bien et du mal : son voisin ne le comprend pas. Il s'est inventé ce langage pour ses coutumes et ses lois.

Mais l'État ment dans toutes ses langues du bien et du mal ; et, dans tout ce qu'il dit, il ment – et tout ce qu'il a, il l'a volé.

Tout en lui est faux ; il mord avec des dents volées, le hargneux. Même ses entrailles sont falsifiées.

Une confusion des langues du bien et du mal – je vous donne ce signe, comme le signe de l'État. En vérité, c'est la volonté de la mort qu'indique ce signe, il appelle les prédicateurs de la mort !

Beaucoup trop d'hommes viennent au monde : l'État a été inventé pour ceux qui sont superflus !

Voyez donc comme il les attire, les superflus ! Comme il les enlace, comme il les mâche et les remâche.

« Il n'y a rien de plus grand que moi sur la terre : je suis le doigt ordonnateur de Dieu » – ainsi hurle le monstre. Et ce ne sont pas seulement ceux qui ont de longues oreilles et la vue basse qui tombent à genoux !

Hélas, en vous aussi, ô grandes âmes, il murmure ses sombres mensonges. Hélas, il devine les cœurs riches qui aiment à se répandre !

Certes, il vous devine, vous aussi, vainqueurs du Dieu ancien ! Le combat vous a fatigués et maintenant votre fatigue se met au service de la nouvelle idole !

Elle voudrait placer autour d'elle des héros et des hommes honorables, la nouvelle idole ! Il aime à se chauffer au soleil de la bonne conscience, – le froid monstre !

Elle veut tout vous donner, si vous l'adorez, la nouvelle idole : ainsi elle s'achète l'éclat de votre vertu et le fier regard de vos yeux.

Vous devez lui servir d'appât pour les superflus ! Oui, c'est l'invention d'un tour infernal, d'un coursier de la mort, cliquetant dans la parure des honneurs divins !

Oui, c'est l'invention d'une mort pour le grand nombre, une mort qui se vante d'être la vie, une servitude selon le cœur de tous les prédicateurs de la mort !

L'État est partout où tous absorbent des poisons, les bons et les mauvais : l'État, où tous se perdent eux-mêmes, les bons et les mauvais : l'État, où le lent suicide de tous s'appelle – « la vie ».

Voyez donc ces superflus ! Ils volent les œuvres des inventeurs et les trésors des sages : ils appellent leur vol civilisation – et tout leur devient maladie et revers !

Voyez donc ces superflus ! Ils sont toujours malades, ils rendent leur bile et appellent cela des journaux. Ils se dévorent et ne peuvent pas même se digérer.

Voyez donc ces superflus ! Ils acquièrent des richesses et en deviennent plus pauvres. Ils veulent la puissance et avant tout le levier de la puissance, beaucoup d'argent, – ces impuissants !

Voyez-les grimper, ces singes agiles ! Ils grimpent les un sur les autres et se poussent ainsi dans la boue et dans l'abîme.

Ils veulent tous s'approcher du trône : c'est leur folie, – comme si le bonheur était sur le trône ! Souvent la boue est sur le trône – et souvent aussi le trône est dans la boue.

Ils m'apparaissent tous comme des fous, des singes grimpeurs et impétueux. Leur idole sent mauvais, ce froid monstre : ils sentent tous mauvais, ces idolâtres.

Mes frères, voulez-vous donc étouffer dans l'exhalaison de leurs gueules et de leurs appétits ! Cassez plutôt les vitres et sautez dehors !

Évitez donc la mauvaise odeur ! Éloignez-vous d'idolâtrie des superflus.

Évitez donc la mauvaise odeur ! Éloignez-vous de la fumée de ces sacrifices humains !

Maintenant encore les grandes âmes trouveront devant elles l'existence libre. Il reste bien des endroits pour ceux qui sont solitaires ou à deux, des endroits où souffle l'odeur des mers silencieuses.

Une vie libre reste ouverte aux grandes âmes. En vérité, celui qui possède peu est d'autant moins possédé : bénie soit la petite pauvreté.

Là où finit l'État, là seulement commence l'homme qui n'est pas superflu : là commence le chant de la nécessité, la mélodie unique, la nulle autre pareille.

Là où *finit* l'État, – regardez donc, mes frères ! Ne voyez-vous pas l'arc-en-ciel et le pont du Surhomme ?

Ainsi   parlait   Zarathoustra.

Des mouches de la place publique

Fuis, mon ami, dans ta solitude ! Je te vois étourdi par le bruit des grands hommes et meurtri par les aiguillons des petits.

Avec dignité, la forêt et le rocher savent se taire en ta compagnie. Ressemble de nouveau à l'arbre que tu aimes, à l'arbre aux larges branches : il écoute silencieux, suspendu sur la mer.

Où cesse la solitude, commence la place publique ; et où commence la place publique, commence aussi le bruit des grands comédiens et le bourdonnement des mouches venimeuses.

Dans le monde les meilleures choses ne valent rien sans quelqu'un qui les représente : le peuple appelle ces représentants des grands hommes.

Le peuple comprend mal ce qui est grand, c'est-à-dire ce qui crée. Mais il a un sens pour tous les représentants, pour tous les comédiens des grandes choses.

Le monde tourne autour des inventeurs de valeurs nouvelles : – il tourne invisiblement. Mais autour des comédiens tourne le peuple et la gloire : ainsi « va le monde ».

Le comédien a de l'esprit, mais peu de conscience de l'esprit. Il croit toujours à ce qui lui fait obtenir ses meilleurs effets, – à ce qui pousse les gens à croire en *lui-même* !

Demain il aura une foi nouvelle et après-demain une foi plus nouvelle encore. Il a l'esprit prompt comme le peuple, et prompt au changement.

Renverser, – c'est ce qu'il appelle démonter. Rendre fou, – c'est ce qu'il appelle convaincre. Et le sang est pour lui le meilleur de tous les arguments.

Il appelle mensonge et néant une vérité qui ne glissent que dans les fines oreilles. En vérité, il ne croit qu'en les dieux qui font beaucoup de bruit dans le monde !

La place publique est pleine de bouffons tapageurs – et le peuple se vante de ses grands hommes ! Ils sont pour lui les maîtres du moment.

Mais le moment les presse : c'est pourquoi ils te pressent aussi. Ils veulent de toi un oui ou un non. Malheur à toi, si tu voulais placer ta chaise entre un pour et un contre !

Ne sois pas jaloux des esprits impatients et absolus, ô amant, de la vérité. Jamais encore la vérité n'a été se pendre au bras des intransigeants.

À cause de ces agités retourne dans ta sécurité : ce n'est que sur la place publique qu'on est assailli par des « oui ? » ou des « non ? »

Ce qui se passe dans les fontaines profondes s'y passe avec lenteur : il faut qu'elles attendent longtemps pour savoir *ce qui* est tombé dans leur profondeur.

Tout ce qui est grand se passe loin de la place publique et de la gloire : loin de la place publique et de la gloire demeurèrent de tous temps les inventeurs de valeurs nouvelles.

Fuis, mon ami, fuis dans ta solitude : je te vois meurtri par des mouches venimeuses. Fuis là-haut où souffle un vent rude et fort !

Fuis dans ta solitude ! Tu as vécu trop près des petits et des pitoyables. Fuis devant leur vengeance invisible ! Ils ne veulent que se venger de toi.

N'élève plus le bras contre eux ! Ils sont innombrables et ce n'est pas ta destinée d'être un chasse-mouches.

Innombrables sont ces petits et ces pitoyables ; et maint édifice altier fut détruit par des gouttes de pluie et des mauvaises herbes.

Tu n'es pas une pierre, mais déjà des gouttes nombreuses t'ont crevassé. Des gouttes nombreuses te fêleront et te briseront encore.

Je te vois fatigué par les mouches venimeuses, je te vois déchiré et sanglant en maint endroit ; et la fierté dédaigne même de se mettre en colère.

Elles voudraient ton sang en toute innocence, leurs âmes anémiques réclament du sang – et elles piquent en toute innocence.

Mais toi qui es profond, tu souffres trop profondément, même des petites blessures ; et avant que tu ne sois guéri, leur ver venimeux aura passé sur ta main.

Tu me sembles trop fier pour tuer ces gourmands. Mais prends garde que tu ne sois destiné à porter toute leur venimeuse injustice !

Ils bourdonnent autour de toi, même avec leurs louanges : importunités, voilà leurs louanges. Ils veulent être près de ta peau et de ton sang.

Ils te flattent comme on flatte un dieu ou un diable ; ils pleurnichent devant toi, comme un dieu ou un diable. Qu'importe ! Ce sont des flatteurs et des pleurards, rien de plus.

Aussi font-ils souvent les aimables avec toi. Mais c'est ainsi qu'en agit toujours la ruse des lâches. Oui, les lâches sont rusés !

Ils pensent beaucoup à toi avec leur âme étroite – tu leur es toujours suspect ! Tout ce qui fait beaucoup réfléchir devient suspect.

Ils te punissent pour toutes tes vertus. Ils ne te pardonnent du fond du cœur que tes fautes.

Puisque tu es bienveillant et juste, tu dis : « Ils sont innocents de leur petite existence. » Mais leur âme étroite pense : « Toute grande existence est coupable. »

Même quand tu es bienveillant à leur égard, ils se sentent méprisés par toi ; et ils te rendent ton bienfait par des méfaits cachés.

Ta fierté sans paroles leur est toujours contraire ; ils jubilent quand il t'arrive d'être assez modeste pour être vaniteux.

Tout ce que nous percevons chez un homme, nous ne faisons que l'enflammer. Garde-toi donc des petits !

Devant toi ils se sentent petits et leur bassesse s'échauffe contre toi en une vengeance invisible.

Ne t'es-tu pas aperçu qu'ils se taisaient, dès que tu t'approchais d'eux, et que leur force les abandonnait, ainsi que la fumée abandonne un feu qui s'éteint ?

Oui, mon ami, tu es la mauvaise conscience de tes prochains : car ils ne sont pas dignes de toi. C'est pourquoi ils te haïssent et voudraient te sucer le sang.

Tes prochains seront toujours des mouches venimeuses ; ce qui est grand en toi – ceci même doit les rendre plus venimeux et toujours plus semblables à des mouches.

Fuis, mon ami, fuis dans ta solitude, là-haut où souffle un vent rude et fort. Ce n'est pas ta destinée d'être un chasse-mouches.-

Ainsi parlait Zarathoustra.

De la chasteté

J'aime la forêt. Il est difficile de vivre dans les villes : ceux qui sont en rut y sont trop nombreux.

Ne vaut-il pas mieux tomber entre les mains d'un meurtrier que dans les rêves d'une femme ardente ?

Et regardez donc ces hommes : leur œil en témoigne – ils ne connaissent rien de meilleur sur la terre que de coucher avec une femme.

Ils ont de la boue au fond de l'âme, et malheur à eux si leur boue a de l'esprit !

Si du moins vous étiez une bête parfaite, mais pour être une bête il faut l'innocence.

Est-ce que je vous conseille de tuer vos sens ? Je vous conseille l'innocence des sens.

Est-ce que je vous conseille la chasteté ? Chez quelques-uns la chasteté est une vertu, mais chez beaucoup d'autres elle est presque un vice.

Ceux-ci sont continents peut-être : mais la chienne Sensualité se reflète, avec jalousie, dans tout ce qu'ils font.

Même dans les hauteurs de leur vertu et jusque dans leur esprit rigide, cet animal les suit avec sa discorde.

Et avec quel air gentil la chienne Sensualité sait mendier un morceau d'esprit, quand on lui refuse un morceau de chair.

Vous aimez les tragédies et tout ce qui brise le cœur ? Mais moi je suis méfiant envers votre chienne.

Vous avez des yeux trop cruels et, pleins de désirs, vous regardez vers ceux qui souffrent. Votre lubricité ne s'est-elle pas travestie pour s'appeler pitié ?

Et je vous donne aussi cette parabole : ils n'étaient pas en petit nombre, ceux qui voulaient chasser leurs démons et qui entrèrent eux-mêmes dans les pourceaux.

Si la chasteté pèse à quelqu'un, il faut l'en détourner, pour qu'elle ne devienne pas le chemin de l'enfer – c'est à dire la fange et la fournaise de l'âme.

Parlé-je de choses malpropres ? Ce n'est pas ce qu'il y a de pire à mes yeux.

Ce n'est pas quand la vérité est malpropre, mais quand elle est basse, que celui qui cherche la connaissance n'aime pas à descendre dans ses eaux.

En vérité, il y en a qui sont chastes jusqu'au fond du cœur : ils sont plus doux de cœur, ils aiment mieux rire et ils rient plus que vous.

Ils rient aussi de la chasteté et demandent : « Qu'est-ce que la chasteté !

La chasteté n'est-elle pas une vanité ? Mais cette vanité est venue à nous, nous ne sommes pas venus à elle.

Nous avons offert à cet étranger l'hospitalité de notre cœur, maintenant il habite chez nous, – qu'il y reste autant qu'il voudra ! »

Ainsi   parlait   Zarathoustra.

De l'ami

« Un seul est toujours de trop autour de moi, » – ainsi pense le solitaire. « Toujours une fois un – cela finit par faire deux ! »

Je et *Moi* sont toujours en conversation trop assidue : comment supporterait-on cela s'il n'y avait pas un ami ?

Pour le solitaire, l'ami est toujours le troisième : le troisième est le liège qui empêche le colloque des deux autres de s'abîmer dans les profondeurs.

Hélas ! il y a trop de profondeurs pour tous les solitaires. C'est pourquoi ils aspirent à un ami et à la hauteur d'un ami.

Notre foi en les autres découvre l'objet de notre foi en nous-mêmes. Notre désir d'un ami révèle notre pensée.

L'amour ne sert souvent qu'à passer sur l'envie. Souvent l'on attaque et l'on se fait des ennemis pour cacher que l'on est soi-même attaquable.

« Sois au moins mon ennemi ! » – ainsi parle le respect véritable, celui qui n'ose pas solliciter l'amitié.

Si l'on veut avoir un ami il faut aussi vouloir faire la guerre pour lui : et pour la guerre, il faut *pouvoir* être ennemi.

Il faut honorer l'ennemi dans l'ami. Peux-tu t'approcher de ton ami, sans passer à son bord ?

En son ami on doit voir son meilleur ennemi. C'est quand tu luttes contre lui que tu dois être le plus près de son cœur.

Tu ne veux pas dissimuler devant ton ami ? Tu veux faire honneur à ton ami en te donnant tel que tu es ? Mais c'est pourquoi il t'envoie au diable !

Qui ne sait se dissimuler révolte : voilà pourquoi il faut craindre la nudité ! Certes, si vous étiez des dieux vous pourriez avoir honte de vos vêtements !

Tu ne saurais assez bien t'habiller pour ton ami : car tu dois lui être une flèche et un désir du Surhomme.

As-tu déjà vu dormir ton ami, – pour que tu apprennes à connaître son aspect ? Quel est donc le visage de ton ami ? C'est ton propre visage dans un miroir grossier et imparfait.

As-tu déjà vu dormir ton ami ? Ne t'es-tu pas effrayé de l'air qu'il avait ? Oh ! mon ami, l'homme est quelque chose qui doit être surmonté.

L'ami doit être passé maître dans la divination et dans le silence : tu ne dois pas vouloir tout voir. Ton rêve doit te révéler ce que fait ton ami quand il est éveillé.

Il faut que ta pitié soit une divination : afin que tu saches d'abord si ton ami veut de la pitié. Peut-être aime-t-il en toi le visage fier et le regard de l'éternité.

Il faut que la compassion avec l'ami se cache sous une rude enveloppe, et que tu y laisses une dent. Ainsi ta compassion sera pleine de finesses et de douceurs.

Es-tu pour ton ami air pur et solitude, pain et médicament ? Il y en a qui ne peuvent pas se libérer de leur propre chaîne, et pourtant, pour leurs amis, ils sont des sauveurs.

Si tu es un esclave tu ne peux pas être un ami. Si tu es un tyran tu ne peux pas avoir d'amis.

Pendant trop longtemps un esclave et un tyran étaient cachés dans la femme. C'est pourquoi la femme n'est pas encore capable d'amitié : elle ne connaît que l'amour.

Dans l'amour de la femme il y a de l'injustice et de l'aveuglement à l'égard de tout ce qu'elle n'aime pas. Et même dans l'amour conscient de la femme il y a toujours, à côté de la lumière, la surprise, l'éclair et la nuit.

La femme n'est pas encore capable d'amitié. Des chattes, voilà ce que sont toujours les femmes, des chattes et des oiseaux. Ou, quand cela va bien, des vaches.

La femme n'est pas encore capable d'amitié. Mais, dites-moi, vous autres hommes, lequel d'entre vous est donc capable d'amitié ?

Malédiction sur votre pauvreté et votre avarice de l'âme, ô hommes ! Ce que vous donnez à vos amis, je veux le donner même à mes ennemis, sans en devenir plus pauvre.

Il y a de la camaraderie : qu'il y ait de l'amitié !

Ainsi parlait Zarathoustra.

Mille et un buts

Zarathoustra a vu beaucoup de contrées et beaucoup de peuples : c'est ainsi qu'il a découvert le bien et le mal de beaucoup de peuples. Zarathoustra n'a pas découvert de plus grande puissance sur la terre, que le bien et le mal.

Aucun peuple ne pourrait vivre sans évaluer les valeurs ; mais s'il veut se conserver, il ne doit pas évaluer comme évalue son voisin. Beaucoup de choses qu'un peuple appelait bonnes, pour un autre peuple étaient honteuses et méprisables : voilà ce que j'ai découvert. Ici beaucoup de choses étaient appelées mauvaises et là-bas elles étaient revêtues du manteau de pourpre des honneurs.

Jamais un voisin n'a compris l'autre voisin : son âme s'est toujours étonnée de la folie et de la méchanceté de son voisin.

Une table des biens est suspendue au-dessus de chaque peuple. Or, c'est la table de ce qu'il a surmonté, c'est la voix de sa volonté de puissance.

Est honorable ce qui lui semble difficile ; ce qui est indispensable et difficile, s'appelle bien. Et ce qui délivre de la plus profonde détresse, cette chose rare et difficile, – est sanctifiée par lui.

Ce qui le fait régner, vaincre et briller, ce qui excite l'horreur et l'envie de son voisin : c'est ce qui occupe pour lui la plus haute et la première place, c'est ce qui est la mesure et le sens de toutes choses.

En vérité, mon frère, lorsque tu auras pris conscience des besoins et des terres d'un peuple, lorsque tu connaîtras son ciel et son voisin : tu devineras aussi la loi qui régit ses victoires sur lui-même, et tu sauras pourquoi c'est sur tel degré qu'il monte à ses espérances.

« Il faut que tu sois toujours le premier et que tu dépasses les autres : ton âme jalouse ne doit aimer personne, si ce n'est l'ami » – ceci fit tremble l'âme d'un Grec et lui fit gravir le sentier de la grandeur.

« Dire la vérité et savoir bien manier l'arc et les flèches » – ceci semblait cher, et difficile en même temps, au peuple d'où vient mon nom – ce nom qui est en même temps cher et difficile.

« Honorer père et mère, leur être soumis jusqu'aux racines de l'âme » : cette table des victoires sur soi-même, un autre peuple la suspendit au-dessus de lui et il devint puissant et éternel.

« Être fidèle et, à cause de la fidélité, donner son sang et son honneur, même pour des choses mauvaises et dangereuses » : par cet enseignement un autre peuple s'est surmonté, et, en se surmontant ainsi, il devint gros et lourd de grandes espérances.

En vérité, les hommes se donnèrent eux-mêmes leur bien et leur mal. En vérité, ils ne les prirent point, ils ne les trouvèrent point, ils ne les écoutèrent point comme une voix descendue du ciel.

C'est l'homme qui mit des valeurs dans les choses, afin de se conserver, – c'est lui qui créa le sens des choses, un sens humain ! C'est pourquoi il s'appelle « homme », c'est-à-dire, celui qui évalue.

Évaluer c'est créer : écoutez donc, vous qui êtes créateurs ! C'est leur évaluation qui fait des trésors et des joyaux de toutes choses évaluées.

C'est par l'évaluation que se fixe la valeur : sans l'évaluation, la noix de l'existence serait creuse. Écoutez donc vous qui êtes créateurs !

Les valeurs changent lorsque le créateur se transforme. Celui qui doit créer détruit toujours.

Les créateurs furent d'abord des peuples et plus tard seulement des individus. En vérité, l'individu lui-même est la plus jeune des créations.

Des peuples jadis suspendirent au-dessus d'eux une table du bien. L'amour qui veut dominer et l'amour qui veut obéir se créèrent ensemble de telles tables.

Le plaisir du troupeau est plus ancien que le plaisir de l'individu. Et tant que la bonne conscience s'appelle troupeau, la mauvaise conscience seule dit : Moi.

En vérité, le *moi* rusé, le *moi* sans amour qui cherche son avantage dans l'avantage du plus grand nombre : ce n'est pas là l'origine du troupeau, mais son déclin.

Ce furent toujours des fervents et des créateurs qui créèrent le bien et le mal. Le feu de l'amour et le feu de la colère l'allument au nom de toutes les vertus.

Zarathoustra vit beaucoup de pays et beaucoup de peuples. Il n'a pas trouvé de plus grande puissance sur la terre que l'œuvre des fervents : « bien » et « mal », voilà le nom de cette puissance.

En vérité, la puissance de ces louanges et de ces blâmes est pareille à un monstre. Dites-moi, mes frères, qui me terrassera ce monstre ? Dites, qui jettera une chaîne sur les mille nuques de cette bête ?

Il y a eu jusqu'à présent mille buts, car il y a eu mille peuples. Il ne manque que la chaîne des mille nuques, il manque le but unique. L'humanité n'a pas encore de but.

Mais, dites-moi donc, mes frères, si l'humanité manque de but, n'est-elle pas elle-même en défaut ?

Ainsi   parlait   Zarathoustra.

De l'amour du prochain

Vous vous empressez auprès du prochain et vous exprimez cela par de belles paroles. Mais je vous le dis : votre amour du prochain, c'est votre mauvais amour de vous-mêmes.

Vous entrez chez le prochain pour fuir devant vous-mêmes et de cela vous voudriez faire une vertu : mais je pénètre votre « désintéressement ».

Le *toi* est plus vieux que le *moi* ; le *toi* est sanctifié, mais point encore le *moi* : ainsi l'homme s'empresse auprès de son prochain.

Est-ce que je vous conseille l'amour du prochain ? Plutôt encore je vous conseillerais la fuite du prochain et l'amour du lointain !

Plus haut que l'amour du prochain se trouve l'amour du lointain et de ce qui est à venir. Plus haut encore que l'amour de l'homme, je place l'amour des choses et des fantômes.

Ce fantôme qui court devant toi, mon frère, ce fantôme est plus beau que toi ; pourquoi ne lui prêtes-tu pas ta chair et tes os ? Mais tu as peur et tu t'enfuis chez ton prochain.

Vous ne savez pas vous supporter vous-mêmes et vous ne vous aimez pas assez : c'est pourquoi vous voudriez séduire votre prochain par votre amour et vous dorer de son erreur.

Je voudrais que toute espèce de prochains et les voisins de ces prochains vous deviennent insupportables. Il vous faudrait alors vous créer par vous-mêmes un ami au cœur débordant.

Vous invitez un témoin quand vous voulez dire du bien de vous-mêmes ; et quand vous l'avez induit à bien penser de vous, c'est vous qui pensez bien de vous.

Celui-là seul ne ment pas qui parle contre sa conscience, mais surtout celui qui parle contre son inconscience. Et c'est ainsi que vous parlez de vous-mêmes dans vos relations et vous trompez le voisin sur vous-mêmes.

Ainsi parle le fou : « Les rapports avec les hommes gâtent le caractère, surtout quand on n'en a pas. »

L'un va chez le prochain parce qu'il se cherche, l'autre parce qu'il voudrait s'oublier. Votre mauvais amour de vous-mêmes fait de votre solitude une prison.

Ce sont les plus lointains qui payent votre amour du prochain ; et quand vous n'êtes que cinq ensemble, vous en faites toujours mourir un sixième.

Je n'aime pas non plus vos fêtes : j'y ai trouvé trop de comédiens, et même les spectateurs se comportaient comme des comédiens.

Je ne vous enseigne pas le prochain, mais l'ami. Que l'ami vous soit la fête de la terre et un pressentiment du Surhomme.

Je vous enseigne l'ami et son cœur débordant. Mais il faut savoir être tel une éponge, quand on veut être aimé par des cœurs débordants.

Je vous enseigne l'ami qui porte en lui un monde achevé, l'écorce du bien, — l'ami créateur qui a toujours un monde achevé à offrir.

Et de même que pour lui le monde s'est déroulé, il s'enroule de nouveau, tel le devenir du bien par le mal, du but par le hasard ?

Que l'avenir et la chose la plus lointaine soient pour toi la cause de ton aujourd'hui : c'est dans ton ami que tu dois aimer le Surhomme comme ta raison d'être.

Mes frères, je ne vous conseille pas l'amour du prochain, je vous conseille l'amour du plus lointain.

Ainsi   parlait   Zarathoustra.

Des voies du créateur

Veux-tu, mon frère, aller dans l'isolement ? Veux-tu chercher le chemin qui mène à toi-même ? Hésite encore un peu et écoute-moi.

« Celui qui cherche se perd facilement lui-même. Tout isolement est une faute » : ainsi parle le troupeau. Et longtemps tu as fait partie du troupeau.

En toi aussi la voix du troupeau résonnera encore. Et lorsque tu diras : « Ma conscience n'est plus la même que le vôtre, » ce sera plainte et douleur.

Voici, cette conscience commune enfanta aussi cette douleur elle-même : et la dernière lueur de cette conscience enflamme encore ton affliction.

Mais tu veux suivre la voix de ton affliction qui est la voie qui mène à toi-même. Montre-moi donc que tu en as le droit et la force !

Es-tu une force nouvelle et un droit nouveau ? Un premier mouvement ? Une roue qui roule sur elle-même ? Peux-tu forcer des étoiles à tourner autour de toi ?

Hélas ! il y a tant de convoitises qui veulent aller vers les hauteurs ! Il y a tant de convulsions des ambitieux. Montre-moi que tu n'es ni parmi ceux qui convoitent, ni parmi les ambitieux !

Hélas ! il y a tant de grandes pensées qui n'agissent pas plus qu'une vessie gonflée. Elles enflent et rendent plus vide encore.

Tu t'appelles libre ? Je veux que tu me dises ta pensée maîtresse, et non pas que tu t'es échappé d'un joug.

Es-tu quelqu'un qui *avait le droit* de s'échapper d'un joug ? Il y en a qui perdent leur dernière valeur en quittant leur sujétion.

Libre *de quoi* ? Qu'importe cela à Zarathoustra ! Mais ton œil clair doit m'annoncer : libre *pour quoi* ?

Peux-tu te fixer à toi-même ton bien et ton mal et suspendre ta volonté au-dessus de toi comme une loi ? Peux-tu être ton propre juge et le vengeur de ta propre loi ?

Il est terrible de demeurer seul avec le juge et le vengeur de sa propre loi. C'est ainsi qu'une étoile est projetée dans le vide et dans le souffle glacé de la solitude.

Aujourd'hui encore tu souffres du nombre, toi l'unique : aujourd'hui encore tu as tout ton courage et toutes tes espérances.

Pourtant ta solitude te fatiguera un jour, ta fierté se courbera et ton courage grincera des dents. Tu crieras un jour : « Je suis seul ! »

Un jour tu ne verras plus ta hauteur, et ta bassesse sera trop près de toi. Ton sublime même te fera peur comme un fantôme. Tu crieras un jour : « Tout est faux ! »

Il y a des sentiments qui veulent tuer le solitaire ; s'ils n'y parviennent point, il leur faudra périr eux-mêmes ! Mais es-tu capable d'être assassin ?

Mon frère, connais-tu déjà le mot « mépris » ? Et la souffrance de ta justice qui te force à être juste envers ceux qui te méprisent ?

Tu obliges beaucoup de gens à changer d'avis sur toi ; voilà pourquoi ils t'en voudront toujours. Tu t'es approché d'eux et tu as passé : c'est ce qu'ils ne te pardonneront jamais.

Tu les dépasses : mais plus tu t'élèves, plus tu parais petit aux yeux des envieux. Mais celui qui plane dans les airs est celui que l'on déteste le plus.

« Comment sauriez-vous être justes envers moi ! – c'est ainsi qu'il te faut parler – je choisis pour moi votre injustice, comme la part qui m'est due. »

Injustice et ordures, voilà ce qu'ils jettent après le solitaire : pourtant, mon frère, si tu veux être une étoile, il faut que tu les éclaires malgré tout !

Et garde-toi des bons et des justes ! Ils aiment à crucifier ceux qui s'inventent leur propre vertu, – ils haïssent le solitaire.

Garde-toi aussi de la sainte simplicité ! Tout ce qui n'est pas simple lui est impie ; elle aime aussi à jouer avec le feu – des bûchers.

Et garde-toi des accès de ton amour ! Trop vite le solitaire tend la main à celui qu'il rencontre.

Il y a des hommes à qui tu ne dois pas donner la main, mais seulement la patte : et je veux que ta patte ait aussi des griffes.

Mais le plus dangereux ennemi que tu puisses rencontrer sera toujours toi-même ; c'est toi-même que tu guettes dans les cavernes et les forêts.

Solitaire, tu suis le chemin qui mène à toi-même ! Et ton chemin passe devant toi-même et devant tes sept démons ?

Tu seras hérétique envers toi-même, sorcier et devin, fou et incrédule, impie et méchant.

Il faut que tu veuilles te brûler dans ta propre flamme : comment voudrais-tu te renouveler sans t'être d'abord réduit en cendres !

Solitaire, tu suis le chemin du créateur : tu veux te créer un dieu de tes sept démons !

Solitaire, tu suis le chemin de l'amant : tu t'aimes toi-même, c'est pourquoi tu te méprises, comme seuls méprisent les amants.

L'amant veut créer puisqu'il méprise ! Comment saurait-il parler de l'amour, celui qui ne devait pas mépriser précisément ce qu'il aimait !

Va dans ta solitude, mon frère, avec ton amour et ta création ; et sur le tard la justice te suivra en traînant la jambe.

Va dans ta solitude avec mes larmes, ô mon frère. J'aime celui qui veut créer plus haut que lui-même et qui périt aussi. –

Ainsi   parlait   Zarathoustra.

Des femmes vieilles et jeunes

« Pourquoi te glisses-tu furtivement dans le crépuscule, Zarathoustra ? Et que caches-tu avec tant de soin sous ton manteau ?

« Est-ce un trésor que l'on t'a donné ? Ou bien un enfant qui t'est né ? Où vas-tu maintenant toi-même par les sentiers des voleurs, toi, l'ami des méchants ? »

En vérité, mon frère ! répondit Zarathoustra, c'est un trésor qui m'a été donné : une petite vérité, voilà ce que je porte.

Mais elle est espiègle comme un petit enfant ; et si je ne lui fermais la bouche, elle crierait à tue-tête.

Tandis que, solitaire, je suivais aujourd'hui mon chemin, à l'heure où décline le soleil, j'ai rencontré une vieille femme qui parla ainsi à mon âme : « Maintes fois déjà Zarathoustra a parlé, même à nous autres femmes, mais jamais il ne nous a parlé de la femme. »

Je lui ai répondu : « Il ne faut parler de la femme qu'aux hommes. »

« À moi aussi tu peux parler de la femme, dit-elle ; je suis assez vieille pour oublier aussitôt tout ce que tu m'auras dit. »

Et je condescendis aux désirs de la vieille femme et je lui dis :

Chez la femme tout est une énigme : mais il y a *un* mot à cet énigme : ce mot est grossesse.

L'homme est pour la femme un moyen : le but est toujours l'enfant. Mais qu'est la femme pour l'homme ?

L'homme véritable veut deux choses : le danger et le jeu. C'est pourquoi il veut la femme, le jouet le plus dangereux.

L'homme doit être élevé pour la guerre, et la femme pour le délassement du guerrier : tout le reste est folie.

Le guerrier n'aime les fruits trop doux. C'est pourquoi il aime la femme ; une saveur amère reste même à la femme la plus douce.

Mieux que l'homme, la femme comprend les enfants, mais l'homme est plus enfant que la femme.

Dans tout homme véritable se cache un enfant : un enfant qui veut jouer. Allons, femmes, découvrez-moi l'enfant dans l'homme !

Que la femme soit un jouet, pur et menu, pareil au diamant, rayonnant des vertus d'un monde qui n'est pas encore !

Que l'éclat d'une étoile resplendisse dans votre amour ! Que votre espoir dise : « Oh ! que je mette au monde le Surhomme ! »

Qu'il y ait de la vaillance dans votre amour ! Armée de votre amour vous irez au-devant de celui qui vous inspire la peur.

Qu'en votre amour vous mettiez votre honneur. La femme du reste sait peu de choses de l'honneur. Mais que ce soit votre honneur d'aimer toujours plus que vous êtes aimées, et de ne jamais venir en seconde place.

Que l'homme redoute la femme, quand elle aime : c'est alors qu'elle fait tous les sacrifices et toute autre chose lui paraît sans valeur.

Que l'homme redoute la femme, quand elle hait : car au fond du cœur l'homme n'est que méchant, mais au fond du cœur la femme est mauvaise.

Qui la femme hait-elle le plus ? – Ainsi parlait le fer à l'aimant : « Je te hais le plus parce que tu attires, mais que tu n'es pas assez fort pour attacher à toi. »

Le bonheur de l'homme est : je veux ; le bonheur de la femme est : il veut.

« Voici, le monde vient d'être parfait ! » – ainsi pense toute femme qui obéit dans la plénitude de son amour.

Et il faut que la femme obéisse et qu'elle trouve une profondeur à sa surface. L'âme de la femme est surface, une couche d'eau mobile et orageuse sur un bas-fond.

Mais l'âme de l'homme est profonde, son flot mugit dans les cavernes souterraines : la femme pressent la puissance de l'homme, mais elle ne la comprend pas. –

Alors la vieille femme me répondit : « Zarathoustra a dit mainte chose gentille, surtout pour celles qui sont assez jeunes pour les entendre.

Chose étrange, Zarathoustra connaît peu les femmes, et pourtant il dit vrai quand il parle d'elles ! Serait-ce parce que chez les femmes nulle chose n'est impossible ?

Et maintenant, reçois en récompense une petite vérité ! Je suis assez vieille pour te la dire !

Enveloppe-la bien et clos-lui le bec : autrement elle criera trop fort, cette petite vérité. »

« Donne-moi, femme, ta petite vérité ! » dis-je. Et voici ce que me dit la vieille femme :

« Tu vas chez les femmes ? N'oublie pas le fouet ! » –

Ainsi   parlait   Zarathoustra.

La morsure de la vipère

Un jour Zarathoustra s'était endormi sous un figuier, car il faisait chaud, et il avait ramené le bras sur son visage. Mais une vipère le mordit au cou, ce qui fit pousser un cri de douleur à Zarathoustra. Lorsqu'il eut enlevé le bras de son visage, il regarda le serpent : alors le serpent reconnut les yeux de Zarathoustra, il se tordit maladroitement et voulut s'éloigner. « Non point, dit Zarathoustra, je ne t'ai pas encore remercié ! Tu m'as éveillé à temps, ma route est encore longue. » « Ta route est courte encore, dit tristement la vipère ; mon poison tue. » Zarathoustra se prit à sourire. « Quand donc un dragon mourut-il du poison d'un serpent ? – dit-il. Mais reprends ton poison ! Tu n'en pas assez riche pour m'en faire hommage. » Alors derechef la vipère s'enroula autour de son cou et elle lécha sa blessure.

Un jour, comme Zarathoustra racontait ceci à ses disciples, ceux-ci lui demandèrent : « Et quelle est la morale de ton histoire, ô Zarathoustra ? » Zarathoustra leur répondit :

Les bons et les justes m'appellent le destructeur de la morale : mon histoire est immorale.

Mais si vous avez un ennemi, ne lui rendez pas le bien pour le mal ; car il en serait humilié. Démontrez-lui, au contraire, qu'il vous a fait du bien.

Et plutôt que d'humilier, mettez-vous en colère. Et lorsque l'on vous maudit, il ne me plaît pas que vous vouliez bénir. Maudissez plutôt un peu de votre côté !

Et si l'on vous inflige une grande injustice, ajoutez-en vite cinq autres petites. Celui qui n'est opprimé que par l'injustice est affreux à voir.

Saviez-vous déjà cela ? Injustice partagée est demi-droit. Et celui qui peut porter l'injustice doit prendre l'injustice sur lui !

Il est plus humain de se venger un peu que de s'abstenir de la vengeance. Et si la punition n'est pas aussi un droit et un honneur accordés au transgresseur, je ne veux pas de votre punition.

Il est plus noble de se donner tort que de garder raison, surtout quand on a raison. Seulement il faut être assez riche pour cela.

Je n'aime pas votre froide justice ; dans les yeux de vos juges passe toujours le regard du bourreau et son couperet glacé.

Dites-moi donc où se trouve la justice qui est l'amour avec des yeux clairvoyants.

Inventez-moi donc l'amour qui porte non seulement toutes les punitions, mais aussi toutes les fautes !

Inventez-moi donc la justice qui acquitte chacun sauf celui qui juge !

Voulez-vous que je vous dise encore cela ? Chez celui qui veut être juste au fond de l'âme, le mensonge même devient philanthropie.

Mais comment saurais-je être juste au fond de l'âme ? Comment pourrais-je donner à chacun le *sien* ? Que ceci me suffise : je donne à chacun le *mien*.

Enfin, mes frères, gardez-vous d'être injustes envers les solitaires. Comment un solitaire pourrait-il oublier ? Comment pourrait-il rendre ?

Un solitaire est comme un puits profond. Il est facile d'y jeter une pierre ; mais si elle est tombée jusqu'au fond, dites-moi donc, qui voudra la chercher ?

Gardez-vous d'offenser le solitaire. Mais si vous l'avez offensé, eh bien ! tuez-le aussi !

Ainsi   parlait   Zarathoustra.

De l'enfant et du mariage

J'ai une question pour toi seul, mon frère. Je jette cette question comme une sonde dans ton âme, afin de connaître sa profondeur.

Tu es jeune et tu désires femme et enfant. Mais je te demande : es-tu un homme qui ait *le droit* de désirer un enfant ?

Es-tu le victorieux, vainqueur de lui-même, souverain des sens, maître de ses vertus ? C'est ce que je te demande.

Ou bien ton vœu est-il le cri de la bête et de l'indigence ? Ou la peur de la solitude ? Ou la discorde avec toi-même ?

Je veux que ta victoire et ta liberté aspirent à se perpétuer par l'enfant. Tu dois construire des monuments vivants à ta victoire et à ta délivrance.

Tu dois construire plus haut que toi-même. Mais il faut d'abord que tu sois construit toi-même, carré de la tête à la base. Tu ne dois pas seulement propager ta race plus loin, mais aussi plus haut. Que le jardin du mariage te serve à cela.

Tu dois créer un corps d'essence supérieure, un premier mouvement, une roue qui roule sur elle-même, – tu dois créer un créateur.

Mariage : c'est ainsi que j'appelle la volonté à deux de créer l'unique qui est plus que ceux qui l'ont créé. Respect mutuel, c'est là le mariage, respect de ceux qui veulent d'une telle volonté.

Que ceci soit le sens et la vérité de ton mariage. Mais ce que les inutiles appellent mariage, la foule des superflus ! – comment appellerai-je cela ?

Hélas ! cette pauvreté de l'âme à deux ! Hélas ! cette impureté de l'âme à deux ! Hélas, ce misérable contentement à deux !

Mariage, c'est ainsi qu'ils appellent tout cela ; et ils disent que leurs unions ont été scellées dans le ciel.

Eh bien, je n'en veux pas de ce ciel des superflus ! Non, je n'en veux pas de ces bêtes empêtrées dans le filet céleste !

Loin de moi aussi le Dieu qui vient en boitant pour bénir ce qu'il n'a pas uni !

Ne riez pas de pareils mariages ! Quel est l'enfant qui n'aurait pas raison de pleurer sur ses parents ?

Cet homme me semblait respectable et mûr pour saisir le sens de la terre : mais lorsque je vis sa femme, la terre me sembla une demeure pour les insensés.

Oui, je voudrais que la terre fût secouée de convulsions quand je vois un saint s'accoupler à une oie.

Tel partit comme un héros en quête de vérités, et il ne captura qu'un petit mensonge paré. Il appelle cela son mariage.

Tel autre était réservé dans ses relations et difficile dans son choix. Mais d'un seul coup il a gâté à tout jamais sa société. Il appelle cela son mariage.

Tel autre encore cherchait une servante avec les vertus d'un ange. Mais soudain il devint la servante d'une femme, et maintenant il lui faudrait devenir ange lui-même.

Je n'ai vu partout qu'acheteurs pleins de précaution et tous ont des yeux rusés. Mais le plus rusé lui-même achète sa femme comme chat en poche.

Beaucoup de courtes folies – c'est là ce que vous appelez amour. Et votre mariage met fin à beaucoup de courtes folies, par une longue sottise.

Votre amour de la femme et l'amour de la femme pour l'homme : oh ! que ce soit de la pitié pour des dieux souffrants et voilés ! Mais presque toujours c'est une bête qui devine l'autre.

Cependant votre meilleur amour n'est qu'une métaphore extasiée et une douloureuse ardeur. Il est un flambeau qui doit éclairer pour vous les chemins supérieurs.

Un jour vous devrez aimer par delà vous-mêmes ! Apprenez donc d'abord à aimer ! C'est pourquoi il vous fallut boire l'amer calice de votre amour.

Il y a de l'amertume dans le calice, même dans le calice du meilleur amour. C'est ainsi qu'il éveille en toi le désir du Surhomme, c'est ainsi qu'il éveille en toi la soif, ô créateur !

Soif du créateur, flèche et désir du Surhomme : dis-moi, mon frère, est-ce là ta volonté du mariage ?

Je sanctifie telle volonté et un tel mariage. –

Ainsi   parlait   Zarathoustra.

De la mort volontaire

Il y en a beaucoup qui meurent trop tard et quelques-uns qui meurent trop tôt. La doctrine qui dit : « Meurs à temps ! » semble encore étrange.

Meurs à temps : voilà ce qu'enseigne Zarathoustra.

Il est vrai que celui qui n'a jamais vécu à temps ne saurait mourir à temps. Qu'il ne soit donc jamais né ! – Voilà ce que je conseille aux superflus.

Mais les superflus eux-mêmes font les importants avec leur mort, et la noix la plus creuse prétend être cassée.

Ils accordent tous de l'importance à la mort : mais pour eux la mort n'est pas encore une fête. Les hommes ne savent point encore comment on consacre les plus belles fêtes.

Je vous montre la mort qui consacre, la mort qui, pour les vivants, devient un aiguillon et une promesse.

L'accomplisseur meurt de sa mort, victorieux, entouré de ceux qui espèrent et qui promettent.

C'est ainsi qu'il faudrait apprendre à mourir ; et il ne devrait pas y avoir de fête, sans qu'un tel mourant ne sanctifie les serments des vivants !

Mourir ainsi est la meilleure chose ; mais la seconde est celle-ci : mourir au combat et répandre une grande âme.

Mais haïe tant par le combattant que par le victorieux et votre mort grimaçante qui s'avance en rampant, comme un voleur – et qui pourtant vient en maître.

Je vous fais l'éloge de ma mort, de la mort volontaire, qui me vient puisque *je* veux.

Et quand voudrais-je ? – Celui qui a un but et un héritier, veut pour but et héritier la mort à temps.

Et, par respect pour le but et l'héritier, il ne suspendra plus de couronnes fanées dans le sanctuaire de la vie.

En vérité, je ne veux pas ressembler aux cordiers : ils tirent leur fils en longueur et vont eux-mêmes toujours en arrière.

Il y en a aussi qui deviennent trop vieux pour leurs vérités et leurs victoires ; une bouche édentée n'as plus droit à toutes les vérités.

Et tous ceux qui cherchent la gloire doivent au bon moment prendre congé de l'honneur, et exercer l'art difficile de s'en aller à temps.

Il faut cesser de se faire manger, au moment où l'on vous trouve le plus de goût : ceux-là le savent qui veulent être aimés longtemps.

Il y a bien aussi des pommes aigres dont la destinée est d'attendre jusqu'au dernier jour de l'automne. Et elles deviennent en même temps mûres jaunes et ridées.

Chez les uns le cœur vieillit d'abord, chez d'autres l'esprit. Et quelques-uns sont vieux dans leur jeunesse : mais quand on est jeune très tard, on reste jeune très longtemps.

Il y en a qui manquent leur vie : un ver venimeux leur ronge le cœur. Qu'ils tâchent au moins de mieux réussir dans leur mort.

Il y en a qui ne prennent jamais de saveur, ils pourrissent déjà en été. C'est la lâcheté qui les retient à leur branche.

Il y en a beaucoup trop qui vivent et trop longtemps ils restent suspendus à leur branche. Qu'une tempête vienne et secoue de l'arbre tout ce qui est pourri et mangé par le ver ?

Viennent les prédicateurs de la mort *rapide* ! Ce seraient eux les vraies tempêtes qui secoueraient l'arbre de la vie ! Mais je n'entends prêcher que la mort lente et la patience avec tout ce qui est « terrestre ».

Hélas ! vous prêchez la patience avec ce qui est terrestre ? C'est le terrestre qui a trop de patience avec vous, blasphémateurs !

En vérité, il est mort trop tôt, cet Hébreu qu'honorent les prédicateurs de la mort lente, et pour un grand nombre, depuis, ce fut une fatalité qu'il mourût trop tôt.

Il ne connaissait encore que les larmes et la tristesse de l'Hébreu, ainsi que la haine des bons et des justes, – cet Hébreu Jésus : et voici que le désir de la mort le saisit à l'improviste.

Pourquoi n'est-il pas resté au désert, loin des bons et des justes ! Peut-être aurait-il appris à vivre et à aimer la terre – et aussi le rire !

Croyez-m'en, mes frères ! Il est mort trop tôt ; il aurait lui-même rétracté sa doctrine, s'il avait vécu jusqu'à mon âge ! Il était assez noble pour se rétracter !

Mais il n'était pas encore mûr. L'amour du jeune homme manque de maturité, voilà pourquoi il hait les hommes et la terre. Chez lui l'âme et les ailes de la pensée sont encore liées et pesantes.

Mais il y a de l'enfant dans l'homme plus que dans le jeune homme, et moins de tristesse : l'homme comprend mieux la mort et la vie.

Libre pour la mort et libre dans la mort, divin négateur, s'il n'est plus temps d'affirmer : ainsi il comprend la vie et la mort.

Que votre mort ne soit pas un blasphème sur l'homme et la terre, ô mes amis : telle est la grâce que j'implore du miel de votre âme.

Que dans votre agonie votre esprit et votre vertu jettent encore une dernière lueur, comme la rougeur du couchant enflamme la terre : si non, votre mort vous aura mal réussi.

C'est ainsi que je veux mourir moi-même, afin que vous aimiez davantage la terre à cause de moi, ô mes amis ; et je veux revenir à la terre pour que je retrouve mon repos en celle qui m'a engendré.

En vérité, Zarathoustra avait un but, il a lancé sa balle ; maintenant, ô mes amis, vous héritez de mon but, c'est à vous que je lance la balle dorée.

Plus que toute autre chose, j'aime à vous voir lancer la balle dorée, ô mes amis ! Et c'est pourquoi je demeure encore un peu sur la terre : pardonnez-le-moi !

Ainsi   parlait   Zarathoustra.

De la vertu qui donne

1.

Lorsque Zarathoustra eut pris congé de la ville que son cœur aimait, et dont le nom est « la Vache multicolore », – beaucoup de ceux qui s'appelaient ses disciples l'accompagnèrent et lui firent la reconduite. C'est ainsi qu'ils arrivèrent à un carrefour : alors Zarathoustra leur dit qu'il voulait continuer seul la route, car il était ami des marches solitaires. Ses disciples, cependant, en lui disant adieu, lui firent hommage d'un bâton dont la poignée d'or était un serpent s'enroulant autour du soleil. Zarathoustra se réjouit du bâton et s'appuya dessus ; puis il dit à ses disciples :

Dites-moi donc, pourquoi l'or est-il devenu la plus haute valeur ? C'est parce qu'il est rare et inutile, étincelant et doux dans son éclat : il se donne toujours.

Ce n'est que comme symbole de la plus haute vertu que l'or atteignit la plus haute valeur. Luisant comme de l'or est le regard de celui qui donne. L'éclat de l'or conclut la paix entre la lune et le soleil.

La plus haute vertu est rare et inutile, elle est étincelante et d'un doux éclat : une vertu qui donne est la plus haute vertu.

En vérité, je vous devine, mes disciples : vous aspirez comme moi à la vertu qui donne. Qu'auriez-vous de commun avec les chats et les loups ?

Vous avez soif de devenir vous-mêmes des offrandes et des présents : c'est pourquoi vous avez soif d'amasser toutes les richesses dans vos âmes.

Votre âme est insatiable à désirer des trésors et des joyaux, puisque votre vertu est insatiable dans sa volonté de donner.

Vous contraignez toutes choses à s'approcher et à entrer en vous, afin qu'elles rejaillissent de votre source, comme les dons de votre amour.

En vérité, il faut qu'un tel amour qui donne se fasse le brigand de toutes les valeurs ; mais j'appelle sain et sacré cet égoïsme.

Il y a un autre égoïsme, trop pauvre celui-là, et toujours affamé, un égoïsme qui veut toujours voler, c'est l'égoïsme des malades, l'égoïsme malade.

Avec les yeux du voleur, il garde tout ce qui brille, avec l'avidité de la faim, il mesure celui qui a largement de quoi manger, et toujours il rampe autour de la table de celui qui donne.

Une telle envie est la voix de la maladie, la voix d'une invisible *dégénérescence* ; dans cet égoïsme l'envie de voler témoigne d'un corps malade.

Dites-moi, mes frères, quelle chose nous semble mauvaise pour nous et la plus mauvaise de toutes ? N'est-ce pas la dégénérescence ? – Et nous concluons toujours à la dégénérescence quand l'âme qui donne est absente.

Notre chemin va vers les hauteurs, de l'espèce à l'espèce supérieure. Mais nous frémissons lorsque parle le sens dégénéré, le sens qui dit : « Tout pour moi. »

Notre sens vole vers les hauteurs : c'est ainsi qu'il est un symbole de notre corps, le symbole d'une élévation. Les symboles de ces élévations portent les noms des vertus.

Ainsi le corps traverse l'histoire, il devient et lutte. Et l'esprit – qu'est-il pour le corps ? Il est le héraut des luttes et des victoires du corps, son compagnon et son écho.

Tous les noms du bien et du mal sont des symboles : ils n'exprimaient point, ils font signe. Est fou qui veut leur demander la connaissance !

Mes frères, prenez garde aux heures où votre esprit veut parler en symboles : c'est là qu'est l'origine de votre vertu.

C'est là que votre corps est élevé et ressuscité ; il ravit l'esprit de sa félicité, afin qu'il devienne créateur, qu'il évalue et qu'il aime, qu'il soit le bienfaiteur de toutes choses.

Quand votre cœur bouillonne, large et plein, pareil au grand fleuve, bénédiction et danger pour les riverains : c'est alors l'origine de votre vertu.

Quand vous vous élevez au-dessus de la louange et du blâme, et quand votre volonté, la volonté d'un homme qui aime, veut commander à toutes choses : c'est là l'origine de votre vertu.

Quand vous méprisez ce qui est agréable, la couche molle, et quand vous ne pouvez pas vous reposer assez loin de la mollesse : c'est là l'origine de votre vertu.

Quand vous n'avez plus qu'une seule volonté et quand ce changement de toute peine s'appelle nécessité pour vous : c'est là l'origine de votre vertu.

En vérité, c'est là un nouveau « bien et mal » ! En vérité, c'est un nouveau murmure profond et la voix d'une source nouvelle !

Elle donne la puissance, cette nouvelle vertu ; elle est une pensée régnante et, autour de cette pensée, une âme avisée : un soleil doré et autour de lui le serpent de la connaissance.

2.

Ici Zarathoustra se tut quelque temps et il regarda ses disciples avec amour. Puis il continua à parler ainsi, – et sa voix s'était transformée :

Mes frères, restez fidèles à la terre, avec toute la puissance de votre vertu ! Que votre amour qui donne et votre connaissance servent le sens de la terre. Je vous en prie et vous en conjure. Ne laissez pas votre vertu s'envoler des choses terrestres et battre des ailes contre des murs éternels ! Hélas ! il y eut toujours tant de vertu égarée !

Ramenez, comme moi, la vertu égarée sur la terre – oui, ramenez-la vers le corps et vers la vie ; afin qu'elle donne un sens à la terre, un sens humain !

L'esprit et la vertu se sont égarés et mépris de mille façons différentes. Hélas ! dans notre corps habite maintenant encore cette folie et cette méprise : elles sont devenues corps et volonté !

L'esprit et la vertu se sont essayés et égarés de mille façons différentes. Oui, l'homme était une tentative. Hélas ! Combien d'ignorances et d'erreurs se sont incorporées en nous !

Ce n'est pas seulement la raison des millénaires, c'est aussi leur folie qui éclate en nous. Il est dangereux d'être héritier.

Nous luttons encore pied à pied avec le géant hasard et, sur toute l'humanité, jusqu'à présent le non-sens régnait encore.

Que votre esprit et votre vertu servent le sens de la terre, mes frères : et la valeur de toutes choses se renouvellera par vous ! C'est pourquoi vous devez être des créateurs.

Le corps se purifie par le savoir ; il s'élève en essayant avec science ; pour celui qui cherche la connaissance tous les instincts se sanctifient ; l'âme de celui qui est élevé se réjouit.

Médecin, aide-toi toi-même et tu sauras secourir ton malade. Que ce soit son meilleur secours de voir, de ses propres yeux, celui qui se guérit lui-même.

Il y a mille sentiers qui n'ont jamais été parcourus, mille santés et mille terres cachées de la vie. L'homme et la terre des hommes n'ont pas encore été découverts et épuisés.

Veillez et écoutez, solitaires. Des souffles aux essors secrets viennent de l'avenir ; un joyeux messager cherche de fines oreilles.

Solitaires d'aujourd'hui, vous qui vivez séparés, vous serez un jour un peuple. Vous qui vous êtes choisis vous-mêmes, vous formerez un jour un peuple choisi – et c'est de ce peuple que naîtra le Surhomme.

En vérité, la terre deviendra un jour un lieu de guérison ! Et déjà une odeur nouvelle l'enveloppe, une odeur salutaire, – et un nouvel espoir !

3.

Quand Zarathoustra eut prononcé ces paroles, il se tut, comme quelqu'un qui n'a pas dit son dernier mot. Longtemps il soupesa son bâton avec hésitation. Enfin il parla ainsi et sa voix était transformée :

Je m'en vais seul maintenant, mes disciples ! Vous aussi, vous partirez seuls ! Je le veux ainsi.

En vérité, je vous conseille : éloignez-vous de moi et défendez-vous de Zarathoustra ! Et mieux encore : ayez honte de lui ! Peut-être vous a-t-il trompés.

L'homme qui cherche la connaissance ne doit pas seulement savoir aimer ses ennemis, mais aussi haïr ses amis.

On n'a que peu de reconnaissance pour un maître, quand on reste toujours élève. Et pourquoi ne voulez-vous pas déchirer ma couronne ?

Vous me vénérez ; mais que serait-ce si votre vénération s'écroulait un jour ? Prenez garde à ne pas être tués par une statue !

Vous dites que vous croyez en Zarathoustra ? Mais qu'importe Zarathoustra ! Vous êtes mes croyants : mais qu'importent tous les croyants !

Vous ne vous étiez pas encore cherchés : alors vous m'avez trouvé. Ainsi font tous les croyants ; c'est pourquoi la foi est si peu de chose.

Maintenant je vous ordonne de me perdre et de vous trouver vous-mêmes ; et ce n'est que quand vous m'aurez tous renié que je reviendrai parmi vous.

En vérité, mes frères, je chercherai alors d'un autre œil mes brebis perdues ; je vous aimerai alors d'un autre amour.

Et un jour vous devrez être encore mes amis et les enfants d'une seule espérance : alors je veux être auprès de vous, une troisième fois, pour fêter, avec vous, le grand midi.

Et ce sera le grand midi, quand l'homme sera au milieu de sa route entre la bête et le Surhomme, quand il fêtera, comme sa plus haute espérance, son chemin qui mène à un nouveau matin.

Alors celui qui disparaît se bénira lui-même, afin de passer de l'autre côté ; et le soleil de sa connaissance sera dans son midi.

« Tous les dieux sont morts : nous voulons, maintenant, que le surhomme vive ! » Que ceci soit un jour, au grand midi, notre dernière volonté ! –

Ainsi   parlait   Zarathoustra.

Partie 2

« – et ce n'est que quand vous m'aurez tous renié que je reviendrai parmi vous.

En vérité, mes frères, je chercherai alors d'un autre œil mes brebis perdues ; je vous aimerai alors d'un autre amour. »

Zarathoustra, I,
De la vertu qui donne.

L'enfant au miroir

Alors Zarathoustra retourna dans les montagnes et dans la solitude de sa caverne pour se dérober aux hommes, pareil au semeur qui, après avoir répandu sa graine dans les sillons, attend que la semence lève. Mais son âme s'emplit d'impatience et du désir de ceux qu'il aimait, car il avait encore beaucoup de choses à leur donner. Or, voici la chose la plus difficile : fermer par amour la main ouverte et garder la pudeur en donnant.

Ainsi s'écoulèrent pour le solitaire des mois et des années ; mais sa sagesse grandissait et elle le faisait souffrir par sa plénitude.

Un matin cependant, réveillé avant l'aurore, il se mit à réfléchir longtemps, étendu sur sa couche, et finit par dire à son cœur :

« Pourquoi me suis-je tant effrayé dans mon rêve et par quoi ai-je été réveillé ? Un enfant qui portait un miroir ne s'est-il pas approché de moi ?

« Ô Zarathoustra – me disait l'enfant – regarde-toi dans la glace ! »

Mais lorsque j'ai regardé dans le miroir, j'ai poussé un cri et mon cœur s'est ébranlé : car ce n'était pas moi que j'y avais vu, mais la face grimaçante et le rire sarcastique d'un démon.

En vérité, je comprends trop bien le sens et l'avertissement du rêve : ma doctrine est en danger, l'ivraie veut s'appeler froment.

Mes ennemis sont devenus puissants et ils ont défiguré l'image de ma doctrine, en sorte que mes préférés ont eu honte des présents que je leur ai faits.

J'ai perdu mes amis ; l'heure est venue de chercher ceux que j'ai perdus ! » –

En prononçant ces mots, Zarathoustra se leva en sursaut, non comme quelqu'un qui est angoissé par la peur, mais plutôt comme un visionnaire et un barde dont s'empare l'Esprit. Étonnés, son aigle et son serpent regardèrent de son côté : car, semblable à l'aurore, un bonheur prochain reposait sur son visage.

Que m'est-il donc arrivé, ô mes animaux ? – dit Zarathoustra. Ne suis-je pas transformé ! La félicité n'est-elle pas venue pour moi comme une tempête ?

Mon bonheur est fou et il ne dira que des folies : il est trop jeune encore – ayez donc patience avec lui !

Je suis meurtri par mon bonheur : que tous ceux qui souffrent soient mes médecins !

Je puis redescendre auprès de mes amis et aussi auprès de mes ennemis ! Zarathoustra peut de nouveau parler et répandre et faire du bien à ses bien-aimés !

Mon impatient amour déborde comme un torrent, s'écoulant des hauteurs dans les profondeurs, du lever au couchant. Mon âme bouillonne dans les vallées, quittant les montagnes silencieuses et les orages de la douleur.

J'ai trop longtemps langui et regardé dans le lointain. Trop longtemps la solitude m'a possédé : ainsi j'ai désappris le silence.

Je suis devenu tout entier tel une bouche et tel le mugissement d'une rivière qui jaillit des hauts rochers : je veux précipiter mes paroles dans les vallées.

Et que le fleuve de mon amour coule à travers les voies impraticables ! Comment un fleuve ne trouverait-il pas enfin le chemin de la mer ?

Il y a bien un lac en moi, un lac solitaire qui se suffit à lui-même ; mais le torrent de mon amour l'entraîne avec lui vers la plaine – jusqu'à la mer !

Je suis des voies nouvelles et il me vient un langage nouveau ; pareil à tous les créateurs je fus fatigué des langues anciennes. Mon esprit ne veut plus courir sur des semelles usées.

Tout langage parle trop lentement pour moi : – je saute dans ton carrosse, tempête ! Et, toi aussi, je veux encore te fouetter de ma malice !

Je veux passer sur de vastes mers, comme une exclamation ou un cri de joie, jusqu'à ce que je trouve les Îles Bienheureuses, où demeurent mes amis : –

Et mes ennemis parmi eux ! Comme j'aime maintenant chacun de ceux à qui je puis parler ! Mes ennemis, eux aussi, contribuent à ma félicité.

Et quand je veux monter sur mon coursier le plus fougueux, c'est ma lance qui m'y aide le mieux : elle est toujours prête à seconder mon pied : –

La lance dont je menace mes ennemis ! Combien je rends grâce à mes ennemis de pouvoir enfin la jeter !

Trop grande était l'impatience de mon nuage : parmi les rires des éclairs, je veux lancer dans les profondeurs des frissons de grêle.

Formidable, se soulèvera ma poitrine, formidable elle soufflera sa tempête sur les montagnes : c'est ainsi qu'elle sera soulagée.

En vérité, mon bonheur et ma liberté s'élancent pareils à une tempête ! Mais je veux que mes ennemis se figurent que c'est l'*Esprit du mal* qui fait rage au-dessus de leurs têtes.

Oui, vous aussi, mes amis, vous serez frappés d'effroi devant ma sagesse sauvage ; et peut-être fuirez-vous devant elle tout comme mes ennemis.

Hélas ! que ne sais-je vous rappeler avec des flûtes de bergers ! Que ma lionne sagesse apprenne à rugir avec tendresse ! Nous avons appris tant de choses ensemble !

Ma sagesse sauvage a été fécondée sur les montagnes solitaires ; sur les pierres arides elle enfanta le plus jeune de ses petits.

Maintenant, dans sa folie, elle parcourt le désert stérile à la recherche des molles pelouses – ma vieille sagesse sauvage !

C'est sur la molle pelouse de vos cœurs, mes amis ! – sur votre amour, qu'elle aimerait à abriter ce qu'elle a de plus cher ! –

Ainsi   parlait   Zarathoustra.

Dans les îles bienheureuses

Les figues tombent des arbres, elles sont bonnes et savoureuses ; et tandis qu'elles tombent, leur pelure rouge se déchire. Je suis un vent du nord pour les figues mûres.

Ainsi, semblables à des figues, ces enseignements tombent vers vous, mes amis : prenez-en la saveur et la chair exquise ! Autour de nous c'est l'automne, et le ciel clair, et l'après-midi.

Voyez quelle abondance il y a autour de nous ! Et qu'y a-t-il de plus beau, dans le superflu, que de regarder au dehors, sur les mers lointaines.

Jadis on disait Dieu, lorsque l'on regardait sur les mers lointaines ; mais maintenant je vous ai appris à dire : Surhomme.

Dieu est une conjecture : mais je veux que votre conjecture n'aille pas plus loin que votre volonté créatrice.

Sauriez-vous *créer* un Dieu ? – Ne me parlez donc plus de tous les Dieux ! Cependant vous pourriez créer le Surhomme.

Ce ne sera peut-être pas vous-mêmes, mes frères ! Mais vous pourriez vous transformer en pères et en ancêtres du Surhomme : que ceci soit votre meilleure création ! –

Dieu est une conjecture : mais je veux que votre conjecture soit limitée dans l'imaginable.

Sauriez-vous *imaginer* un Dieu ? – Mais que ceci signifie pour vous la volonté du vrai que tout soit transformé pour vous en ce que l'homme peut imaginer, voir et sentir ! Votre imagination doit aller jusqu'à la limite de vos sens !

Et ce que vous appeliez monde doit être d'abord créé par vous : votre raison, votre imagination, votre volonté, votre amour doivent devenir votre monde même ! Et, vraiment, ce sera pour votre félicité, vous qui cherchez la connaissance !

Et comment supporteriez-vous la vie sans cet espoir, vous qui cherchez la connaissance ? Vous ne devriez être invétérés ni dans ce qui est incompréhensible, ni dans ce qui est irraisonnable.

Mais je veux vous ouvrir entièrement mon cœur, ô mes amis : *s'il* existait des Dieux, comment supporterais-je de n'être point Dieu ! *Donc* il n'y a point de Dieux.

C'est moi qui ai tiré cette conséquence, en vérité ; mais maintenant elle me tire moi-même.-

Dieu est une conjecture : mais qui donc absorberait sans en mourir tous les tourments de cette conjecture ? Veut-on prendre sa foi au créateur, et à l'aigle son essor dans l'immensité ?

Dieu est une croyance qui brise tout ce qui est droit, qui fait tourner tout ce qui est debout. Comment ? Le temps n'existerait-il plus et tout ce qui est périssable serait mensonge ?

De telles pensées ne sont que tourbillon et vertige des ossements humains et l'estomac en prend des nausées : en vérité de pareilles conjectures feraient avoir le tournis.

J'appelle méchant et inhumain tout cet enseignement d'un être unique, et absolu, inébranlable, suffisant et immuable.

Tout ce qui est immuable – n'est que symbole ! Et les poètes mentent trop.

Mais les meilleures paraboles doivent parler du temps et du devenir : elles doivent être une louange et une justification de tout ce qui est périssable !

Créer – c'est la grande délivrance de la douleur, et l'allègement de la vie. Mais afin que naisse le créateur, il faut beaucoup de douleurs et de métamorphoses.

Oui, il faut qu'il y ait dans votre vie beaucoup de morts amères, ô créateurs ! Ainsi vous serez les défenseurs et les justificateurs de tout ce qui est périssable.

Pour que le créateur soit lui-même l'enfant qui renaît, il faut qu'il ait la volonté de celle qui enfante, avec les douleurs de l'enfantement.

En vérité, j'ai suivi mon chemin à travers cent âmes, cent berceaux et cent douleurs de l'enfantement. Mainte fois j'ai pris congé, je connais les dernières heures qui brisent le cœur.

Mais ainsi le veut ma volonté créatrice, ma destinée. Ou bien, pour parler plus franchement : c'est cette destinée que veut ma volonté.

Tous mes sentiments souffrent en moi et sont prisonniers : mais mon vouloir arrive toujours libérateur et messager de joie.

« Vouloir » affranchit : c'est là la vraie doctrine de la volonté et de la liberté – c'est ainsi que vous l'enseigne Zarathoustra.

Ne plus vouloir, et ne plus évaluer, et ne plus créer ! ô que cette grande lassitude reste toujours loin de moi.

Dans la recherche de la connaissance, ce n'est encore que la joie de la volonté, la joie d'engendrer et de devenir que je sens en moi ; et s'il y a de l'innocence dans ma connaissance, c'est parce qu'il y a en elle de la volonté d'engendrer.

Cette volonté m'a attiré loin de Dieu et des Dieux ; qu'y aurait-il donc à créer, s'il y avait des Dieux ?

Mais mon ardente volonté de créer me pousse sans cesse vers les hommes ; ainsi le marteau est poussé vers la pierre.

Hélas ! Ô hommes, une statue sommeille pour moi dans la pierre, la statue de mes statues ! Hélas ! Pourquoi faut-il qu'elle dorme dans la pierre la plus affreuse et la plus dure !

Maintenant mon marteau frappe cruellement contre cette prison. La pierre se morcelle : que m'importe ?

Je veux achever cette statue : car une ombre m'a visité – la chose la plus silencieuse et la plus légère est venue auprès de moi !

La beauté du Surhomme m'a visité comme une ombre. Hélas, mes frères ! Que m'importent encore – les Dieux ! –

Ainsi   parlait   Zarathoustra.

Des miséricordieux

Mes amis, des paroles moqueuses sont venues aux oreilles de votre ami : « Voyez donc Zarathoustra ! Ne passe-t-il pas au milieu de nous comme si nous étions des bêtes ? »

Mais vaudrait mieux dire : « Celui qui cherche la connaissance passe au milieu des hommes, comme on passe parmi les bêtes. »

Celui qui cherche la connaissance appelle l'homme : la bête aux joues rouges.

Pourquoi lui a-t-il donné ce nom ? N'est-ce pas parce l'homme a eu honte trop souvent ?

Mes amis ! Ainsi parle celui qui cherche la connaissance : honte, honte, honte – c'est là l'histoire de l'homme !

Et c'est pourquoi l'homme noble s'impose de ne pas humilier les autres hommes : il s'impose la pudeur de tout ce qui souffre.

En vérité, je ne les aime pas, les miséricordieux qui cherchent la béatitude dans leur pitié : ils sont trop dépourvus de pudeur.

S'il faut que je sois miséricordieux, je ne veux au moins pas que l'on dise que je le suis ; et quand je le suis que ce soit à distance seulement.

J'aime bien aussi à voiler ma face et à m'enfuir avant d'être reconnu : faites de même, mes amis !

Que ma destinée m'amène toujours sur mon chemin de ceux qui, comme vous, ne souffrent pas, et de ceux aussi avec qui je puisse partager espoirs, repas et miel !

En vérité, j'ai fait ceci et cela pour ceux qui souffrent : mais il m'a toujours semblé faire mieux, quand j'apprenais à mieux me réjouir.

Depuis qu'il y a des hommes, l'homme s'est trop peu réjoui. Ceci seul, mes frères, est notre péché originel.

Et lorsque nous apprenons à mieux nous réjouir, c'est alors que nous désapprenons de faire du mal aux autres et d'inventer des douleurs.

C'est pourquoi je me lave les mains quand elles ont aidé celui qui souffre. C'est pourquoi je m'essuie aussi l'âme.

Car j'ai honte, à cause de sa honte, de ce que j'ai vu souffrir celui qui souffre ; et lorsque je lui suis venu en aide, j'ai blessé durement sa fierté.

De grandes obligations ne rendent pas reconnaissant, mais vindicatif ; et si l'on n'oublie pas le petit bienfait, il finit par devenir un ver rongeur.

« N'acceptez qu'avec réserve ! Distinguez en prenant ! » – c'est ce que je conseille à ceux qui n'ont rien à donner.

Mais moi je suis de ceux qui donnent : j'aime à donner, en ami, aux amis. Pourtant que les étrangers et les pauvres cueillent eux-mêmes le fruit de mon arbre : cela est moins humiliant pour eux.

Mais on devrait entièrement supprimer les mendiants ! En vérité, on se fâche de leur donner et l'on se fâche de ne pas leur donner.

Il en est de même des pécheurs et des mauvaises consciences ! Croyez-moi, mes amis, les remords poussent à mordre.

Mais ce qu'il y a de pire, ce sont les pensées mesquines. En vérité, il vaut mieux faire mal que de penser petitement.

Vous dites, il est vrai : « La joie des petites méchancetés nous épargne mainte grande mauvaise action. » Mais en cela on ne devrait pas vouloir économiser.

La mauvaise action est comme un ulcère : elle démange et irrite et fait irruption, – elle parle franchement.

« Voici, je suis une maladie » – ainsi parle la mauvaise action ; ceci est sa franchise.

Mais la petite pensée est pareille au champignon ; elle se dérobe et se cache et ne veut être nulle part – jusqu'à ce que tout le corps soit rongé et flétri par les petits champignons.

Cependant, je glisse cette parole à l'oreille de celui qui est possédé du démon : « Il vaut mieux laisser grandir ton démon ! Pour toi aussi, il existe un chemin de la grandeur ! »

Hélas, mes frères ! Chez chacun il vaudrait mieux ignorer quelque chose ? Et il y en a qui deviennent transparents pour nous, mais ce n'est pas encore une raison pour que nous puissions pénétrer leurs desseins.

Il est difficile de vivre avec les hommes, puisqu'il est difficile de garder le silence.

Et ce n'est pas envers celui qui nous est antipathique que nous sommes le plus injustes, mais envers celui qui ne nous regarde en rien.

Cependant, si tu as un ami qui souffre, sois un asile pour sa souffrance, mais sois en quelque sorte un lit dur, un lit de camp : c'est ainsi que tu lui seras le plus utile.

Et si un ami te fait du mal, dis-lui : « Je te pardonne ce que tu m'as fait ; mais que tu te le sois fait *à toi*, comment saurais-je pardonner cela ! »

Ainsi parle tout grand amour : il surmonte même le pardon et la pitié.

Il faut contenir son cœur ; car si on le laisse aller, combien vite on perd la tête !

Hélas ! Où fit-on sur la terre plus de folies que parmi les miséricordieux, et qu'est-ce qui fit plus de mal sur la terre que la folie des miséricordieux ?

Malheur à tous ceux qui aiment sans avoir une hauteur qui est au-dessus de leur pitié !

Ainsi me dit un jour le diable : « Dieu aussi a son enfer : c'est son amour des hommes. »

Et dernièrement je l'ai entendu dire ces mots : « Dieu est mort ; c'est sa pitié des hommes qui a tué Dieu. » –

Gardez-vous donc de la pitié : c'est *elle* qui finira par amasser sur l'homme un lourd nuage ! En vérité, je connais les signes du temps !

Retenez aussi cette parole : tout grand amour est au-dessus de sa pitié : car ce qu'il aime, il veut aussi le – créer !

« Je m'offre moi-même à mon amour, *et mon prochain tout comme moi* » – ainsi parlent tous les créateurs.

Cependant, tous les créateurs sont durs. –

Ainsi   parlait   Zarathoustra.

Des prêtres

Un jour Zarathoustra fit une parabole à ses disciples et il leur parla ainsi :

« Voici des prêtres : et bien que ce soient mes ennemis, passez devant eux silencieusement et l'épée au fourreau !

Parmi eux aussi il y a des héros ; beaucoup d'entre eux ont trop souffert – : c'est pourquoi ils veulent faire souffrir les autres.

Ils sont de dangereux ennemis : rien n'est plus vindicatif que leur humilité. Et il peut arriver que celui qui les attaque se souille lui-même.

Mais mon sang est parent du leur ; et je veux que mon sang soit honoré même dans le leur. » –

Et lorsqu'ils eurent passé, Zarathoustra fut saisi de douleur ; puis, après avoir lutté quelque temps avec sa douleur, il commença à parler ainsi :

Ces prêtres me font pitié. Ils me sont encore antipathiques : mais depuis que je suis parmi les hommes, c'est là pour moi la moindre des choses.

Pourtant je souffre et j'ai souffert avec eux : prisonniers, à mes yeux, ils portent la marque des réprouvés. Celui qu'ils appellent Sauveur les a mis aux fers : –

Aux fers des valeurs fausses et des paroles illusoires ! Ah, que quelqu'un les sauve de leur Sauveur !

Alors que la mer les démontait, ils crurent un jour atterrir à une île ; mais voici, c'était un monstre endormi !

Les fausses valeurs et les paroles illusoires : voilà, pour les mortels, les monstres les plus dangereux, – longtemps la destinée sommeille et attend en eux.

Mais enfin elle s'est éveillée, elle s'approche et dévore ce qui sur elle s'est construit des demeures.

Oh ! voyez donc les demeures que ces prêtres se sont construites ! Ils appellent églises leurs cavernes aux odeurs fades.

Oh ! cette lumière factice, cet air épaissi ! Ici l'âme ne peut pas s'élever jusqu'à sa propre hauteur.

Car leur croyance ordonne ceci : « Montez les marches à genoux, vous qui êtes pécheurs ! »

En vérité, je préfère voir un regard impudique, que les yeux battus de leur honte et de leur dévotion.

Qui donc s'est créé de pareilles cavernes et de tels degrés de pénitence ? N'était-ce pas ceux qui voulaient se cacher et qui avaient honte du ciel pur ?

Et ce n'est que quand le ciel pur traversa les voûtes brisées, quand il contemplera l'herbe et les pavots rouges qui croissent sur les murs en ruines, que j'inclinerai de nouveau mon cœur vers les demeures de ce Dieu.

Ils pensèrent vivre en cadavres, ils drapèrent de noir leurs cadavres ; et même dans leurs discours je sens la mauvaise odeur des chambres mortuaires.

Et celui qui habite près d'eux habite près de noirs étangs, d'où l'on entend chanter la douce mélancolie du crapaud sonneur.

Il faudrait qu'ils me chantassent de meilleurs chants pour que j'apprenne à croire en leur Sauveur : il faudrait que ses disciples aient un air plus sauvé !

Je voudrais les voir nus : car seule la beauté devrait prêcher le repentir. Mais qui donc pourrait être convaincu par cette affliction masquée !

En vérité, leurs sauveurs eux-mêmes n'étaient pas issus de la liberté et du septième ciel de la liberté ! En vérité, ils ne marchèrent jamais sur les tapis de la connaissance.

L'esprit de ces sauveurs était fait de lacunes ; mais dans chaque lacune ils avaient placé leur folie, leur bouche-trou qu'ils ont appelé Dieu.

Leur esprit était noyé dans la pitié et quand ils enflaient et se gonflaient de pitié, toujours une grande folie nageait à la surface.

Ils ont chassé leur troupeau dans le sentier, avec empressement, en poussant des cris : comme s'il n'y avait qu'un seul sentier qui mène à l'avenir ! En vérité, ces bergers, eux aussi, faisaient encore partie des brebis !

Ces bergers avaient des esprits étroits et des âmes spacieuses ; mais, mes frères, quels pays étroits furent, jusqu'à présent, même les âmes les plus spacieuses !

Sur le chemin qu'ils suivaient, ils ont inscrit les signes du sang, et leur folie enseignait qu'avec le sang on témoigne de la vérité.

Mais le sang est le plus mauvais témoin de la vérité ; le sang empoisonne la doctrine la plus pure et la transforme en folie et en haine des cœurs.

Et lorsque quelqu'un traverse le feu pour sa doctrine, – qu'est-ce que cela prouve ? C'est bien autre chose, en vérité, quand du propre incendie surgit la propre doctrine.

Le cœur en ébullition et la tête froide : quand ces deux choses se rencontrent, naît le tourbillon que l'on appelle « Sauveur ».

En vérité, il y eut des hommes plus grands et de naissance plus haute que ceux que le peuple appelle sauveurs, ces tourbillons entraînants !

Et il faut que vous soyez sauvés et délivrés d'hommes plus grands encore que de ceux qui étaient les sauveurs, mes frères, si vous voulez trouver le chemin de la liberté.

Jamais encore il n'y a eu de Surhomme. Je les ai vu nus tous les deux, le plus grand et le plus petit homme : –

Ils se ressemblent encore trop. En vérité, j'ai trouvé que même le plus grand était – trop humain !

Ainsi   parlait   Zarathoustra.

Des vertueux

C'est à coups de tonnerre et de feux d'artifice célestes qu'il faut parler aux sens flasques et endormis.

Mais la voix de la beauté parle bas : elle ne s'insinue que dans les âmes les plus éveillées.

Aujourd'hui mon bouclier s'est mis à vibrer doucement et à rire, c'était le frisson et le rire sacré de la beauté !

C'est de vous, ô vertueux, que ma beauté riait aujourd'hui ! Et ainsi m'arrivait sa voix : « Ils veulent encore être – payés ! »

Vous voulez encore être payés, ô vertueux ! Vous voulez être récompensés de votre vertu, avoir le ciel en place de la terre, et l'éternité en place de votre aujourd'hui ?

Et maintenant vous m'en voulez de ce que j'enseigne qu'il n'y a ni rétributeur ni comptable ? Et, en vérité, je n'enseigne même pas que la vertu soit sa propre récompense.

Hélas ! C'est là mon chagrin : astucieusement on a introduit au fond des choses la récompense et le châtiment – et même encore au fond de vos âmes, ô vertueux !

Mais, pareille au boutoir de sanglier, ma parole doit déchirer le fond de vos âmes ; je veux être pour vous un soc de charrue.

Que tous les secrets de votre âme paraissent à la lumière ; et quand vous serez étendus au soleil, dépouillés et brisés, votre mensonge aussi sera séparé de votre vérité.

Car ceci est votre vérité : vous êtes trop propres pour la souillure de ces mots : vengeance, punition, récompense, représailles.

Vous aimez votre vertu, comme la mère aime son enfant ; mais quand donc entendit-on qu'une mère voulût être payée de son amour ?

Votre vertu, c'est votre « moi » qui vous est le plus cher. Vous avez en vous le désir de l'anneau : c'est pour revenir sur lui-même que tout anneau s'annelle et se tord.

Et toute œuvre de votre vertu est semblable à une étoile qui s'éteint : sa lumière est encore en route, parcourant sa voie stellaire, – et quand ne sera-t-elle plus en route ?

Ainsi la lumière de votre vertu est encore en route, même quand l'œuvre est accomplie. Que l'œuvre soit donc oubliée et morte : son rayon de lumière persiste toujours.

Que votre vertu soit identique à votre « moi » et non pas quelque chose d'étranger, un épiderme et un manteau : voilà la vérité sur le fond de votre âme, ô vertueux ! –

Mais il y en a certains aussi pour qui la vertu s'appelle un spasme sous le coup de fouet : et vous avez trop écouté les cris de ceux-là !

Et il en est d'autres qui appellent vertu la paresse de leur vice ; et quand une fois leur haine et leur jalousie s'étirent les membres, leur « justice » se réveille et se frotte les yeux pleins de sommeil.

Et il en est d'autres qui sont attirés vers en bas : leurs démons les attirent. Mais plus ils enfoncent, plus ils ont l'œil brillant et plus leur désir convoite leur Dieu.

Hélas ! Le cri de ceux-là parvint aussi à votre oreille, ô vertueux, le cri de ceux qui disent : « Tout ce que je ne suis pas, est pour moi Dieu et vertu ! »

Et il en est d'autres qui s'avancent lourdement et en grinçant comme des chariots qui portent des pierres vers la vallée : ils parlent beaucoup de dignité et de vertu, – c'est leur frein qu'ils appellent vertu.

Et il en est d'autres qui sont semblables à des pendules que l'on remonte ; ils font leur tic-tac et veulent que l'on appelle tic-tac – vertu.

En vérité, ceux-ci m'amusent : partout où je rencontrerai de ces pendules, je leur en remonterai avec mon ironie ; et il faudra bien qu'elles se mettent à dodiner.

Et d'autres sont fiers d'une parcelle de justice, et à cause de cette parcelle, ils blasphèment toutes choses : de sorte que le monde se noie dans leur injustice.

Hélas, quelle nausée, quand le mot vertu leur coule de la bouche ! Et quand ils disent : « Je suis juste », cela sonne toujours comme : « Je suis vengé ! »

Ils veulent crever les yeux de leurs ennemis avec leur vertu ; et ils ne s'élèvent que pour abaisser les autres.

Et il en est d'autres encore qui croupissent dans leur marécage et qui, tapis parmi les roseaux, se mettent à dire : « Vertu – c'est se tenir tranquille dans le marécage. »

Nous ne mordons personne et nous évitons celui qui veut mordre ; et en toutes choses nous sommes de l'avis que l'on nous donne. »

Et il en est d'autres encore qui aiment les gestes et qui pensent : la vertu est une sorte de geste.

Leurs genoux sont toujours prosternés et leurs mains se joignent à la louange de la vertu, mais leur cœur ne sait rien de cela.

Et il en est d'autres de nouveau qui croient qu'il est vertueux de dire : « La vertu est nécessaire » ; mais au fond ils ne croient qu'une seule chose, c'est que la police est nécessaire.

Et quelques-uns, qui ne savent voir ce qu'il y a d'élevé dans l'homme, parlent de vertu quand ils voient de trop près la bassesse de l'homme : ainsi ils appellent « vertu » leur mauvais œil.

Les uns veulent être édifiés et redressés et appellent cela de la vertu et les autres veulent être renversés – et cela aussi ils l'appellent de la vertu.

Et ainsi presque tous croient avoir quelque part à la vertu ; et tous veulent pour le moins s'y connaître en « bien » et en « mal ».

Mais Zarathoustra n'est pas venu pour dire à tous ces menteurs et à ces insensés : « Que savez-vous de la vertu ? Que pourriez-vous savoir de la vertu ? » –

Il est venu, mes amis, pour que vous vous fatiguiez des vieilles paroles que vous avez apprises des menteurs et des insensés :

pour que vous vous fatiguiez des mots « récompense », « représailles », « punition », « vengeance dans la justice » –

Pour que vous vous fatiguiez de dire « une action est bonne, parce qu'elle est désintéressée ».

Hélas, mes amis ! Que *votre* « moi » soit dans l'action, ce que la mère est dans l'enfant : que ceci soit *votre* parole de vertu !

Vraiment, je vous ai bien arraché cent paroles et les plus chers hochets de votre vertu ; et maintenant vous me boudez comme boudent des enfants.

Ils jouaient près de la mer, – et la vague est venue, emportant leurs jouets dans les profondeurs. Les voilà qui se mettent à pleurer.

Mais la même vague doit leur apporter de nouveaux jouets et répandre devant eux de nouveaux coquillages bariolés.

Ainsi ils seront consolés ; et comme eux, vous aussi, mes amis, vous aurez vos consolations – et de nouveaux coquillages bariolés ! –

Ainsi parlait Zarathoustra.

De la canaille

La vie est une source de joie, mais partout où la canaille vient boire, toutes les fontaines sont empoisonnées.

J'aime tout ce qui est propre ; pais je ne puis voir les gueules grimaçantes et la soif des gens impurs.

Ils ont jeté leur regard au fond du puits, maintenant leur sourire odieux se reflète au fond du puits et me regarde.

Ils ont empoisonné par leur concupiscence l'eau sainte ; et, en appelant joie leurs rêves malpropres, ils ont empoisonné même le langage.

La flamme s'indigne lorsqu'ils mettent au feu leur cœur humide ; l'esprit lui-même bouillonne et fume quand la canaille s'approche du feu.

Le fruit devient douceâtre et blet dans leurs mains ; leur regard évente et dessèche l'arbre fruitier.

Et plus d'un de ceux qui se détournèrent de la vie ne s'est détourné que de la canaille : il ne voulait point partager avec la canaille l'eau, la flamme et le fruit.

Et plus d'un s'en fut au désert et y souffrit la soif parmi les bêtes sauvages, pour ne points s'asseoir autour de la citerne en compagnie de chameliers malpropres.

Et plus d'un, qui arrivait en exterminateur et en coup de grêle pour les champs de blé, voulait seulement pousser son pied dans la gueule de la canaille, afin de lui boucher le gosier.

Et ce n'est point là le morceau qui me fut le plus dur à avaler : la conviction que la vie elle-même a besoin d'inimitié, de trépas et de croix de martyrs : –

Mais j'ai demandé un jour, et j'étouffai presque de ma question : comment ? la vie aurait-elle *besoin* de la canaille ?

Les fontaines empoisonnées, les feux puants, les rêves souillés et les vers dans le pain sont-ils nécessaires ?

Ce n'est pas ma haine, mais mon dégoût qui dévorait ma vie ! Hélas ! souvent je me suis fatigué de l'esprit, lorsque je trouvais que la canaille était spirituelle, elle aussi !

Et j'ai tourné le dos aux dominateurs, lorsque je vis ce qu'ils appellent aujourd'hui dominer : trafiquer et marchander la puissance – avec la canaille !

J'ai demeuré parmi les peuples, étranger de langue et les oreilles closes, afin que le langage de leur trafic et leur marchandage pour la puissance me restassent étrangers.

Et, en me bouchant le nez, j'ai traversé, plein de découragement, le passé et l'avenir ; en vérité, le passé et l'avenir sentent la populace écrivassière !

Semblable à un estropié devenu sourd, aveugle et muet : tel j'ai vécu longtemps pour ne pas vivre avec la canaille du pouvoir, de la plume et de la joie.

Péniblement et avec prudence mon esprit a monté des degrés ; les aumônes de la joie furent sa consolation ; la vie de l'aveugle s'écoulait, appuyée sur un bâton.

Que m'est-il donc arrivé ? Comment me suis-je délivré du dégoût ? Qui a rajeuni mes yeux ? Comment me suis-je envolé vers les hauteurs où il n'y a plus de canaille assise à la fontaine ?

Mon dégoût lui-même m'a-t-il créé des ailes et les forces qui pressentaient les sources ? En vérité, j'ai dû voler au plus haut pour retrouver la fontaine de la joie !

Oh ! je l'ai trouvée, mes frères ! Ici, au plus haut jaillit pour moi la fontaine de la joie ! Et il y a une vie où l'on s'abreuve sans la canaille !

Tu jaillis presque avec trop de violence, source de joie ! Et souvent tu renverses de nouveau la coupe en voulant la remplir !

Il faut que j'apprenne à t'approcher plus modestement : avec trop de violence mon cœur afflue à ta rencontre : –

Mon cœur où se consume mon été, cet été court, chaud, mélancolique et bienheureux : combien mon cœur estival désire ta fraîcheur, source de joie !

Passée, l'hésitante affliction de mon printemps ! Passée, la méchanceté de mes flocons de neige en juin ! Je devins estival tout entier, tout entier après-midi d'été !

Un été dans les plus grandes hauteurs, avec de froides sources et une bienheureuse tranquillité : venez, ô mes amis, que ce calme grandisse en félicité !

Car ceci est *notre* hauteur et notre patrie : notre demeure est trop haute et trop escarpée pour tous les impurs et la soif des impurs.

Jetez donc vos purs regards dans la source de ma joie, amis ! Comment s'en troublerait-elle ? Elle vous sourira avec sa pureté.

Nous bâtirons notre nid sur l'arbre de l'avenir ; des aigles nous apporterons la nourriture, dans leurs becs, à nous autres solitaires !

En vérité, ce ne seront point des nourritures que les impurs pourront partager ! Car les impurs s'imagineraient dévorer du feu et se brûler la gueule !

En vérité, ici nous ne préparons point de demeures pour les impurs. Notre bonheur semblerait glacial à leur corps et à leur esprit !

Et nous voulons vivre au-dessus d'eux comme des vents forts, voisins des aigles, voisins du soleil : ainsi vivent les vents forts.

Et, semblable au vent, je soufflerai un jour parmi eux, à leur esprit je couperai la respiration, avec mon esprit : ainsi le veut mon avenir.

En vérité, Zarathoustra est un vent fort pour tous les bas-fonds ; et il donne ce conseil à ses ennemis et à tout ce qui crache et vomit : « Gardez-vous de cracher *contre* le vent ! »

Ainsi   parlait   Zarathoustra.

Des tarentules

Regarde, voici le repaire de la tarentule ! Veux-tu voir la tarentule ? Voici la toile qu'elle a tissée : touche-la, pour qu'elle se mette à s'agiter.

Elle vient sans se faire prier, la voici : sois la bienvenue, tarentule ! Le signe qui est sur ton dos est triangulaire et noir ; et je sais aussi ce qu'il y a dans ton âme.

Il y a de la vengeance dans ton âme : partout où tu mords il se forme une croûte noire ; c'est le poison de ta vengeance qui fait tourner l'âme !

C'est ainsi que je vous parle en parabole, vous qui faites tourner l'âme, prédicateurs de *l'égalité* ! vous êtes pour moi des tarentules avides de vengeances secrètes !

Mais je finirai par révéler vos cachettes : c'est pourquoi je vous ris au visage, avec mon rire de hauteurs !

C'est pourquoi je déchire votre toile pour que votre colère vous fasse sortir de votre caverne de mensonge, et que votre vengeance jaillisse derrière vos paroles de « justice ».

Car il faut *que l'homme soit sauvé de la vengeance* : ceci est pour moi le pont qui mène aux plus hauts espoirs. C'est un arc-en-ciel après de longs orages.

Cependant les tarentules veulent qu'il en soit autrement. « C'est précisément ce que nous appelons justice, quand le monde se remplit des orages de notre vengeance » – ainsi parlent entre elles les tarentules.

« Nous voulons exercer notre vengeance sur tous ceux qui ne sont pas à notre mesure et les couvrir de nos outrages » – c'est ce que jurent en leurs cœurs les tarentules.

Et encore : « « Volonté d'égalité » – c'est ainsi que nous nommerons dorénavant la vertu ; et nous voulons élever nos cris contre tout ce qui est puissant ! »

Prêtres de l'égalité, la tyrannique folie de votre impuissance réclame à grands cris l'« égalité » : votre plus secrète concupiscence de tyrans se cache derrière des paroles de vertu !

Vanité aigrie, jalousie contenue, peut-être est-ce la vanité et la jalousie de vos pères, c'est de vous que sortent ces flammes et ces folies de vengeance.

Ce que le père a tu, le fils le proclame ; et souvent j'ai trouvé révélé par le fils le secret du père.

Ils ressemblent aux enthousiastes ; pourtant ce n'est pas le cœur qui les enflamme, – mais la vengeance. Et s'ils deviennent froids et subtils, ce n'est pas l'esprit, mais l'envie, qui les rend froids et subtils.

Leur jalousie les conduit aussi sur le chemin des penseurs ; et ceci est le signe de leur jalousie – ils vont toujours trop loin : si bien que leur fatigue finit par s'endormir dans la neige.

Chacune de leurs plaintes a des accents de vengeance et chacune de leurs louanges à l'air de vouloir faire mal ; pouvoir s'ériger en juges leur apparaît comme le comble du bonheur.

Voici cependant le conseil que je vous donne, mes amis, méfiez-vous de tous ceux dont l'instinct de punir est puissant !

C'est une mauvaise engeance et une mauvaise race ; ils ont sur leur visage les traits du bourreau et du ratier.

Méfiez-vous de tous ceux qui parlent beaucoup de leur justice ! En vérité, ce n'est pas seulement le miel qui manque à leurs âmes.

Et s'ils s'appellent eux-mêmes « les bons et les justes », n'oubliez pas qu'il ne leur manque que la puissance pour être des pharisiens !

Mes amis, je ne veux pas que l'on me mêle à d'autres et que l'on me confonde avec eux.

Il en a qui prêchent ma doctrine de la vie : mais ce sont en même temps des prédicateurs de l'égalité et des tarentules.

Elles parlent en faveur de la vie, ces araignées venimeuses : quoiqu'elles soient accroupies dans leurs cavernes et détournées de la vie, car c'est ainsi qu'elles veulent faire mal.

Elles veulent faire mal à ceux qui ont maintenant la puissance : car c'est à ceux-là que la prédication de la mort est le plus familière.

S'il en était autrement, les tarentules enseigneraient autrement : car c'est elles qui autrefois surent le mieux calomnier le monde et allumer les bûchers.

C'est avec ces prédicateurs de l'égalité que je ne veux pas être mêlé et confondu. Car ainsi me parle la justice : « Les hommes ne sont pas égaux. »

Il ne faut pas non plus qu'ils le deviennent. Que serait donc mon amour du Surhomme si je parlais autrement ?

C'est sur mille ponts et sur mille chemins qu'ils doivent se hâter vers l'avenir, et il faudra mettre entre eux toujours plus de guerres et d'inégalités : c'est ainsi que me fait parler mon grand amour !

Il faut qu'ils deviennent des inventeurs de statues et de fantômes par leurs inimitiés, et, avec leurs statues et leurs fantômes, ils combattront entre eux le plus grand combat !

Bon et mauvais, riche et pauvre, haut et bas et tous les noms de valeurs : autant d'armes et de symboles cliquetants pour indiquer que la vie doit toujours à nouveau se surmonter elle-même !

La vie veut elle-même s'élever dans les hauteurs avec des piliers et des degrés : elle veut scruter les horizons lointains et regarder au delà des beautés bienheureuses, – c'est *pourquoi* il lui faut des hauteurs !

Et puisqu'il faut des hauteurs, il lui faut des degrés et de l'opposition à ces degrés, l'opposition de ceux qui s'élèvent ! La vie veut s'élever et, en s'élevant, elle veut se surmonter elle-même.

Et voyez donc, mes amis ! Voici la caverne de la tarentule, c'est ici que s'élèvent les ruines d'un vieux temple, – regardez donc avec des yeux illuminés !

En vérité Celui qui assembla jadis ses pensées en un édifice de pierre, dressé vers les hauteurs, connaissait le secret de la vie, comme le plus sage d'entre tous !

Il faut que dans la beauté, il y ait encore de la lutte et de l'inégalité et une guerre de puissance et de suprématie, c'est ce qu'Il nous enseigne ici dans le symbole le plus lumineux.

Ici les voûtes et les arceaux se brisent divinement dans la lutte : la lumière et l'ombre se combattent en un divin effort. –

De même, avec notre certitude et notre beauté, soyons ennemis, nous aussi, mes amis ! Assemblons divinement nos efforts les uns *contre* les autres ! –

Malheur ! voilà que j'ai été moi-même mordu par la tarentule, ma vieille ennemie ! Avec sa certitude et sa beauté divine elle m'a mordu au doigt !

« Il faut que l'on punisse, il faut que justice soit faite – ainsi pense-t-elle : ce n'est pas en vain que tu chantes ici des hymnes en l'honneur de l'inimitié ! »

Oui, elle s'est vengée ! Malheur ! elle va me faire tourner l'âme avec de la vengeance !

Mais, afin que je ne me tourne *point*, mes amis, liez-moi fortement à cette colonne ! J'aime encore mieux être un stylite qu'un tourbillon de vengeance !

En vérité, Zarathoustra n'est pas un tourbillon et une trombe ; et s'il est danseur, ce n'est pas un danseur de tarentelle ! –

Ainsi   parlait   Zarathoustra.

Des sages illustres

Vous avez servi le peuple et la superstition du peuple, vous tous, sages illustres ! – vous n'avez pas servi la vérité ! Et c'est précisément pourquoi l'on vous a honorés.

Et c'est pourquoi aussi on a supporté votre incrédulité, puisqu'elle était un bon mot et un détour vers le peuple. C'est ainsi que le maître laisse faire ses esclaves et il s'amuse de leur pétulance.

Mais celui qui est haï par le peuple comme le loup par les chiens : c'est l'esprit libre, l'ennemi des entraves, celui qui n'adore pas et qui hante les forêts. Le chasser de sa cachette – c'est ce que le peuple appela toujours le « sens de la justice » : toujours il excite encore contre l'esprit libre ses chiens les plus féroces.

« Car la vérité est là : puisque le peuple est là ! Malheur ! malheur à celui qui cherche ! » – C'est ce que l'on a répété de tout temps.

Vous vouliez donner raison à votre peuple dans sa vénération : c'est ce que vous avez appelé « volonté de vérité », ô sages célèbres !

Et votre cœur s'est toujours dit : « Je suis venu du peuple : c'est de là aussi que m'est revenue la voix de Dieu. »

Endurants et rusés, pareils à l'âne, vous avez toujours intercédé pour le peuple.

Et maint puissant qui voulait accorder l'allure de son char au goût du peuple attela devant ses chevaux – un petit âne, un sage illustre !

Et maintenant, ô sages illustres, je voudrais que vous jetiez enfin tout à fait loin de vous la peau du lion !

La peau bigarrée de la bête fauve, et les touffes de poil de l'explorateur, du chercheur et du conquérant.

Hélas ! pour apprendre à croire à votre « véracité », il me faudrait vous voir briser d'abord votre volonté vénératrice.

Véridique – c'est ainsi que j'appelle celui qui va dans les déserts sans Dieu, et qui a brisé son cœur vénérateur.

Dans le sable jaune brûlé par le soleil, il lui arrive de regarder avec envie vers les îles aux sources abondantes où, sous les sombres feuillages, la vie se repose.

Mais sa soif ne le convainc pas de devenir pareil à ces satisfaits ; car où il y a des oasis il y a aussi des idoles.

Affamée, violente, solitaire, sans Dieu : ainsi se veut la volonté du lion.

Libre du bonheur des esclaves, délivrée des dieux et des adorations, sans épouvante et épouvantable, grande et solitaire : telle est la volonté du véridique.

C'est dans le désert qu'ont toujours vécu les véridiques, les esprits libres, maîtres du désert ; mais dans les villes habitent les sages illustres et bien nourris, – les bêtes de trait.

Car ils tirent toujours comme des ânes – le chariot du peuple !

Je ne leur en veux pas, non point : mais ils restent des serviteurs et des êtres attelés, même si leur attelage reluit d'or.

Et souvent ils ont été de bons serviteurs, dignes de louanges. Car ainsi parle la vertu : « S'il faut que tu sois serviteur, cherche celui à qui tes services seront le plus utiles !

L'esprit et la vertu de ton maître doivent grandir parce que tu es à son service : c'est ainsi que tu grandiras toi-même avec son esprit et sa vertu ! »

Et vraiment, sages illustres, serviteurs du peuple ! Vous avez vous-mêmes grandi avec l'esprit et la vertu du peuple – et le peuple a grandi par vous ! Je dis cela à votre honneur !

Mais vous restez peuple, même dans vos vertus, peuple aux yeux faibles, – peuple qui ne sait point ce que c'est l'esprit !

L'esprit, c'est la vie qui incise elle-même la vie : c'est par sa propre souffrance que la vie augmente son propre savoir, – le saviez-vous déjà ?

Et ceci est le bonheur de l'esprit : être oint par les larmes, être sacré victime de l'holocauste, – le saviez-vous déjà ?

Et la cécité de l'aveugle, ses hésitations et ses tâtonnements rendront témoignage de la puissance du soleil qu'il a regardé, – le saviez-vous déjà ?

Il faut que ceux qui cherchent la connaissance apprennent à construire avec des montagnes ! c'est peu de chose quand l'esprit déplace des montagnes, – le saviez-vous déjà ?

Vous ne voyez que les étincelles de l'esprit : mais vous ignorez quelle enclume est l'esprit et vous ne connaissez pas la cruauté de son marteau !

En vérité, vous ne connaissez pas la fierté de l'esprit ! Mais vous supporteriez encore moins la modestie de l'esprit, si la modestie de l'esprit voulait parler !

Et jamais encore vous n'avez pu jeter votre esprit dans des gouffres de neige : vous n'êtes pas assez chauds pour cela ! Vous ignorez donc aussi les ravissements de sa fraîcheur.

Mais en toutes choses vous m'avez l'air de prendre trop de familiarité avec l'esprit ; et souvent vous avez fait de la sagesse un hospice et un refuge pour de mauvais poètes.

Vous n'êtes point des aigles : c'est pourquoi vous n'avez pas appris le bonheur dans l'épouvante de l'esprit. Celui qui n'est pas un oiseau ne doit pas planer sur les abîmes.

Vous me semblez tièdes : mais un courant d'air froid passe dans toute connaissance profonde. Glaciales sont les fontaines intérieures de l'esprit et délicieuses pour les mains chaudes de ceux qui agissent.

Vous voilà devant moi, honorables et rigides, l'échine droite, ô sages illustres ! – Vous n'êtes pas poussés par un vent fort et une volonté vigilante.

N'avez-vous jamais vu une voile passer sur la mer tremblante, arrondie et gonflée par l'impétuosité du vent ?

Pareille à la voile que fait trembler l'impétuosité de l'esprit, ma sagesse passe sur la mer – ma sagesse sauvage !

Mais, vous qui êtes serviteurs du peuple, sages illustres, – comment *pourriez-vous* venir avec moi ? –

Ainsi   parlait   Zarathoustra.

Le chant de la nuit

Il fait nuit : voici que s'élève plus haut la voix des fontaines jaillissantes. Et mon âme, elle aussi, est une fontaine jaillissante.

Il fait nuit : voici que s'éveillent tous les chants des amoureux. Et mon âme, elle aussi, est un chant d'amoureux.

Il y a en moi quelque chose d'inapaisé et d'inapaisable qui veut élever la voix. Il y a en moi un désir d'amour qui parle lui-même le langage de l'amour.

Je suis lumière : ah ! si j'étais nuit ! Mais ceci est ma solitude d'être enveloppé de lumière.

Hélas ! Que ne suis-je ombre et ténèbres ! Comme j'étancherais ma soif aux mamelles de la lumière !

Et vous-mêmes, je vous bénirais, petits astres scintillants, vers luisants du ciel ! et je me réjouirais de la lumière que vous me donneriez.

Mais je vis de ma propre lumière, j'absorbe en moi-même les flammes qui jaillissent de moi.

Je ne connais pas la joie de ceux qui prennent ; et souvent j'ai rêvé que voler était une volupté plus grande encore que prendre.

Ma pauvreté, c'est que ma main ne se repose jamais de donner ; ma jalousie, c'est de voir des yeux pleins d'attente et des nuits illuminées de désir.

Misère de tous ceux qui donnent ! Ô obscurcissement de mon soleil ! Ô désir de désirer ! Ô faim dévorante dans la satiété !

Ils prennent ce que je leur donne : mais suis-je encore en contact avec leurs âmes ? Il y a un abîme entre donner et prendre ; et le plus petit abîme est le plus difficile à combler.

Une faim naît de ma beauté : je voudrais faire du mal à ceux que j'éclaire ; je voudrais dépouiller ceux que je comble de mes présents : – c'est ainsi que j'ai soif de méchanceté.

Retirant la main, lorsque déjà la main se tend ; hésitant comme la cascade qui dans sa chute hésite encore : – c'est ainsi que j'ai soif de méchanceté.

Mon opulence médite de telles vengeances : de telles malices naissent de ma solitude.

Mon bonheur de donner est mort à force de donner, ma vertu s'est fatiguée d'elle-même et de son abondance !

Celui qui donne toujours court le danger de perdre la pudeur ; celui qui toujours distribue, à force de distribuer, finit par avoir des callosités à la main et au cœur.

Mes yeux ne fondent plus en larmes sur la honte des suppliants ; ma main est devenue trop dure pour sentir le tremblement des mains pleines.

Que sont devenus les larmes de mes yeux et le duvet de mon cœur ? Ô solitude de tous ceux qui donnent ! Ô silence de tous ceux qui luisent !

Bien des soleils gravitent dans l'espace désert : leur lumière parle à tout ce qui est ténèbres, – c'est pour moi seul qu'ils se taisent.

Hélas ! telle est l'inimitié de la lumière pour ce qui est lumineux ! Impitoyablement, elle poursuit sa course.

Injustes au fond du cœur contre tout ce qui est lumineux, froids envers les soleils – ainsi tous les soleils poursuivent leur course.

Pareils à l'ouragan, les soleils volent le long de leur voie ; c'est là leur route. Ils suivent leur volonté inexorable ; c'est là leur froideur.

Oh ! C'est vous seuls, êtres obscurs et nocturnes qui créez la chaleur par la lumière ! Oh ! C'est vous seuls qui buvez un lait réconfortant aux mamelles de la lumière !

Hélas ! La glace m'environne, ma main se brûle à des contacts glacés ! Hélas la soif est en moi, une soif altérée de votre soif !

Il fait nuit : hélas ! Pourquoi me faut-il être lumière ! et soif de ténèbres ! et solitude !

Il fait nuit : voici que mon désir jaillit comme une source, – mon désir veut élever la voix.

Il fait nuit : voici que s'élève plus haut la voix des fontaines jaillissantes. Et mon âme, elle aussi, est une fontaine jaillissante.

Il fait nuit : voici que s'éveillent tous les chants des amoureux. Et mon âme, elle aussi, est un chant d'amoureux.-

Ainsi   parlait   Zarathoustra.

Le chant de la danse

Un soir Zarathoustra traversa la forêt avec ses disciples ; et voici qu'en cherchant une fontaine il parvint sur une verte prairie, bordée d'arbres et de buissons silencieux : et dans cette clairière des jeunes filles dansaient entre elles. Dès qu'elles eurent reconnu Zarathoustra, elles cessèrent leurs danses ; mais Zarathoustra s'approcha d'elles avec un geste amical et dit ces paroles :

« Ne cessez pas vos danses, charmantes jeunes filles ! Ce n'est point un trouble-fête au mauvais œil qui est venu parmi vous, ce n'est point un ennemi des jeunes filles !

Je suis l'avocat de Dieu devant le Diable : or le Diable c'est l'esprit de la lourdeur. Comment serais-je l'ennemi de votre grâce légère ? L'ennemi de la danse divine, ou encore des pieds mignons aux fines chevilles ?

Il est vrai que je suis une forêt pleine de ténèbres et de grands arbres sombres ; mais qui ne craint pas mes ténèbres trouvera sous mes cyprès des sentiers fleuris de roses.

Il trouvera bien aussi le petit dieu que les jeunes filles préfèrent : il repose près de la fontaine, en silence et les yeux clos.

En vérité, il s'est endormi en plein jour, le fainéant ! A-t-il voulu prendre trop de papillons ?

Ne soyez pas fâchées contre moi, belles danseuses, si je corrige un peu le petit dieu ! il se mettra peut-être à crier et à pleurer, – mais il prête à rire, même quand il pleure !

Et c'est les yeux pleins de larmes qu'il doit vous demander une danse ; et moi-même j'accompagnerai sa danse d'une chanson :

Un air de danse et une satire sur l'esprit de la lourdeur, sur ce démon très haut et tout puissant, dont ils disent qu'il est le « maître du monde ». –

Et voici la chanson que chanta Zarathoustra, tandis que Cupidon et les jeunes filles dansaient ensemble :

Un jour j'ai contemplé tes yeux, ô vie ! Et il me semblait tomber dans un abîme insondable !

Mais tu m'as retiré avec des hameçons dorés ; tu avais un rire moqueur quand je te nommais insondable.

« Ainsi parlent tous les poissons, disais-tu ; ce qu'ils ne peuvent sonder est insondable.

Mais je ne suis que variable et sauvage et femme en toute chose, je ne suis pas une femme vertueuse :

Quoique je sois pour vous autres hommes « l'infinie » ou « la fidèle », « l'éternelle », « la mystérieuse ».

Mais, vous autres hommes, vous nous prêtez toujours vos propres vertus, hélas ! vertueux que vous êtes ! »

C'est ainsi qu'elle riait, la décevante, mais je me défie toujours d'elle et de son rire, quand elle dit du mal d'elle-même.

Et comme je parlais un jour en tête-à-tête à ma sagesse sauvage, elle me dit avec colère : « Tu veux, tu désires, tu aimes la vie et voilà pourquoi tu la *loues* ! »

Peu s'en fallut que je ne lui fisse une dure réponse et ne dise la vérité à la querelleuse ; et l'on ne répond jamais plus durement que quand on dit « ses vérités » à sa sagesse.

Car s'est sur ce pied-là que nous sommes tous les trois. Je n'aime du fond du cœur que la vie – et, en vérité, je ne l'aime jamais tant que quand je la déteste !

Mais si je suis porté vers la sagesse et souvent trop porté vers elle, c'est parce qu'elle me rappelle trop la vie !

Elle a ses yeux, son rire et même son hameçon doré ; qu'y puis-je si elles se ressemblent tellement toutes deux ?

Et comme un jour la vie me demandait : « Qui est-ce donc, la sagesse ? » J'ai répondu avec empressement : « Hélas oui ! la sagesse !

On la convoite avec ardeur et l'on ne peut se rassasier d'elle, on cherche à voir sous son voile, on allonge les doigts vers elle à travers les mailles de son réseau.

Est-elle belle ? Que sais-je ! Mais les plus vieilles carpes mordent encore à ses appâts.

Elle est variable et entêtée ; je l'ai souvent vue se mordre les lèvres et de son peigne emmêler ses cheveux.

Peut-être est-elle mauvaise et perfide et femme en toutes choses ; mais lorsqu'elle parle mal d'elle-même, c'est alors qu'elle séduit le plus. »

Quand j'eus parlé ainsi à la vie, elle eut un méchant sourire et ferma les yeux. « De qui parles-tu donc ? dit-elle, peut-être de moi ?

Et quand même tu aurais raison – vient-on vous dire en face de pareilles choses ! Mais maintenant parle donc de ta propre sagesse ! »

Hélas ! Tu rouvris alors les yeux, ô vie bien-aimée ! Et il me semblait que je retombais dans l'abîme insondable. –

Ainsi chantait Zarathoustra. Mais lorsque la danse fut finie, les jeunes filles s'étant éloignées, il devint triste.

« Le soleil est caché depuis longtemps, dit-il enfin ; la prairie est humide, un souffle frais vient de la forêt.

Il y a quelque chose d'inconnu autour de moi qui me jette un regard pensif. Comment ! Tu vis encore, Zarathoustra ?

Pourquoi ? À quoi bon ? De quoi ? Où vas-tu ? Où ? Comment ? N'est-ce pas folie que de vivre encore ? –

Hélas ! Mes amis, c'est le soir qui s'interroge en moi. Pardonnez-moi ma tristesse !

Le soir est venu : pardonnez-moi que le soir soit venu ! »

Ainsi   parlait   Zarathoustra.

Le chant du tombeau

« Là-bas est l'île des tombeaux, l'île silencieuse, là-bas sont aussi les tombeaux de ma jeunesse. C'est là-bas que je vais porter une couronne d'immortelles de la vie. »

Ayant ainsi décidé dans mon cœur – je traversai la mer. –

Vous, images et visions de ma jeunesse ! Ô regards d'amour, moments divins ! Comme vous vous êtes vite évanouis ! Aujourd'hui je songe à vous comme je songe aux morts que j'aimais.

C'est de vous, mes morts préférés, que me vient un doux parfum qui soulage le cœur et fait couler les larmes. En vérité, il ébranle et soulage le cœur de celui qui navigue seul.

Je suis toujours le plus riche et le plus enviable – moi le solitaire. Car je vous *ai possédés* et vous me possédez encore : dites-moi pour qui donc sont tombées de l'arbre de telles pommes d'or ?

Je suis toujours l'héritier et le terrain de votre amour, je m'épanouis, en mémoire de vous, en une floraison de vertus sauvages et multicolores, ô mes bien-aimés !

Hélas ! Nous étions faits pour demeurer ensemble, étranges et délicieuses merveilles ; et vous ne vous êtes pas approchées de moi en de mon désir, comme des oiseaux timides – mais confiantes en celui qui avait confiance !

Oui, créés pour la fidélité, ainsi que moi, et pour la tendre éternité : faut-il maintenant que je vous dénomme d'après votre infidélité, ô regards et moments divins : je n'ai pas encore appris à vous donner un autre nom.

En vérité, vous êtes morts trop vite pour moi, fugitifs. Pourtant vous ne m'avez pas fui et je ne vous ai pas fui ; nous ne sommes pas coupables les uns envers les autres de notre infidélité.

On vous a étranglés pour *me* tuer, oiseaux de mes espoirs ! Oui, c'est vers vous, mes bien-aimés, que toujours la méchanceté décocha ses flèches – pour atteindre mon cœur !

Et elle a touché juste ! car vous avez toujours été ce qui m'était le plus cher, mon bien, ma possession : c'est *pourquoi* vous avez dû mourir jeunes et périr trop tôt !

C'est vers ce que j'avais de plus vulnérable que l'on a lancé la flèche : vers vous dont la peau est pareille à un duvet, et plus encore au sourire qui meurt d'un regard !

Mais je veux tenir ce langage à mes ennemis : qu'est-ce que tuer un homme à côté de ce que vous m'avez fait ?

Le mal que vous m'avez fait est plus grand qu'un assassinat ; vous m'avez pris l'irréparable : – c'est ainsi que je vous parle, mes ennemis !

N'avez vous point tué les visions de ma jeunesse et mes plus chers miracles ! Vous m'avez pris mes compagnons de jeu, les esprits bienheureux ! En leur mémoire j'apporte cette couronne et cette malédiction.

Cette malédiction contre vous, mes ennemis ! Car vous avez raccourci mon éternité, comme une voix se brise dans la nuit glacée ! Je n'ai fait que l'entrevoir comme le regard d'un œil divin, – comme un clin d'œil !

Ainsi à l'heure favorable, ma pureté me dit un jour : « Pour moi, tous les êtres doivent être divins. »

Alors vous m'avez assailli de fantômes impurs ; hélas ! Où donc s'est enfuie cette heure favorable !

« Tous les jours doivent être sacrés pour moi » – ainsi me parla un jour la sagesse de ma jeunesse : en vérité, c'est la parole d'une sagesse joyeuse !

Mais alors vous, mes ennemis, vous m'avez dérobé mes nuits pour les transformer en insomnies pleines de tourments : hélas ! où donc a fui cette sagesse joyeuse ?

Autrefois je demandais des présages heureux : alors vous avez fait passer sur mon chemin un monstrueux, un néfaste hibou. Hélas ! Où donc s'est alors enfui mon tendre désir ?

Un jour, j'ai fait vœu de renoncer à tous les dégoûts, alors vous avez transformé tout ce qui m'entoure en ulcères. Hélas ! où donc s'enfuirent alors mes vœux les plus nobles ?

C'est un aveugle que j'ai parcouru des chemins bienheureux : alors vous avez jeté des immondices sur le chemin de l'aveugle : et maintenant je suis dégoûté du vieux sentier de l'aveugle.

Et lorsque je fis la chose qui était pour moi la plus difficile, lorsque je célébrai des victoires où je m'étais vaincu moi-même : vous avez poussé ceux qui m'aimaient à s'écrier que c'était alors que je leur faisais le plus mal.

En vérité, vous avez toujours agi ainsi, vous m'avez enfiellé mon meilleur miel et la diligence de mes meilleures abeilles.

Vous avez toujours envoyé vers ma charité les mendiants les plus imprudents ; autour de ma pitié vous avez fait accourir les plus incurables effrontés. C'est ainsi que vous avez blessé ma vertu dans sa foi.

Et lorsque j'offrais en sacrifice ce que j'avais de plus sacré : votre dévotion s'empressait d'y joindre de plus grasses offrandes : en sorte que les émanations de votre graisse étouffaient ce que j'avais de plus sacré.

Et un jour je voulus danser comme jamais encore je n'avais dansé : je voulus danser au delà de tous les cieux. Alors vous avez détourné de moi mon plus cher chanteur.

Et il entonna son chant le plus lugubre et le plus sombre : hélas ! il corna à mon oreille des sons qui avaient l'air de venir du cor le plus funèbre !

Chanteur meurtrier, instrument de malice, toi le plus innocent ! Déjà j'étais prêt pour la meilleure danse : alors de tes accords tu as tué mon extase !

Ce n'est qu'en dansant que je sais dire les symboles des choses les plus sublimes : – mais maintenant mon plus haut symbole est resté sans que mes membres puissent le figurer !

La plus haute espérance est demeurée fermée pour moi sans que j'aie pu en révéler le secret. Et toutes les visions et toutes les consolations de ma jeunesse sont mortes !

Comment donc ai-je supporté ceci, comment donc ai-je surmonté et assumé de pareilles blessures ? Comment mon âme est-elle ressuscitée de ces tombeaux ?

Oui ! il y a en moi quelque chose d'invulnérable, quelque chose qu'on ne peut enterrer et qui fait sauter les rochers : cela s'appelle *ma volonté*. Cela passe à travers les années, silencieux et immuable.

Elle veut marcher de son allure, sur mes propres jambes, mon ancienne volonté ; son sens est dur et invulnérable.

Je ne suis invulnérable qu'au talon. Tu subsistes toujours, égale à toi-même, toi ma volonté patiente ! tu as toujours passé par toutes les tombes !

C'est en toi que subsiste ce qui ne s'est pas délivré pendant ma jeunesse, et vivante et jeune tu es assise, pleine d'espoir, sur les jaunes décombres des tombeaux.

Oui, tu demeures pour moi la destructrice de tous les tombeaux : salut à toi, ma volonté ! Et ce n'est que là où il y a des tombeaux, qu'il y a résurrection.-

Ainsi   parlait   Zarathoustra.

De la victoire sur soi-même

Vous appelez « volonté de vérité » ce qui vous pousse et vous rend ardents, vous les plus sages parmi les sages.

Volonté d'imaginer l'être : c'est ainsi que j'appelle votre volonté !

Vous voulez *rendre* imaginable tout ce qui est : car vous doutez avec une méfiance que ce soit déjà imaginable.

Mais tout ce qui est, vous voulez le soumettre et le plier à votre volonté. Le rendre poli et soumis à l'esprit, comme le miroir et l'image de l'esprit.

C'est là toute votre volonté, ô sages parmi les sages, c'est là votre volonté de puissance ; et aussi quand vous parlez du bien et du mal et des évaluations de valeurs.

Vous voulez créer un monde devant lequel vous puissiez vous agenouiller, c'est là votre dernier espoir et votre dernière ivresse.

Les simples, cependant, ceux que l'on appelle le peuple, – sont semblables au fleuve sur lequel un canot vogue sans cesse en avant : et dans le canot sont assises, solennelles et masquées, les évaluations des valeurs.

Vous avez lancé votre volonté et vos valeurs sur le fleuve du devenir ; une vieille volonté de puissance me révèle ce que le peuple croit bon et mauvais.

C'est vous, ô sages parmi les sages, qui avez placé de tels hôtes dans ce canot ; vous les avez ornés de parures et de noms somptueux, – vous et votre volonté dominante !

Maintenant le fleuve porte en avant votre canot : il *faut* qu'il porte. Peu importe que la vague brisée écume et résiste à sa quille avec colère.

Ce n'est pas le fleuve qui est votre danger et la fin de votre bien et de votre mal, ô sages parmi les sages : mais c'est cette volonté même, la volonté de puissance, – la volonté vitale, inépuisable et créatrice.

Mais, afin que vous compreniez ma parole du bien et du mal, je vous dirai ma parole de la vie et de la coutume de tout ce qui est vivant.

J'ai suivi ce qui est vivant, je l'ai poursuivi sur les grands et sur les petits chemins, afin de connaître ses coutumes.

Lorsque la vie se taisait, je recueillais son regard sur un miroir à cent facettes, pour faire parler son œil. Et son œil m'a parlé.

Mais partout où j'ai trouvé ce qui est vivant, j'ai entendu les paroles d'obéissance. Tout ce qui est vivant est une chose obéissante.

Et voici la seconde chose : on commande à celui qui ne sait pas s'obéir à lui-même. C'est là la coutume de ce qui est vivant.

Voici ce que j'entendis en troisième lieu : commander est plus difficile qu'obéir. Car celui qui commande porte aussi le poids de tous ceux qui obéissent, et parfois cette charge l'écrase : –

Dans tout commandement j'ai vu un danger et un risque. Et toujours, quand ce qui est vivant commande, ce qui est vivant risque sa vie.

Et quand ce qui est vivant se commande à soi-même, il faut que ce qui est vivant expie son autorité et soit juge, vengeur, et victime de ses propres lois.

D'où cela vient-il donc ? Me suis-je demandé. Qu'est-ce qui décide ce qui est vivant à obéir, à commander et à être obéissant, même en commandant ?

Écoutez donc mes paroles, ô sages parmi les sages ! Examinez sérieusement si je suis entré au cœur de la vie, jusqu'aux racines de son cœur !

Partout où j'ai trouvé quelque chose de vivant, j'ai trouvé de la volonté de puissance ; et même dans la volonté de celui qui obéit j'ai trouvé la volonté d'être maître.

Que le plus fort domine le plus faible, c'est ce que veut sa volonté qui veut être maîtresse de ce qui est plus faible encore. C'est là la seule joie dont il ne veuille pas être privé.

Et comme le plus petit s'abandonne au plus grand, car le plus grand veut jouir du plus petit et le dominer, ainsi le plus grand s'abandonne aussi et risque sa vie pour la puissance.

C'est là l'abandon du plus grand : qu'il y ait témérité et danger et que le plus grand joue sa vie.

Et où il y a sacrifice et service rendu et regard d'amour, il y a aussi volonté d'être maître. C'est sur des chemins détournés que

111

le plus faible se glisse dans la forteresse et jusque dans le cœur du plus puissant – c'est là qu'il vole la puissance.

Et la vie elle-même m'a confié ce secret : « Voici, m'a-t-elle dit, je suis *ce qui doit toujours se surmonter soi-même*.

« À vrai dire, vous appelez cela volonté de créer ou instinct du but, du plus sublime, du plus lointain, du plus multiple : mais tout cela n'est qu'une seule chose et un seul secret.

« Je préfère disparaître que de renoncer à cette chose unique, et, en vérité, où il y a déclin et chute des feuilles, c'est là que se sacrifie la vie – pour la puissance !

« Qu'il faille que je sois lutte, devenir, but et entrave du but : hélas ! celui qui devine ma volonté, celui-là devine aussi les chemins *tortueux* qu'il lui faut suivre !

« Quelle que soit la chose que je crée et la façon dont j'aime cette chose, il faut que bientôt j'en sois l'adversaire et l'adversaire de mon amour : ainsi le veut ma volonté.

« Et toi aussi, toi qui cherches la connaissance, tu n'es que le sentier et la piste de ma volonté : en vérité, ma volonté de puissance marche aussi sur les traces de ta volonté du vrai !

« Il n'a assurément pas rencontré la vérité, celui qui parlait de la « volonté de vie », cette volonté – n'existe pas.

« Car : ce qui n'est pas ne peut pas vouloir ; mais comment ce qui est dans la vie pourrait-il encore désirer la vie !

« Ce n'est que là où il y a de la vie qu'il y a de la volonté : pourtant ce n'est pas la volonté de vie, mais – ce que j'enseigne – la volonté de puissance.

« Il y a bien des choses que le vivant apprécie plus haut que la vie elle-même ; mais c'est dans les appréciations elles-mêmes que parle – la volonté de puissance ! »

Voilà l'enseignement que la vie me donna un jour : et c'est par cet enseignement, ô sages parmi les sages, que je résous l'énigme de votre cœur.

En vérité, je vous le dis : le bien et le mal qui seraient impérissables – n'existent pas ! Il faut que le bien et le mal se surmontent toujours de nouveau par eux-mêmes.

Avec vos valeurs et vos paroles du bien et du mal, vous exercez la force, vous, les appréciateurs de valeur : ceci est votre amour caché, l'éclat, l'émotion et le débordement de votre âme.

Mais une puissance plus forte grandit dans vos valeurs, une nouvelle victoire sur soi-même qui brise les œufs et les coquilles d'œufs.

Et celui qui doit être créateur dans le bien et dans le mal : en vérité, celui-là commencera par détruire et par briser les valeurs.

Ainsi la plus grande malignité fait partie de la plus grande bénignité : mais cette bénignité est la bénignité du créateur. –

Parlons-en, ô sages parmi les sages, quoi qu'il nous en coûte ; car il est plus dur de se taire ; toutes les vérités que l'on a passées sous silence deviennent venimeuses.

Et que soit brisé tout ce qui peut être brisé par nos vérités ! Il y a encore bien des maisons à construire ! –

Ainsi   parlait   Zarathoustra.

Des hommes sublimes

Il y a une mer en moi, son fond est tranquille : qui donc devinerait qu'il cache des monstres plaisants !

Inébranlable est ma profondeur, mais elle brille d'énigmes et d'éclats de rire.

J'ai vu aujourd'hui un homme sublime, un homme solennel un expiateur de l'esprit : comme mon âme s'est ri de sa laideur !

La poitrine en avant, semblable à ceux qui aspirent : il demeurait silencieux l'homme sublime :

Orné d'horribles vérités, son butin de chasse, et riche de vêtements déchirés ; il y avait aussi sur lui beaucoup d'épines – mais je ne vis point de roses.

Il n'a pas encore appris le rire et la beauté. Avec un air sombre, ce chasseur est revenu de la forêt de la connaissance.

Il est rentré de la lutte avec des bêtes sauvages : mais son air sérieux reflète encore la bête sauvage – une bête insurmontée !

Il demeure là, comme un tigre qui veut faire un bond ; mais je n'aime pas les âmes tendues comme la sienne ; leurs réticences me déplaisent.

Et vous me dites, amis, que « des goûts et des couleurs il ne faut pas discuter ». Mais toute vie est lutte pour les goûts et les couleurs !

Le goût, c'est à la fois le poids, la balance et le peseur ; et malheur à toute chose vivante qui voudrait vivre sans la lutte à cause des poids, des balances et des peseurs !

S'il se fatiguait de sa sublimité, cet homme sublime : c'est alors seulement que commencerait sa beauté, – et c'est alors seulement que je voudrais le goûter, que je lui trouverais du goût.

Ce ne sera que lorsqu'il se détournera de lui-même, qu'il sautera par-dessus son ombre, et, en vérité, ce sera dans son soleil.

Trop longtemps il était assis à l'ombre, l'expiateur de l'esprit a vu pâlir ses joues ; et l'attente l'a presque fait mourir de faim.

Il y a encore du mépris dans ses yeux et le dégoût se cache sur ses lèvres. Il est vrai qu'il repose maintenant, mais son repos ne s'est pas encore étendu au soleil.

Il devrait faire comme le taureau ; et son bonheur devrait sentir la terre et non le mépris de la terre.

Je voudrais le voir semblable à un taureau blanc, qui souffle et mugit devant la charrue : et son mugissement devrait chanter la louange de tout ce qui est terrestre !

Son visage est obscur ; l'ombre de la main se joue sur son visage. Son regard est encore dans l'ombre.

Son action elle-même n'est encore qu'une ombre projetée sur lui : la main obscurcit celui qui agit. Il n'a pas encore surmonté son acte.

Je goûte beaucoup chez lui l'échine du taureau : mais maintenant j'aimerais voir aussi le regard de l'ange.

Il faut aussi qu'il désapprenne sa volonté de héros : je veux qu'il soit un homme élevé et non pas seulement un homme sublime : – l'éther à lui seul devrait se soulever, cet homme sans volonté !

Il a vaincu des monstres, il a deviné des énigmes : mais il lui faudrait sauver aussi ses monstres et ses énigmes ; il lui faudrait les transformer en enfants divins.

Sa connaissance n'a pas encore appris à sourire et à être sans jalousie ; son flot de passion ne s'est pas encore calmé dans la beauté.

En vérité, ce n'est pas dans la satiété que son désir doit se taire et sombrer, mais dans la beauté. La grâce fait partie de la générosité de ceux qui ont la pensée élevée.

Le bras passé sur la tête : c'est ainsi que le héros devrait se reposer, c'est ainsi qu'il devrait surmonter son repos.

Mais c'est pour le héros que la beauté est la chose la plus difficile. La *beauté* est insaisissable pour tout être violent.

Un peu plus, un peu moins, c'est peu de chose et c'est beaucoup, c'est même l'essentiel.

Rester les muscles inactifs et la volonté déchargée : c'est ce qu'il y a de plus difficile pour vous autres hommes sublimes.

Quand la puissance se fait clémente, quand elle descend dans le visible : j'appelle beauté une telle condescendance.

Je n'exige la beauté de personne autant que de toi, de toi qui es puissant : que ta bonté soit ta dernière victoire sur toi-même.

Je te crois capable de toutes les méchancetés, c'est pourquoi j'exige de toi le bien.

En vérité, j'ai souvent ri des débiles qui se croient bons parce que leur patte est infirme !

Tu dois imiter la vertu de la colonne : elle devient toujours plus belle et plus fine à mesure qu'elle s'élève, mais plus résistante intérieurement.

Oui, homme sublime, un jour tu seras beau et tu présenteras le miroir à ta propre beauté.

Alors ton âme frémira de désirs divins ; et il y aura de l'adoration dans ta vanité !

Car ceci est le secret de l'âme : quand le héros a abandonné l'âme, c'est alors seulement que s'approche en rêve – le super-héros. –

Ainsi   parlait   Zarathoustra.

Du pays de la civilisation

J'ai volé trop loin dans l'avenir : un frisson d'horreur m'a assailli.

Et lorsque j'ai regardé autour de moi, voici, le temps était mon seul contemporain.

Alors je suis retourné, fuyant en arrière – et j'allais toujours plus vite : c'est ainsi que je suis venu auprès de vous, vous les hommes actuels, je suis venu dans le pays de la civilisation.

Pour la première fois, je vous ai regardés avec l'œil qu'il fallait, et avec de bons désirs : en vérité je suis venu avec le cœur languissant.

Et que m'est-il arrivé ? Malgré le peu que j'ai eu – j'ai dû me mettre à rire ! Mon œil n'a jamais rien vu d'aussi bariolé !

Je ne cessai de rire, tandis que ma jambe tremblait et que mon cœur tremblait, lui aussi : « Est-ce donc ici le pays de tous les pots de couleurs ? » – dis-je.

Le visage et les membres peinturlurés de cinquante façons : c'est ainsi qu'à mon grand étonnement je vous voyais assis, vous les hommes actuels !

Et avec cinquante miroirs autour de vous, cinquante miroirs qui flattaient et imitaient votre jeu de couleurs !

En vérité, vous ne pouviez porter de meilleur masque que votre propre visage, hommes actuels ! Qui donc saurait vous – reconnaître ?

Barbouillés des signes du passé que recouvrent de nouveaux signes : ainsi que vous êtes bien cachés de tous les interprètes !

Et si l'on savait scruter les entrailles, à qui donc feriez-vous croire que vous avez des entrailles ? Vous semblez pétris de couleurs et de bouts de papier collés ensemble.

Tous les temps et tous les peuples jettent pêle-mêle un regard à travers vos voiles ; toutes les coutumes et toutes les croyances parlent pêle-mêle à travers vos attitudes.

Celui qui vous ôterait vos voiles, vos surcharges, vos couleurs et vos attitudes n'aurait plus devant lui que de quoi effrayer les oiseaux.

En vérité, je suis moi-même un oiseau effrayé qui, un jour, vous a vus nus et sans couleurs ; et je me suis enfui lorsque ce squelette m'a fait des gestes d'amour.

Car je préférerais être manœuvre dans l'enfer et chez les ombres du passé ! – Les habitants de l'enfer ont plus de consistance que vous !

C'est pour moi l'amertume de mes entrailles de ne pouvoir vous supporter ni nus, ni habillés, vous autres hommes actuels !

Tout ce qui est inquiétant dans l'avenir, et tout ce qui a jamais épouvanté des oiseaux égarés, inspire en vérité plus de quiétude et plus de calme que votre « réalité ».

Car c'est ainsi que vous parlez : « Nous sommes entièrement faits de *réalité*, sans croyance et sans superstition. » C'est ainsi que vous vous rengorgez, sans même avoir de gorge !

Oui, comment *pourriez*-vous croire, bariolés comme vous l'êtes ! – vous qui êtes des peintures de tout ce qui a jamais été cru.

Vous êtes des réfutations mouvantes de la foi elle-même ; et la rupture de toutes les pensées. *Êtres peu dignes de foi*, c'est ainsi que je vous appelle. Vous les « hommes de la réalité » !

Toutes les époques déblatèrent les unes contre les autres dans vos esprits ; et les rêves et les bavardages de toutes les époques étaient plus réels encore que votre raison éveillée !

Vous êtes stériles : c'est *pourquoi* vous manquez de foi. Mais celui qui devait créer possédait toujours ses rêves et ses étoiles – et il avait foi en la foi ! –

Vous êtes des portes entr'ouvertes où attendent les fossoyeurs. Et cela est *votre* réalité : « Tout vaut la peine de disparaître. »

Ah ! Comme vous voilà debout devant moi, hommes stériles, squelettes vivants ! Et il y en a certainement parmi vous qui s'en sont rendu compte eux-mêmes.

Ils disaient : « Un dieu m'aurait-il enlevé quelque chose pendant que je dormais ? En vérité, il y aurait de quoi en faire une femme !

La pauvreté de mes côtes est singulière ! » Ainsi parla déjà maint homme actuel.

Oui, vous me faites rire, hommes actuels ! et surtout quand vous vous étonnez de vous-mêmes !

Malheur à moi si je ne pouvais rire de votre étonnement et s'il me fallait avaler tout ce que vos écuelles contiennent de répugnant !

Mais je vous prends à la légère, puisque j'ai des choses lourdes à porter ; et que m'importe si des mouches se posent sur mon fardeau !

En vérité mon fardeau n'en sera pas plus lourd ! Et ce n'est pas de vous, mes contemporains, que me viendra la grande fatigue. –

Hélas ! où dois-je encore monter avec mon désir ? Je regarde du haut de tous les sommets pour m'enquérir de patries et de terres natales.

Mais je n'en ai trouvé nulle part : je suis errant dans toutes les villes, et, à toutes les portes, je suis sur mon départ.

Les hommes actuels vers qui tout à l'heure mon cœur était poussé sont maintenant pour moi des étrangers qu'excitent mon rire ; je suis chassé des patries et des terres natales.

Je n'aime donc plus que le pays de mes enfants, la terre inconnue parmi les mers lointaines : c'est elle que ma voile doit chercher sans cesse.

Je veux me racheter auprès de mes enfants d'avoir été le fils de mes pères : je veux racheter de tout l'avenir – ce présent ! –

Ainsi   parlait   Zarathoustra.

De l'immaculée connaissance

Lorsque hier la lune s'est levée, il me semblait qu'elle voulût mettre au monde un soleil, tant elle s'étalait à l'horizon, lourde et pleine.

Mais elle mentait avec sa grossesse ; et plutôt encore je croirais à l'homme dans la lune qu'à la femme.

Il est vrai qu'il est très peu homme lui aussi, ce timide noctambule. En vérité, il passe sur les toits avec une mauvaise conscience.

Car il est plein de convoitise et de jalousie, ce moine dans la lune ; il convoite la terre et toutes les joies de ceux qui aiment.

Non, je ne l'aime pas, ce chat de gouttières ; ils me dégoûtent, tous ceux qui épient les fenêtres entr'ouvertes.

Pieux et silencieux, il passe sur des tapis d'étoiles : – mais je déteste tous les hommes qui marchent sans bruit, et qui ne font pas même sonner leurs éperons.

Les pas d'un homme loyal parlent ; mais le chat marche à pas furtifs. Voyez, la lune s'avance, déloyale comme un chat. –

Je vous donne cette parabole, à vous autres hypocrites sensibles, vous qui cherchez la « connaissance pure » ! C'est vous que j'appelle – lascifs !

Vous aimez aussi la terre et tout ce qui est terrestre : je vous ai bien devinés ! – mais il y a dans votre amour de la honte et de la mauvaise conscience, – vous ressemblez à la lune.

On a persuadé à votre esprit de mépriser tout ce qui est terrestre, mais on n'a pas persuadé vos entrailles : pourtant elles sont ce qu'il y a de plus fort en vous !

Et maintenant votre esprit a honte d'obéir à vos entrailles et il suit des chemins dérobés et trompeurs pour échapper à sa propre honte.

« Ce serait pour moi la chose la plus haute – ainsi se parle à lui-même votre esprit mensonger – de regarder la vie sans convoitise et non comme les chiens avec la langue pendante.

« Être heureux dans la contemplation, avec la volonté morte, sans rapacité et sans envie égoïste – froid et gris sur tout le corps, mais les yeux enivrés de lune.

« Ce serait pour moi la bonne part – ainsi s'éconduit lui-même celui qui a été éconduit – d'aimer la terre comme l'aime la lune et de ne toucher sa beauté que des yeux.

« Et voici ce que j'appelle l'*immaculée* connaissance de toutes choses : ne rien demander aux choses que de pouvoir s'étendre devant elles, ainsi qu'un miroir aux cent regards. » –

Hypocrites sensibles et lascifs ! Il vous manque l'innocence dans le désir : et c'est pourquoi vous calomniez le désir !

En vérité, vous n'aimez pas la terre comme des créateurs, des générateurs, joyeux de créer !

Où y a-t-il de l'innocence ? Là où il y a la volonté d'engendrer. Et celui qui veut créer au-dessus de lui-même, celui-là possède à mes yeux la volonté la plus pure.

Où a-t-il de la beauté ? Là où *il faut que je veuille de toute ma volonté* ; où je veux aimer et disparaître, afin qu'une image ne reste pas image seulement.

Aimer et disparaître : ceci s'accorde depuis des éternités. Vouloir aimer, c'est aussi être prêt à la mort. C'est ainsi que je vous parle, poltrons !

Mais votre regard louche et efféminé veut être « contemplatif » ! Et ce que l'on peut approcher avec des yeux pusillanimes doit être appelé « beau » ! Ô vous qui souillez les noms les plus nobles !

Mais ceci doit être votre malédiction, hommes immaculés qui cherchez la connaissance pure, que vous n'arriviez jamais à engendrer : quoique vous soyez couchés à l'horizon lourds et pleins.

En vérité, vous remplissez votre bouche de nobles paroles : et vous voudriez nous faire croire que votre cœur déborde, menteurs ?

Mais *mes* paroles sont des paroles grossières, méprisées et informes, et j'aime à recueillir ce qui, dans vos festins, tombe sous la table.

Elles me suffisent toujours – pour dire la vérité aux hypocrites ! Oui, mes arêtes, mes coquilles et mes feuilles de houx doivent – vous chatouiller le nez, hypocrites !

Il y a toujours de l'air vicié autour de vous et autour de vos festins : car vos pensées lascives, vos mensonges et vos dissimulations sont dans l'air !

Ayez donc tout d'abord le courage d'avoir foi en vous-mêmes – en vous-mêmes et en vos entrailles ! Celui qui n'a pas foi en lui-même ment toujours.

Vous avez mis devant vous le masque d'un dieu, hommes « purs » : votre affreuse larve rampante s'est cachée sous le masque d'un dieu.

En vérité, vous en faites accroire, « contemplatifs » ! Zarathoustra, lui aussi, a été dupe de vos peaux divines ; il n'a pas deviné quels serpents remplissaient cette peau.

Dans vos jeux, je croyais voir jouer l'âme d'un dieu, hommes qui cherchez la connaissance pure ! Je ne connaissais pas de meilleur art que vos artifices !

La distance qui me séparait de vous me cachait des immondices de serpent et de mauvaises odeurs : et je ne savais pas que la ruse d'un lézard rôdât par ici, lascive.

Mais je me suis *approché* de vous : alors le jour m'est venu – et maintenant il vient pour vous, – les amours de la lune sont leur déclin !

Regardez-la donc ! Elle est là-haut, surprise et pâle – devant l'aurore !

Car déjà l'aurore monte, ardente, – *son* amour pour la terre approche ! Tout amour de soleil est innocence et désir de créateur.

Regardez donc comme l'aurore passe impatiente sur la mer ! Ne sentez-vous pas la soif et la chaude haleine de son amour ?

Elle veut aspirer la mer, et boire ses profondeurs : et le désir de la mer s'élève avec ses mille mamelles.

Car la mer *veut* être baisée et aspirée par le soleil ; elle veut devenir air et hauteur et sentier de lumière, et lumière elle-même !

En vérité, pareil au soleil, j'aime la vie et toutes les mers profondes.

Et ceci est pour *moi* la connaissance : tout ce qui est profond doit monter – à ma hauteur ! –

Ainsi   parlait   Zarathoustra.

Des savants

Tandis que j'étais endormi, une brebis s'est mise à brouter la couronne de lierre qui ornait ma tête, — et en mangeant elle disait : « Zarathoustra n'est plus un savant. »

Après quoi, elle s'en alla, dédaigneuse et fière. Voilà ce qu'un enfant m'a raconté.

J'aime à être étendu, là ou jouent les enfants, le long du mur lézardé, sous les chardons et les rouges pavots.

Je suis encore un savant pour les enfants et aussi pour les chardons et les pavots rouges. Ils sont innocents, même dans leur méchanceté.

Je ne suis plus un savant pour les brebis : ainsi le veut mon sort. – Qu'il soit béni !

Car ceci est la vérité : je suis sorti de la maison des savants en claquant la porte derrière moi.

Trop longtemps mon âme affamée fut assise à table, je ne suis pas comme eux, dressé pour la connaissance comme pour casser des noix.

J'aime la liberté et l'air sur la terre fraîche ; j'aime encore mieux dormir sur les peaux de bœufs que sur leurs honneurs et leurs dignités.

Je suis trop ardent et trop consumé de mes propres pensées : j'y perds souvent haleine. Alors il me faut aller au grand air et quitter les chambres pleines de poussière.

Mais ils sont assis au frais, à l'ombre fraîche : ils veulent partout n'être que des spectateurs et se gardent bien de s'asseoir où le soleil darde sur les marches.

Semblables à ceux qui stationnent dans la rue et qui bouche bée regardent les gens qui passent : ainsi ils attendent aussi, bouche bée, les pensées des autres.

Les touche-t-on de la main, ils font involontairement de la poussière autour d'eux, comme des sacs de farine ; mais qui donc se douterait que leur poussière vient du grain et de la jeune félicité des champs d'été ?

S'ils se montrent sages, je suis horripilé de leurs petites sentences et de leurs vérités : leur sagesse a souvent une odeur de marécage : et, en vérité, j'ai déjà entendu les grenouilles coasser dans leur sagesse !

Ils sont adroits et leurs doigts sont agiles : que veut *ma* simplicité auprès de leur complexité ! Leurs doigts s'entendent à tout ce qui est filage et nouage et tissage : ainsi ils tricotent les bas de l'esprit !

Ce sont de bonnes pendules : pourvu que l'on ait soin de les bien remonter ! Alors elles indiquent l'heure sans se tromper et font entendre en même temps un modeste tic-tac.

Ils travaillent, semblables à des moulins et à des pilons : qu'on leur jette seulement du grain ! – ils s'entendent à moudre le grain et à le transformer en blanche farine.

Avec méfiance, ils se surveillent les doigts les uns aux autres. Inventifs et petites malices, ils épient ceux dont la science est boiteuse – ils guettent comme des araignées.

Je les ai toujours vus préparer leurs poisons avec précaution ; et toujours ils couvraient leurs doigts de gants de verre.

Ils savent aussi jouer avec des dés pipés ; et je les ai vus jouer avec tant d'ardeur qu'ils en étaient couverts de sueur.

Nous sommes étrangers les uns aux autres et leurs vertus me sont encore plus contraires que leurs faussetés et leurs dés pipés.

Et lorsque je demeurais parmi eux, je demeurais au-dessus d'eux. C'est pour cela qu'ils m'en ont voulu.

Ils ne veulent pas qu'on leur dise que quelqu'un marche au-dessus de leurs têtes ; et c'est pourquoi ils ont mis du bois, de la terre et des ordures, entre moi et leurs têtes.

Ainsi ils ont étouffé le bruit de mes pas ; et jusqu'à présent ce sont les plus savants qui m'ont le moins bien entendu.

Ils ont mis entre eux et moi toutes les faiblesses et toutes les fautes des hommes : – dans leurs demeures ils appellent cela « faux plancher ».

Mais malgré tout je marche *au-dessus* de leur tête avec mes pensées ; et si je voulais même marcher sur mes propres défauts, je marcherais encore au-dessus d'eux et de leur tête.

Car les hommes ne sont *point* égaux : ainsi parle la justice. Et ce que je veux ils n'auraient pas le droit de le vouloir ! –

Ainsi   parlait   Zarathoustra.

Des poètes

« Depuis que je connais mieux le corps, – disait Zarathoustra à l'un de ses disciples – l'esprit n'est plus pour moi esprit que dans une certaine mesure ; et tout ce qui est « impérissable » – n'est aussi que symbole. »

« Je t'ai déjà entendu parler ainsi, répondit le disciple ; et alors tu as ajouté : « Mais les poètes mentent trop. » Pourquoi donc disais-tu que les poètes mentent trop ? »

« Pourquoi ? dit Zarathoustra. Tu demandes pourquoi ? Je ne suis pas de ceux qu'on a le droit de questionner sur leur pourquoi.

Ce que j'ai vécu est-il donc d'hier ? Il y a longtemps que j'ai vécu les raisons de mes opinions.

Ne faudrait-il pas que je fusse un tonneau de mémoire pour pouvoir garder avec moi mes raisons ?

J'ai déjà trop de peine à garder mes opinions ; il y a bien des oiseaux qui s'envolent.

Et il m'arrive aussi d'avoir dans mon colombier une bête qui n'est pas de mon colombier et qui m'est étrangère ; elle tremble lorsque j'y mets la main.

Pourtant que tu disais un jour Zarathoustra ? Que les poètes mentent trop. – Mais Zarathoustra lui aussi est un poète.

Crois-tu donc qu'en cela il ait dit la vérité ? Pourquoi le crois-tu ? »

Le disciple répondit : « Je crois en Zarathoustra. » Mais Zarathoustra secoua la tête et se mit à sourire.

La foi ne me sauve point, dit-il, la foi en moi-même moins que toute autre.

Mais, en admettant que quelqu'un dise sérieusement que les poètes mentent trop : il aurait raison, – *nous* mentons trop.

Nous savons aussi trop peu de choses et nous apprenons trop mal : donc il faut que nous mentions.

Et qui donc, parmi nous autres poètes, n'aurait pas falsifié son vin ? Bien des mixtures empoisonnées ont été faites dans nos caves, l'indescriptible a été réalisé.

Et puisque nous savons peu de choses, nous aimons du fond du cœur les pauvres d'esprit, surtout quand ce sont des jeunes femmes !

Et nous désirons même les choses que les vieilles femmes se racontent le soir. C'est ce que nous appelons en nous-même l'éternel féminin.

Et, en nous figurant qu'il existe un chemin secret qui mène au savoir et qui se *dérobe* à ceux qui apprennent quelque chose, nous croyons au peuple et à sa « sagesse ».

Mais les poètes croient tous que celui qui est étendu sur l'herbe, ou sur un versant solitaire, en dressant l'oreille, apprend quelque chose de ce qui se passe entre le ciel et la terre.

Et s'il leur vient des émotions tendres, les poètes croient toujours que la nature elle-même est amoureuse d'eux :

Et qu'elle se glisse à leur oreille pour y murmurer des choses secrètes et des paroles caressantes. Ils s'en vantent et s'en glorifient devant tous les mortels !

Hélas ! Il y a tant de choses entre le ciel et la terre que les poètes sont les seuls à avoir rêvées !

Et surtout *au-dessus* du ciel : car tous les dieux sont des symboles et des artifices de poète.

En vérité, nous sommes toujours attirés vers les régions supérieures – c'est-à-dire vers le pays des nuages : c'est là que nous plaçons nos ballons multicolores et nous les appelons Dieux et Surhommes.

Car ils sont assez légers pour ce genre de sièges ! – tous ces Dieux et ces Surhommes.

Hélas ! Comme je suis fatigué de tout ce qui est insuffisant et qui veut à toute force être événement ! Hélas ! Comme je suis fatigué des poètes !

Quand Zarathoustra eut dit cela, son disciple fut irrité contre lui, mais il se tut. Et Zarathoustra se tut aussi ; et ses yeux s'étaient tournés à l'intérieur comme s'il regardait dans le lointain. Enfin il se mit à soupirer et à prendre haleine.

Je suis d'aujourd'hui et de jadis, dit-il alors ; mais il y a quelque chose en moi qui est de demain, et d'après-demain, et de l'avenir.

Je suis fatigué des poètes, des anciens et des nouveaux. Pour moi ils sont tous superficiels et tous des mers desséchées.

Ils n'ont pas assez pensé en profondeur : c'est pourquoi leur sentiment n'est pas descendu jusque dans les tréfonds.

Un peu de volupté et un peu d'ennui : c'est ce qu'il y eut encore de meilleur dans leurs méditations.

Leurs arpèges m'apparaissent comme des glissements des fuites de fantômes ; que connaissaient-ils jusqu'à présent de l'ardeur qu'il y a dans les sons ! –

Ils ne sont pas non plus assez propres pour moi : ils troublent tous leurs eaux pour les faire paraître profondes.

Ils aiment à se faire passer pour conciliateurs, mais ils restent toujours pour moi des gens de moyens-termes et de demi-mesures, troubleurs et mal-propres ! –

Hélas ! J'ai jeté mon filet dans leurs mers pour attraper de bons poissons, mais toujours j'ai retiré la tête d'un dieu ancien.

C'est ainsi que la mer a donné une pierre à l'affamé. Et ils semblent eux-mêmes venir de la mer.

Il est certain qu'on y trouve des perles : c'est ce qui fait qu'ils ressemblent d'autant plus à de durs crustacés. Chez eux j'ai souvent trouvé au lieu d'âme de l'écume salée.

Ils ont pris à la mer sa vanité ; la mer n'est-elle pas le paon le plus vain entre tous les paons ?

Même devant le buffle le plus laid, elle étale sa roue ; elle déploie sans se lasser la soie et l'argent de son éventail de dentelles.

Le buffle regarde avec colère, son âme est tout près du sable, plus près encore du fourré, mais le plus près du marécage.

Que lui importe la beauté et la mer et la splendeur du paon ! Tel est le symbole que je dédie aux poètes.

En vérité leur esprit lui-même est le paon le plus vain entre tous les paons et une mer de vanité !

L'esprit du poète veut des spectateurs : ne fût-ce que des buffles ! –

Pourtant je me suis fatigué de cet esprit : et je vois venir un temps où il sera fatigué de lui-même.

J'ai déjà vu les poètes se transformer et diriger leur regard contre eux-mêmes.

J'ai vu venir des expiateurs de l'esprit : c'est parmi les poètes qu'ils sont nés. –

Ainsi   parlait   Zarathoustra.

127

Des grands événements

Il y a une île dans la mer – non loin des Îles Bienheureuses de Zarathoustra – où se dresse un volcan perpétuellement empanaché de fumée. Le peuple, et surtout les vieilles femmes parmi le peuple, disent de cette île qu'elle est placée comme un rocher devant la porte de l'enfer : mais la voie étroite qui descend à cette porte traverse elle-même le volcan.

À cette époque donc, tandis que Zarathoustra séjournait dans les Îles Bienheureuses, il arriva qu'un vaisseau jeta son ancre dans l'île où se trouve la montagne fumante ; et son équipage descendit à terre pour tirer des lapins. Pourtant à l'heure de midi, tandis que le capitaine et ses gens se trouvaient de nouveau réunis, ils virent soudain un homme traverser l'air en s'approchant d'eux et une voix prononça distinctement ces paroles : « Il est temps il est grand temps ! » Lorsque la vision fut le plus près d'eux – elle passait très vite pareille à une ombre dans la direction du volcan – ils reconnurent avec un grand effarement que c'était Zarathoustra ; car ils l'avaient tous déjà vu, excepté le capitaine lui-même, ils l'aimaient, comme le peuple aime, mêlant à parties égales l'amour et la crainte.

« Voyez donc ! dit le vieux pilote, voilà Zarathoustra qui va en enfer ! » –

Et à l'époque où ces matelots atterrissaient à l'île de flammes, le bruit courut que Zarathoustra avait disparu ; et lorsque l'on s'informa auprès de ses amis, ils racontèrent qu'il avait pris le large pendant la nuit, à bord d'un vaisseau, sans dire où il voulait aller.

Ainsi se répandit une certaine inquiétude ; mais après trois jours cette inquiétude s'augmenta de l'histoire des marins – et tout le peuple se mit à raconter que le diable avait emporté Zarathoustra. Il est vrai que ses disciples ne firent que rire de ces bruits et l'un d'eux dit même : « Je crois plutôt encore que c'est Zarathoustra qui a emporté le diable. » Mais, au fond de l'âme, ils étaient tous pleins d'inquiétude et de langueur : leur joie fut donc grande lorsque, cinq jours après, Zarathoustra parut au milieu d'eux.

Et ceci est le récit de la conversation de Zarathoustra avec le chien de feu :

La terre, dit-il, a une peau ; et cette peau a des maladies. Une de ces maladies s'appelle par exemple : « homme ».

Et une autre de ces maladies s'appelle « chien de feu » : c'est à propos de ce chien que les hommes se sont dit et se sont laissé dire bien des mensonges.

C'est pour approfondir ce secret que j'ai passé la mer : et j'ai vu la vérité nue, en vérité ! Pieds nus jusqu'au cou.

Je sais maintenant ce qui en est du chien de feu ; et aussi de tous les démons de révolte et d'immondice, dont les vieilles femmes ne sont pas seules à avoir peur.

Sors de ta profondeur, chien de feu ! me suis-je écrié, et avoue combien ta profondeur est profonde ! D'où tires-tu ce que tu craches sur nous ?

Tu bois abondamment à la mer : c'est ce que révèle le sel de ta faconde ! En vérité, pour un chien des profondeurs, tu prends trop ta nourriture de la surface !

Je te tiens tout au plus pour le ventriloque de la terre, et toujours, lorsque j'ai entendu parler les démons de révolte et d'immondice, je les ai trouvés semblables à toi, avec ton sel, tes mensonges et ta platitude.

Vous vous entendez à hurler et à obscurcir avec des cendres ! Vous êtes les plus grands vantards et vous connaissez l'art de faire entrer la fange en ébullition.

Partout où vous êtes, il faut qu'il y ait de la fange auprès de vous, et des choses spongieuses, oppressées et étroites. Ce sont elles qui veulent être mises en liberté.

« Liberté ! » c'est votre cri préféré : mais j'ai perdu la foi aux « grands événements », dès qu'il y a beaucoup de hurlements et de fumée autour d'eux.

Crois-moi, démon aux éruptions tapageuses et infernales ! les plus grands événements — ce ne sont pas nos heures les plus bruyantes, mais nos heures les plus silencieuses.

Ce n'est pas autour des inventeurs de fracas nouveaux, c'est autour des inventeurs de valeurs nouvelles que gravite le monde ; il gravite, en silence.

Et avoue-le donc ! Mince était le résultat lorsque se dissipaient ton fracas et ta fumée ! Qu'importe qu'une ville se soit transformée en momie et qu'une colonne soit couchée dans la fange !

Et j'ajoute encore ces paroles pour les destructeurs de colonnes. C'est bien là la plus grande folie que de jeter du sel dans la mer et des colonnes dans la fange.

La colonne était couchée dans la fange de votre mépris : mais sa loi veut que pour elle renaisse du mépris la vie nouvelle et la beauté vivifiante !

Elle se relève maintenant avec des traits plus divins et une souffrance plus séduisante ; et en vérité ! elle vous remerciera encore de l'avoir renversée, destructeurs !

Mais c'est le conseil que je donne aux rois et aux Églises, et à tout ce qui s'est affaibli par l'âge et par la vertu – laissez-vous donc renverser, afin que vous reveniez à la vie et que la vertu vous revienne ! –

C'est ainsi que j'ai parlé devant le chien de feu : alors il m'interrompit en grommelant et me demanda : « Église ? Qu'est-ce donc cela ? »

« Église ? Répondis-je, c'est une espèce d'État, et l'espèce la plus mensongère. Mais, tais-toi, chien de feu, tu connais ton espèce mieux que personne !

L'État est un chien hypocrite comme toi-même, comme toi-même il aime à parler en fumée et en hurlements, – pour faire croire, comme toi, que sa parole vient du fond des choses.

Car l'État veut absolument être la bête la plus importante sur la terre ; et tout le monde croit qu'il l'est. » –

Lorsque j'eus ainsi parlé, le chien de feu parut fou de jalousie. « Comment ? s'écria-t-il, la bête la plus importante sur terre ? Et l'on croit qu'il l'est ». Et il sortit de son gosier tant de vapeurs et de bruits épouvantables que je crus qu'il allait étouffer de colère et d'envie.

Enfin, il finit par se taire et ses hoquets diminuèrent ; mais dès qu'il se fut tu, je dis en riant : « Tu te mets en colère, chien de feu : donc j'ai raison contre toi !

Et, afin que je garde raison, laisse-moi t'entretenir d'un autre chien de feu : celui-là parle réellement du cœur de la terre.

Son haleine est d'or et une pluie d'or, ainsi le veut son cœur. Les cendres et la fumée et l'écume chaude que sont-elles encore pour lui ?

Un rire voltige autour de lui comme une nuée colorée ; il est hostile à tes gargouillements, à tes crachats, à tes intestins délabrés !

Cependant l'or et le rire – il les prend au cœur de la terre, car, afin que tu le saches, – *le cœur de la terre est d'or !* »

Lorsque le chien de feu entendit ces paroles, il lui fut impossible de m'écouter davantage. Honteusement il rentra sa queue et se mit à dire d'un ton décontenancé : « Ouah ! Ouah ! » en rampant vers sa caverne. –

Ainsi racontait Zarathoustra. Mais ses disciples l'écoutèrent à peine : tant était grande leur envie de lui parler des matelots, des lapins et de l'homme volant.

« Que dois-je penser de cela ? dit Zarathoustra. Suis-je donc un fantôme ?

Mais c'était peut-être mon ombre. Vous avez entendu parler déjà du voyageur et de son ombre ?

Une chose est certaine : il faut que je la tienne plus sévèrement, autrement elle finira par me gâter ma réputation. »

Et encore une fois Zarathoustra secoua la tête avec étonnement : « Que dois-je penser de cela ? Répéta-t-il.

Pourquoi donc le fantôme a-t-il crié : « Il est temps ! Il est grand temps ! »

Pour quoi peut-il être – grand temps ? » –

Ainsi   parlait   Zarathoustra.

Le devin

« … et je vis une grande tristesse descendre sur les hommes. Les meilleurs se fatiguèrent de leurs œuvres.

Une doctrine fut mise en circulation et à côté d'elle une croyance : « Tout est vide, tout est pareil, tout est passé ! »

Et de toutes les collines résonnait la réponse : « Tout est vide, tout est pareil, tout est passé ! »

Il est vrai que nous avons moissonné : mais pourquoi nos fruits ont-ils pourri et bruni ? Qu'est-ce qui est tombé la nuit dernière de la mauvaise lune.

Tout travail a été vain, notre vin a tourné, il est devenu du poison, le mauvais œil a jauni nos champs et nos cœurs.

Nous avons tous desséché ; et si le feu tombe sur nous, nos cendres s'en iront en poussière : – Oui, nous avons fatigué même le feu.

Toutes les fontaines se sont desséchées pour nous et la mer s'est retirée. Tout sol veut se fendre, mais les abîmes ne veulent pas nous engloutir !

« Hélas ! Où y a-t-il encore une mer où l'on puisse se noyer ? » Ainsi résonne notre plainte – cette plainte qui passe sur les plats marécages.

En vérité, nous nous sommes déjà trop fatigués pour mourir, maintenant nous continuons à vivre éveillés – dans des caveaux funéraires ! »

Ainsi Zarathoustra entendit parler un devin ; et sa prédiction lui alla droit au cœur et elle le transforma. Il erra triste et fatigué ; et il devint semblable à ceux dont avait parlé le devin.

En vérité, dit-il à ses disciples, il s'en faut de peu que ce long crépuscule ne descende. Hélas ! comment ferai-je pour sauver ma lumière au delà de ce crépuscule !

Comment ferai-je pour qu'elle n'étouffe pas dans cette tristesse ? Il faut qu'elle soit la lumière des mondes lointains et qu'elle éclaire les nuits les plus lointaines !

Ainsi, préoccupé dans son cœur, Zarathoustra erra çà et là ; et pendant trois jours il ne prit ni nourriture ni boisson, il n'eut point de repos et perdit la parole. Enfin il arriva de tomber dans un profond sommeil. Mais ses disciples passaient de longues veilles, assis autour de lui, et ils attendaient avec inquiétude qu'il se réveillât pour se remettre à parler et pour guérir de sa tristesse.

Mais voici le discours que leur tint Zarathoustra lorsqu'il se réveilla ; cependant sa voix leur semblait venir du lointain :

Écoutez donc le rêve que j'ai fait, mes amis, et aidez-moi à en deviner le sens !

Il est encore une énigme pour moi, ce rêve ; son sens est caché en lui et voilé ; il ne vole pas encore librement au-dessus de lui.

J'avais renoncé à toute espèce de vie ; tel fut mon rêve. J'étais devenu veilleur et gardien des tombes, là-bas sur la solitaire montagne du château de la Mort.

C'est là-haut que je gardais les cercueils de la Mort : les sombres voûtes s'emplissaient de ces trophées de victoire. À travers les cercueils de verre les existences vaincues me regardaient.

Je respirais l'odeur d'éternités en poussières : mon âme était là, lourde et poussiéreuse. Et qui donc eût été capable d'alléger son âme ?

La clarté de minuit était toujours autour de moi et, accroupie à ses côtés, la solitude ; et aussi un silence de mort, coupé de râles, le pire de mes amis.

Je portais des clefs avec moi, les plus rouillées de toutes les clefs ; et je savais ouvrir avec elles les portes les plus grinçantes.

Pareils à des cris rauques et méchants, les sons couraient au long des corridors, quand s'ouvraient les ailes de la porte : l'oiseau avait de mauvais cris, il ne voulait pas être réveillé.

Mais c'était plus épouvantable encore, et mon cœur se serrait davantage, lorsque tout se taisait et que revenait le silence et que seul j'étais assis dans ce silence perfide.

C'est ainsi que se passa le temps, lentement, s'il peut encore être question de temps : qu'en sais-je, moi ! Mais ce qui me réveilla finit par avoir lieu.

Trois fois des coups frappèrent à la porte, semblables au tonnerre, les voûtes retentirent et hurlèrent trois fois de suite : alors je m'approchai de la porte.

Alpa ! M'écriais-je, qui porte sa cendre vers la montagne ?
Alpa ! Alpa ! qui porte sa cendre vers la montagne ?

Et je serrais la clef, et j'ébranlais la porte et je me perdais en efforts. Mais la porte ne s'ouvrait pas d'un doigt !

Alors l'ouragan écarta avec violence les ailes de la porte : avec des sifflements et des cris aigus qui coupaient l'air, il me jeta un cercueil noir :

Et, en sifflant et en hurlant, le cercueil se brisa et cracha mille éclats de rire.

Mille grimaces d'enfants, d'anges, de hiboux, de fous et de papillons énormes ricanaient à ma face et me persiflaient.

Je m'en effrayais horriblement : je fus précipité à terre et je criais d'épouvante, comme jamais je n'avais crié.

Mais mon propre cri me réveilla : – et je revins à moi. –

Ainsi Zarathoustra raconta son rêve, puis il se tut : car il ne connaissait pas encore la signification de son rêve. Mais le disciple qu'il aimait le plus se leva vite, saisit la main de Zarathoustra et dit :

« C'est ta vie elle-même qui nous explique ton rêve, ô Zarathoustra !

N'es-tu pas toi-même le vent aux sifflements aigus qui arrache les portes du château de la Mort ?

N'es-tu pas toi-même le cercueil plein de méchancetés multicolores et plein des angéliques grimaces de la vie ?

En vérité, pareil à mille éclats de rire d'enfants, Zarathoustra vient dans toutes les chambres mortuaires, riant de tous ces veilleurs et de tous ces gardiens des tombes, et de tous ceux qui agitent leurs clefs avec un cliquetis sinistre.

Tu les effrayeras et tu les renverseras de ton rire ; la syncope et le réveil prouveront ta puissance sur eux.

Et quand même viendrait le long crépuscule et la fatigue mortelle, tu ne disparaîtrais pas de notre ciel, affirmateur de la vie !

Tu nous as fait voir de nouvelles étoiles et de nouvelles splendeurs nocturnes ; en vérité, tu as étendu sur nos têtes le rire lui-même, comme une tente multicolore.

Maintenant des rires d'enfants jailliront toujours des cercueils ; maintenant viendra, toujours victorieux des fatigues mortelles, un vent puissant. Tu en es toi-même le témoin et le devin.

En vérité, *tu les as rêvés eux-mêmes*, tes ennemis : ce fut ton rêve le plus pénible !

Mais comme tu t'es réveillé d'eux et que tu es revenu à toi-même, ainsi ils doivent se réveiller d'eux-mêmes – et venir à toi ! » –

Ainsi parlait le disciple ; et tous les autres se pressaient autour de Zarathoustra et ils saisissaient ses mains et ils voulaient le convaincre de quitter son lit et sa tristesse, pour revenir à eux. Cependant Zarathoustra était assis droit sur sa couche avec des yeux étranges. Pareil à quelqu'un qui revient d'une longue absence, il regarda ses disciples et interrogea leurs visages ; et il ne les reconnaissait pas encore. Mais lorsqu'ils le soulevèrent et qu'ils le placèrent sur ses jambes, son œil se transforma tout à coup ; il comprit tout ce qui était arrivé, et en se caressant la barbe, il dit d'une voix forte :

« Allons ! tout cela viendra en son temps ; mais veillez, mes disciples, à ce que nous fassions un bon repas, et bientôt ! – c'est ainsi que je pense expier mes mauvais rêves !

Pourtant le devin doit manger et boire à mes côtés : et, en vérité, je lui montrerai une mer où il pourra se noyer ! »

Ainsi parlait Zarathoustra. Mais alors il regarda longtemps en plein visage le disciple qui lui avait expliqué son rêve, et, ce faisant,   il   secoua   la   tête.-

De la rédemption

Un jour que Zarathoustra passait sur le grand pont, les infirmes et les mendiants l'entourèrent et un bossu lui parla et lui dit :

« Vois, Zarathoustra ! Le peuple lui aussi profite de tes enseignements et commence à croire en ta doctrine : mais afin qu'il puisse te croire entièrement, il manque encore quelque chose – il te faut nous convaincre aussi, nous autres infirmes ! Il y en a là un beau choix et, en vérité, c'est une belle occasion de t'essayer sur des nombreuses têtes. Tu peux guérir des aveugles, faire courir des boiteux et tu peux alléger un peu celui qui a une trop lourde charge derrière lui : – Ce serait, je crois, la véritable façon de faire que les infirmes croient en Zarathoustra ! »

Mais Zarathoustra répondit ainsi à celui qui avait parlé : si l'on enlève au bossu sa bosse, on lui prend en même temps son esprit – c'est ainsi qu'enseigne le peuple. Et si l'on rend ses yeux à l'aveugle, il voit sur terre trop de choses mauvaises : en sorte qu'il maudit celui qui l'a guéri. Celui cependant qui fait courir le boiteux lui fait le plus grand tort : car à peine sait-il courir que ses vices l'emportent. – Voilà ce que le peuple enseigne au sujet des infirmes. Et pourquoi Zarathoustra n'apprendrait-il pas du peuple ce que le peuple a appris de Zarathoustra ?

Mais, depuis que j'habite parmi les hommes, c'est pour moi la moindre des choses de m'apercevoir de ceci : « À l'un manque un œil, à l'autre une oreille, un troisième n'a plus de jambes, et il y en a d'autres qui ont perdu la langue, ou bien le nez, ou bien encore la tête. »

Je vois et j'ai vu de pires choses et il y en a de si épouvantables que je ne voudrais pas parler de chacune et pas même me taire sur plusieurs : j'ai vu des hommes qui manquent de tout, sauf qu'ils ont quelque chose de trop – des hommes qui ne sont rien d'autre qu'un grand œil ou une grande bouche ou un gros ventre, ou n'importe quoi de grand, – je les appelle des infirmes à rebours.

Et lorsqu'en venant de ma solitude je passais pour la première fois sur ce pont : je n'en crus pas mes yeux, je ne cessai de regarder et je finis par dire : « Ceci est une oreille. Une oreille aussi grande qu'un homme. » Je regardais de plus près et, en vérité, derrière l'oreille se mouvait encore quelque chose qui était petit à faire pitié, pauvre et débile. Et, en vérité, l'oreille énorme se trouvait sur une petite tige mince, – et cette tige était un homme ! En regardant à travers une lunette on pouvait même reconnaître une petite figure envieuse ; et aussi une petite âme boursouflée qui tremblait au bout de la tige. Le peuple cependant me dit que la grande oreille était non seulement un homme, mais un grand homme, un génie. Mais je n'ai jamais cru le peuple, lorsqu'il parlait de grands hommes – et j'ai gardé mon idée que c'était un infirme à rebours qui avait de tout trop peu et trop d'une chose.

Lorsque Zarathoustra eut ainsi parlé au bossu et à ceux dont le bossu était l'interprète et le mandataire, il se tourna du côté de ses disciples, avec un profond mécontentement, et il leur dit :

En vérité, mes amis, je marche parmi les hommes comme parmi des fragments et des membres d'homme !

Ceci est pour mon œil la chose la plus épouvantable que de voir les hommes brisés et dispersés comme s'ils étaient couchés sur un champ de carnage.

Et lorsque mon œil fuit du présent au passé, il trouve toujours la même chose : des fragments, des membres et des hasards épouvantables – mais point d'hommes !

Le présent et le passé sur la terre – hélas ! Mes amis – voilà pour moi les choses les plus insupportables ; et je ne saurais point vivre si je n'étais pas un visionnaire de ce qui doit fatalement venir.

Visionnaire, volontaire, créateur, avenir lui-même et pont vers l'avenir – hélas ! en quelque sorte aussi un infirme, debout sur ce pont : Zarathoustra est tout cela.

Et vous aussi, vous vous demandez souvent : « Qui est pour nous Zarathoustra ? Comment pouvons-nous le nommer ? » Et comme chez moi, vos réponses ont été des questions.

Est-il celui qui promet ou celui qui accomplit ? Un conquérant ou bien un héritier ? L'automne ou bien le soc d'une charrue ? Un médecin ou bien un convalescent ?

Est-il poète ou bien dit-il la vérité ? Est-il libérateur ou dompteur ? Bon ou méchant ?

Je marche parmi les hommes, fragments de l'avenir : de cet avenir que je contemple dans mes visions.

Et toutes mes pensées tendent à rassembler et à unir en une seule chose ce qui est fragment et énigme et épouvantable hasard.

Et comment supporterais-je d'être homme, si l'homme n'était pas aussi poète, devineur d'énigmes et rédempteur du hasard !

Sauver ceux qui sont passés, et transformer tout « ce qui était » en « ce que je voudrais que ce fût » ! – c'est cela seulement que j'appellerai rédemption !

Volonté – c'est ainsi que s'appelle le libérateur et le messager de joie. C'est là ce que je vous enseigne, mes amis ! Mais apprenez cela aussi : la volonté elle-même est encore prisonnière.

Vouloir délivre : mais comment s'appelle ce qui enchaîne même le libérateur ?

« Ce fut » : c'est ainsi que s'appelle le grincement de dents et la plus solitaire affliction de la volonté. Impuissante envers tout ce qui a été fait – la volonté est pour tout ce qui est passé un méchant spectateur.

La volonté ne peut pas vouloir agir en arrière ; ne pas pouvoir briser le temps et le désir du temps, – c'est là la plus solitaire affliction de la volonté.

Vouloir délivre : qu'imagine la volonté elle-même pour se délivrer de son affliction et pour narguer son cachot ?

Hélas ! Tout prisonnier devient un fou ! La volonté prisonnière, elle aussi, se délivre avec folie.

Que le temps ne recule pas, c'est là sa colère ; « ce qui fut » – ainsi s'appelle la pierre que la volonté ne peut soulever.

Et c'est pourquoi, par rage et par dépit, elle soulève des pierres et elle se venge de celui qui n'est pas, comme elle, rempli de rage et de dépit.

Ainsi la volonté libératrice est devenue malfaisante ; et elle se venge sur tout ce qui est capable de souffrir de ce qu'elle ne peut revenir elle-même en arrière.

Ceci, oui ceci seul est la *vengeance* même : la répulsion de la volonté contre le temps et son « ce fut ».

En vérité, il y a une grande folie dans notre volonté ; et c'est devenu la malédiction de tout ce qui est humain que cette folie ait appris à avoir de l'esprit !

L'esprit de la vengeance : mes amis, c'est là ce qui fut jusqu'à présent la meilleure réflexion des hommes ; et, partout où il y a douleur, il devrait toujours y avoir châtiment.

« Châtiment », c'est ainsi que s'appelle elle-même la vengeance : avec un mot mensonger elle simule une bonne conscience.

Et comme chez celui qui veut il y a de la souffrance, puisqu'il ne peut vouloir en arrière, – la volonté elle-même et toute vie devraient être – punition !

Et ainsi un nuage après l'autre s'est accumulé sur l'esprit : jusqu'à ce que la folie ait proclamé : « Tout passe, c'est pourquoi tout mérite de passer ! »

« Ceci est la justice même, qu'il faille que le temps dévore ses enfants » : ainsi a proclamé la folie.

« Les choses sont ordonnées moralement d'après le droit et le châtiment. Hélas ! où trouver la délivrance du fleuve des choses et de « l'existence », ce châtiment ? » Ainsi a proclamé la folie.

« Peut-il y avoir rédemption s'il y a un droit éternel ? Hélas ! on ne peut soulever la pierre du passé : il faut aussi que tous les châtiments soient éternels ! » Ainsi a proclamé la folie.

« Nul acte ne peut être détruit : comment pourrait-il être supprimé par le châtiment ! Ceci, oui ceci est ce qu'il y a d'éternel dans l'« existence », ce châtiment, que l'existence doive redevenir éternellement action et châtiment !

« À moins que la volonté ne finisse pas de délivrer elle-même, et que le vouloir devienne non-vouloir – » : cependant, mes frères, vous connaissez ces chansons de la folie !

Je vous ai conduits loin de ces chansons, lorsque je vous ai enseigné : « La volonté est créatrice. »

Tout ce « qui fut » est fragment et énigme et épouvantable hasard – jusqu'à ce que la volonté créatrice ajoute : « Mais c'est ainsi que je le voulais ! »

Jusqu'à ce que la volonté créatrice ajoute : « Mais c'est ainsi que je le veux ! C'est ainsi que je le voudrai. »

A-t-elle cependant déjà parlé ainsi ? Et quand cela arrivera-t-il ? La volonté est-elle déjà délivrée de sa propre folie ?

La volonté est-elle déjà devenue, pour elle-même, rédemptrice et messagère de joie ? A-t-elle désappris l'esprit de vengeance et tous les grincements de dents ?

Et qui donc lui a enseigné la réconciliation avec le temps et quelque chose de plus haut que ce qui est réconciliation ?

Il faut que la volonté, qui est la volonté de puissance, veuille quelque chose de plus haut que la réconciliation, – : mais comment ? Qui lui enseignera encore à vouloir en arrière ?

Mais en cet endroit de son discours, Zarathoustra s'arrêta soudain, semblable à quelqu'un qui s'effraie extrêmement. Avec des yeux épouvantables, il regarda ses disciples ; son regard pénétrait comme une flèche leurs pensées et leurs arrière-pensées. Mais au bout d'un moment, il recommença déjà à rire et il dit avec calme :

« Il est difficile de vivre parmi les hommes, parce qu'il est si difficile de se taire. Surtout pour un bavard. » –

Ainsi parla Zarathoustra. Mais le bossu avait écouté la conversation en se cachant le visage ; lorsqu'il entendit rire Zarathoustra, il éleva son regard avec curiosité et dit lentement :

« Pourquoi Zarathoustra nous parle-t-il autrement qu'à ses disciples ? »

Zarathoustra répondit : « Qu'y a-t-il là d'étonnant ? Avec des bossus on peut bien parler sur un ton biscornu ! »

« Bien ! dit le bossu ; et avec des élèves on peut faire le pion.

Mais pourquoi Zarathoustra parle-t-il autrement à ses disciples   qu'à   lui-même ? »

De la sagesse des hommes

Ce n'est pas la hauteur : c'est la pente qui est terrible !

La pente d'où le regard se précipite dans le *vide* et d'où la main se tend vers le *sommet*. C'est là que le vertige de sa double volonté saisit le cœur.

Hélas ! mes amis, devinez-vous aussi la double volonté de mon cœur ?

Ceci, ceci est *ma* pente et mon danger que mon regard se précipite vers le sommet, tandis que ma main voudrait s'accrocher et se soutenir – dans le vide !

C'est à l'homme que s'accroche ma volonté, je me lie à l'homme avec des chaînes, puisque je suis attiré vers le Surhomme ; car c'est là que veut aller mon autre volonté.

Et c'est *pourquoi* je vis aveugle parmi les hommes, comme si je ne les connaissais point : afin que ma main ne perde pas entièrement sa foi en les choses solides.

Je ne vous connais pas, vous autres hommes : c'est là l'obscurité et la consolation qui m'enveloppe souvent.

Je suis assis devant le portique pour tous les coquins et je demande : Qui veut me tromper ?

Ceci est ma première sagesse humaine de me laisser tromper, pour ne pas être obligé de me tenir sur mes gardes à cause des trompeurs.

Hélas ! si j'étais sur mes gardes devant l'homme, comment l'homme pourrait-il être une ancre pour mon ballon ! Je serais trop facilement arraché, attiré en haut et au loin !

Qu'il faille que je sois sans prudence, c'est là la providence qui est au-dessus de ma destinée.

Et celui qui ne veut pas mourir de soif parmi les hommes doit apprendre à boire dans tous les verres ; et qui veut rester pur parmi les hommes doit apprendre à se laver avec de l'eau sale.

Et voici ce que je me suis souvent dit pour me consoler : « Eh bien ! Allons ! Vieux cœur ! Un malheur ne t'a pas réussi : jouis-en comme d'un – bonheur ! »

Cependant ceci est mon autre sagesse humaine : je ménage les vaniteux plus que les fiers.

La vanité blessée n'est-elle pas mère de toutes les tragédies ? Mais où la fierté est blessée, croît quelque chose de meilleur qu'elle.

Pour que la vie soit bonne à regarder il faut que son jeu soit bien joué : mais pour cela il faut de bons acteurs.

J'ai trouvé bons acteurs tous les vaniteux : ils jouent et veulent qu'on aime à les regarder, – tout leur esprit est dans cette volonté.

Ils se représentent, ils s'inventent ; auprès d'eux j'aime à regarder la vie, – ainsi se guérit la mélancolie.

C'est pourquoi je ménage les vaniteux, puisqu'ils sont les médecins de ma mélancolie, et puisqu'ils m'attachent à l'homme comme à un spectacle.

Et puis : qui mesure dans toute sa profondeur la modestie du vaniteux ! Je veux du bien au vaniteux et j'ai pitié de lui à cause de sa modestie.

C'est de vous qu'il veut apprendre la foi en soi-même ; il se nourrit de vos regards, c'est dans votre main qu'il cueille l'éloge.

Il aime à croire en vos mensonges, dès que vous mentez bien sur son compte : car au fond de son cœur il soupire : « Que suis-je ? »

Et si la vraie vertu est celle qui ne sait rien d'elle-même, eh bien ! le vaniteux ne sait rien de sa modestie ! –

Mais ceci est ma troisième sagesse humaine que je ne laisse pas votre timidité me dégoûter de la vue des *méchants*.

Je suis bienheureux de voir les miracles que fait éclore l'ardent soleil : ce sont des tigres, des palmiers et des serpents à sonnettes.

Parmi les hommes aussi il y a de belles couvées d'ardent soleil et chez les méchants bien des choses merveilleuses.

Il est vrai que, de même que les plus sages parmi vous ne me paraissaient pas tout à fait sages : ainsi j'ai trouvé la méchanceté des hommes au-dessous de sa réputation.

Et souvent je me suis demandé en secouant la tête : pourquoi sonnez-vous encore, serpents à sonnettes ?

En vérité, il y a un avenir, même pour le mal, et le midi le plus ardent n'est pas encore découvert pour l'homme.

Combien y a-t-il de choses que l'on nomme aujourd'hui déjà les pires des méchancetés et qui pourtant ne sont que larges de douze pieds et longues de trois mois ! Mais un jour viendront au monde de plus grands dragons.

Car pour le Surhomme ait son dragon, le sur-dragon qui soit digne de lui, il faut que beaucoup d'ardents soleils réchauffent les humides forêts vierges !

Il faut que vos sauvages soient devenus des tigres et vos crapauds venimeux des crocodiles : car il faut que le bon chasseur fasse bonne chasse !

Et en vérité, justes et bons ! Il y a chez vous bien des choses qui prêtent à rire et surtout votre crainte de ce qui jusqu'à présent a été appelé « démon » !

Votre âme est si loin de ce qui est grand que le Surhomme vous serait *épouvantable* dans sa bonté !

Et vous autres sages et savants, vous fuiriez devant l'ardeur ensoleillée de la sagesse où le Surhomme baigne la joie de sa nudité !

Vous autres hommes supérieurs que mon regard a rencontrés ! ceci est mon doute sur vous et mon secret : je devine que vous traiteriez mon Surhomme de – démon !

Hélas ! je me suis fatigué de ces hommes supérieurs, je suis fatigué des meilleurs d'entre eux : j'ai le désir de monter de leur « hauteur », toujours plus haut, loin d'eux, vers le Surhomme !

Un frisson m'a pris lorsque je vis nus les meilleurs d'entre eux : alors des ailes m'ont poussé pour planer ailleurs dans des avenirs lointains.

Dans des avenirs plus lointains, dans les midis plus méridionaux que jamais artiste n'en a rêvés : là-bas où les dieux ont honte de tous les vêtements !

Mais je veux vous voir travestis, vous, ô hommes, mes frères et mes prochains, et bien parés, et vaniteux, et dignes, vous les « bons et justes ». –

Et je veux être assis parmi vous, travesti moi-même, afin de vous *méconnaître* et de me méconnaître moi-même : car ceci est ma dernière sagesse humaine. –

Ainsi   parlait   Zarathoustra.

L'heure la plus silencieuse

Que m'est-il arrivé, mes amis ? Vous me voyez bouleversé, égaré, obéissant malgré moi, prêt à m'en aller – hélas ! à m'en aller loin de vous.

Oui, il faut que Zarathoustra retourne encore une fois à sa solitude, mais cette fois-ci l'ours retourne sans joie à sa caverne !

Que m'est-il arrivé ? Qui m'oblige à partir ? – Hélas ! l'Autre, qui est ma maîtresse en colère, le veut ainsi, elle m'a parlé ; vous ai-je jamais dit son nom ?

Hier, vers le soir, *mon heure la plus silencieuse* m'a parlé : c'est là le nom de ma terrible maîtresse.

Et voilà ce qui s'est passé, – car il faut que je vous dise tout, pour que votre cœur ne s'endurcisse point contre celui qui s'en va précipitamment !

Connaissez-vous la terreur de celui qui s'endort ? –

Il s'effraye de la tête aux pieds, car le sol vient à lui manquer et le rêve commence.

Je vous dis ceci en guise de parabole. Hier à l'heure la plus silencieuse le sol m'a manqué : le rêve commença.

L'aiguille s'avançait, l'horloge de ma vie respirait, jamais je n'ai entendu un tel silence autour de moi : en sorte que mon cœur s'en effrayait.

Soudain j'entendis l'*Autre* qui me disait sans voix : « *Tu le sais Zarathoustra.* » –

Et je criais d'effroi à ce murmure, et le sang refluait de mon visage, mais je me tus.

Alors l'*Autre* reprit sans voix : « Tu le sais, Zarathoustra, mais tu ne le dis pas ! » –

Et je répondis enfin, avec un air de défi : « Oui, je le sais, mais je ne veux pas le dire ! »

Alors l'*Autre* reprit sans voix : « Tu ne *veux* pas, Zarathoustra ? Est-ce vrai ? Ne te cache pas derrière cet air de défi ! » –

Et moi de pleurer et de trembler comme un enfant et de dire : « Hélas ! je voudrais bien, mais comment le puis-je ? Fais-moi grâce de cela ! C'est au-dessus de mes forces ! »

Alors l'*Autre* repris sans voix : « Qu'importe de toi, Zarathoustra ? Dis ta parole et brise-toi ! » –

Et je répondis : « Hélas ! est-ce ma parole ? Qui suis-je ? J'en attends un plus digne que moi ; je ne suis pas digne, même de me briser contre lui. »

Alors l'*Autre* repris sans voix : « Qu'importe de toi ? Tu n'es pas encore assez humble à mon gré, l'humilité a la peau la plus dure. »

Et je répondis : « Que n'a pas déjà supporté la peau de mon humilité ! J'habite eux pieds de ma hauteur : l'élévation de mes sommets, personne ne me l'a jamais indiquée, mais je connais bien mes vallées. »

Alors l'*Autre* reprit sans voix : « Ô Zarathoustra, qui a des montagnes à déplacer, déplace aussi des vallées et des bas-fonds. » –

Et je répondis : « Ma parole n'a pas encore déplacé de montagnes et ce que j'ai dit n'a pas atteint les hommes. Il est vrai que je suis allé chez les hommes, mais je ne les ai pas encore atteints. »

Alors l'*Autre* reprit sans voix : « Qu'en sais-tu ? La rosée tombe sur l'herbe au moment le plus silencieux de la nuit. » –

Et je répondis : « Ils se sont moqués de moi lorsque j'ai découvert et suivi ma propre vie ; et en vérité mes pieds tremblaient alors. »

Et ils m'ont dit ceci : tu ne sais plus le chemin, et maintenant tu ne sais même plus marcher ! »

Alors l'*Autre* reprit sans voix : « Qu'importent leurs moqueries ! Tu es quelqu'un qui désappris d'obéir : maintenant tu dois commander.

Ne sais-tu pas quel est celui dont tous ont le plus besoin. Celui qui ordonne de grandes choses.

Accomplir de grandes choses est difficile : plus difficile encore d'ordonner de grandes choses.

Et voici ta faute la plus impardonnable : tu as la puissance et tu ne veux pas régner. »

Et je répondis : « il me manque la voix du lion pour commander. »

Alors l'*Autre* me dit encore comme en un murmure : « Ce sont les paroles les plus silencieuses qui apportent la tempête.

Ce sont les pensées qui viennent comme portées sur des pattes de colombes qui dirigent le monde.

Ô Zarathoustra, tu dois aller comme le fantôme de ce qui viendra un jour ; ainsi tu commanderas et, en commandant, tu iras de l'avant. » –

Et je répondis : « J'ai honte. »

Alors l'*Autre* me dit de nouveau sans voix : « Il te faut redevenir enfant et sans honte.

L'orgueil de la jeunesse est encore sur toi, tu es devenu jeune sur le tard : mais celui qui veut devenir enfant doit surmonter aussi sa jeunesse. » –

Et je réfléchis longtemps en tremblant. Enfin je répétai ma première réponse : « Je ne veux pas ! » Alors il se fit autour de moi comme un éclat de rire. Hélas ! que ce rire me déchirait les entrailles et me fendait le cœur !

Et une dernière fois l'*Autre* me dit : « Ô Zarathoustra, tes fruits sont mûrs, mais toi tu n'es pas mûr encore pour tes fruits !

Il te faut donc retourner à la solitude, afin que ta dureté s'amollisse davantage. » –

Et de nouveau il y eut comme un rire et une fuite : puis tout autour de moi se fit silencieux comme un double silence. Mais moi j'étais couché par terre, baigné de sueur.

Maintenant vous avez tout entendu. C'est pourquoi il faut que je retourne à ma solitude. Je ne vous ai rien caché, mes amis.

Cependant je vous ai aussi appris à savoir quel est toujours le plus discret parmi les hommes – et qui veut être discret !

Hélas ! mes amis ! J'aurais encore quelque chose à vous dire, j'aurais encore quelque chose à vous donner ! Pourquoi est-ce que je ne vous le donne pas ? Suis-je donc avare ?

Mais lorsque Zarathoustra eut dit ces paroles, la puissance de sa douleur s'empara de lui à la pensée de bientôt quitter ses amis, en sorte qu'il se mit à sangloter ; et personne ne parvenait à le consoler. Pourtant de nuit il s'en alla tout seul, en laissant là ses   amis.

Partie 3

« Vous regardez en haut quand vous aspirez à l'élévation. Et moi je regarde en bas puisque je suis élevé.

« Qui de vous peut en même temps rire et être élevé. Celui qui plane sur les hautes montagnes se rit de toutes les tragédies de la scène et de la vie. »

Zarathoustra, I,
Lire et écrire.

Le voyageur

Il était minuit quand Zarathoustra se mit en chemin par-dessus la crête et de l'île pour arriver le matin de très bonne heure à l'autre rive : car c'est là qu'il voulait s'embarquer. Il y avait sur cette rive une bonne rade où des vaisseaux étrangers aimaient à jeter l'ancre ; ils emmenaient avec eux quelques-uns d'entre ceux des Îles Bienheureuses qui voulaient passer la mer. Zarathoustra, tout en montant la montagne, songea en route aux nombreux voyages solitaires qu'il avait accomplis depuis sa jeunesse, et combien de montagnes, de crêtes et de sommets il avait déjà gravis.

Je suis un voyageur et un grimpeur de montagnes, dit-il à son cœur, je n'aime pas les plaines et il me semble que je ne puis pas rester tranquille longtemps.

Et quelle que soit ma destinée, quel que soit l'événement qui m'arrive, – ce sera toujours pour moi un voyage ou une ascension : on finit par ne plus vivre que ce que l'on a en soi.

Les temps sont passés où je pouvais m'attendre aux événements du hasard, et *que m'adviendrait-il encore* qui ne m'appartienne déjà ?

Il ne fait que me revenir, il est enfin de retour – mon propre moi, et voici toutes les parties de lui-même qui furent longtemps à l'étranger et dispersées parmi toutes les choses et tous les hasards.

Et je sais une chose encore : je suis maintenant devant mon dernier sommet et devant ce qui m'a été épargné le plus longtemps. Hélas ! il faut que je suive mon chemin le plus difficile ! Hélas ! J'ai commencé mon plus solitaire voyage !

Mais celui qui est de mon espèce n'échappe pas à une pareille heure, l'heure qui lui dit : « C'est maintenant seulement que tu suis ton chemin de la grandeur ! Le sommet et l'abîme se sont maintenant confondus !

Tu suis ton chemin de la grandeur : maintenant ce qui jusqu'à présent était ton dernier danger est devenu ton dernier asile !

Tu suis ton chemin de la grandeur : il faut maintenant que ce soit ton meilleur courage de n'avoir plus de chemin derrière toi !

Tu suis ton chemin de la grandeur : ici personne ne se glissera à ta suite ! Tes pas eux-mêmes ont effacé ton chemin derrière toi, et au-dessus de ton chemin il est écrit : Impossibilité.

Et si dorénavant toutes les échelles te manquent, il faudra que tu saches grimper sur ta propre tête : comment voudrais-tu faire autrement pour monter plus haut ?

Sur ta propre tête et au delà, par-dessus ton propre cœur ! Maintenant ta chose la plus douce va devenir la plus dure.

Chez celui qui s'est toujours beaucoup ménagé, l'excès de ménagement finit par devenir une maladie. Béni soit ce qui rend dur ! Je ne vante pas le pays où coulent le beurre et le miel !

Pour voir beaucoup de choses il faut apprendre à *voir loin de soi* : – cette dureté est nécessaire pour tous ceux qui gravissent les montagnes.

Mais celui qui cherche la connaissance avec des yeux indiscrets, comment saurait-il voir autre chose que les idées de premier plan !

Mais toi, ô Zarathoustra ! tu voulais apercevoir toutes les raisons et l'arrière-plan des choses : il te faut donc passer sur toi-même pour monter – au delà, plus haut, jusqu'à ce que tes étoiles elles-mêmes soient *au-dessous* de toi !

Oui ! Regarder en bas sur moi-même et sur mes étoiles : ceci seul serait pour moi le sommet, ceci demeure pour moi le dernier *sommet* à gravir ! –

Ainsi se parlait à lui-même Zarathoustra, tandis qu'il montait, consolant son cœur avec de dures maximes : car il avait le cœur plus blessé que jamais. Et lorsqu'il arriva sur la hauteur de la crête, il vit l'autre mer qui était étendue devant lui : alors il demeura immobile et il garda longtemps le silence. Mais à cette hauteur la nuit était froide et claire et étoilée.

Je reconnais mon sort, dit-il enfin avec tristesse. Allons ! je suis prêt. Ma dernière solitude vient de commencer.

Ah ! Mer triste et noire au-dessous de moi ! Ah ! Sombre et nocturne mécontentement ! Ah ! Destinée, océan ! C'est vers vous qu'il faut que je *descende* !

Je suis devant ma plus haute montagne et devant mon plus long voyage : c'est pourquoi il faut que je descende plus bas que je ne suis jamais monté : plus bas dans la douleur que je ne suis jamais descendu, jusque dans l'onde la plus noire de douleur ! Ainsi le veut ma destinée : Eh bien ! Je suis prêt.

D'où viennent les plus hautes montagnes ? C'est que j'ai demandé jadis. Alors, j'ai appris qu'elles viennent de la mer.

Ce témoignage est écrit dans leurs rochers et dans les pics de leurs sommets. C'est du plus bas que le plus haut doit atteindre son sommet. –

Ainsi parlait Zarathoustra au sommet de la montagne où il faisait froid ; mais lorsqu'il arriva près de la mer et qu'il finit par être seul parmi les récifs, il se sentit fatigué de sa route et plus que jamais rempli de désir.

Tout dort encore maintenant, dit-il ; la mer aussi est endormie. Son œil regarde vers moi, étrange et somnolent.

Mais son haleine est chaude, je le sens. Et je sens aussi qu'elle rêve. Elle s'agite, en rêvant, sur de durs coussins.

Écoute ! Écoute ! Comme les mauvais souvenirs lui font pousser des gémissements ! ou bien sont-ce de mauvais présages ?

Hélas ! je suis triste avec toi, monstre obscur, et je m'en veux à moi-même à cause de toi.

Hélas ! pourquoi ma main n'a-t-elle pas assez de force ! Que j'aimerais vraiment te délivrer des mauvais rêves ! –

Tandis que Zarathoustra parlait ainsi, il se mit à rire sur lui-même avec mélancolie et amertume. Comment ! Zarathoustra ! dit-il, tu veux encore chanter des consolations à la mer ?

Hélas ! Zarathoustra, fou riche d'amour, ivre de confiance ? Mais tu fus toujours ainsi : tu t'es toujours approché familièrement de toutes les choses terribles.

Tu voulais caresser tous les monstres. Le souffle d'une chaude haleine, un peu de souple fourrure aux pattes – : et immédiatement tu étais prêt à aimer et à attirer à toi.

L'amour est le danger du plus solitaire ; l'amour de toute chose *pourvu qu'elle soit vivante* ! Elles prêtent vraiment à rire, ma folie et ma modestie dans l'amour ! –

Ainsi parlait Zarathoustra et il se mit à rire une seconde fois : mais alors il pensa à ses amis abandonnés, et, comme si, dans ses pensées, il avait péché contre eux, il fut fâché contre lui-même à cause de sa pensée. Et aussitôt il advint que tout en riant il se mit à pleurer : – Zarathoustra pleura amèrement de colère et de désir.

De la vision et de l'énigme

1.

Lorsque, parmi les matelots, il fut notoire que Zarathoustra se trouvait sur le vaisseau – car en même temps que lui un homme des Îles Bienheureuses était venu à bord, – il y eut une grande curiosité et une grande attente. Mais Zarathoustra se tut pendant deux jours et il fut glacé et sourd de tristesse, en sorte qu'il ne répondit ni aux regards ni aux questions. Le soir du second jour, cependant, ses oreilles s'ouvrirent de nouveau bien qu'il se tût encore : car on pouvait entendre bien des choses étranges et dangereuses sur ce vaisseau qui venait de loin et qui voulait aller plus loin encore. Mais Zarathoustra était l'ami de tous ceux qui font de longs voyages et qui ne daignent pas vivre sans danger. Et voici ! Tout en écoutant, sa propre langue finit par être déliée et la glace de son cœur se brisa : – alors il commença à parler ainsi :

À vous, chercheurs hardis et aventureux, qui que vous soyez, vous qui vous êtes embarqués avec des voiles pleines d'astuce, sur les mers épouvantables, – à vous qui êtes ivres d'énigmes, heureux du demi-jour, vous dont l'âme se laisse attirer par le son des flûtes dans tous les remous trompeurs :

– car vous ne voulez pas tâtonner d'une main peureuse le long du fil conducteur ; et partout où vous pouvez *deviner*, vous détestez de *conclure* –

c'est à vous seuls que je raconte l'énigme que j'ai vue, – la vision du plus solitaire. –

Le visage obscurci, j'ai traversé dernièrement le blême crépuscule, – le visage obscurci et dur, et les lèvres serrées. Plus d'un soleil s'était couché pour moi.

Un sentier qui montait avec insolence à travers les éboulis, un sentier méchant et solitaire qui ne voulait plus ni des herbes ni des buissons, un sentier de montagne criait sous le défi de mes pas.

Marchant, muet, sur le crissement moqueur des cailloux, écrasant la pierre qui le faisait glisser, mon pas se contraignait à monter.

Plus haut : – quoiqu'il fût assis sur moi, l'esprit de lourdeur, moitié nain, moitié taupe, paralysé, paralysant, versant du plomb dans mon oreille, versant dans mon cerveau, goutte à goutte, des pensées de plomb.

« Ô Zarathoustra, me chuchotait-il, syllabe par syllabe, d'un ton moqueur, pierre de la sagesse ! tu t'es lancé en l'air, mais toute pierre jetée doit – retomber !

Zarathoustra, pierre de la sagesse, pierre lancée, destructeur d'étoiles ! c'est toi-même que tu as lancé si haut, – mais toute pierre jetée doit – retomber !

Condamné à toi-même et à ta propre lapidation : ô Zarathoustra, tu as jeté bien loin la pierre, – mais elle retombera sur *toi* ! »

Alors le nain se tut ; et son silence dura longtemps, en sorte que j'en fus oppressé ; ainsi lorsqu'on est deux, on est en vérité plus solitaire que lorsque l'on est seul !

Je montai, je montai davantage, en rêvant et en pensant, – mais tout m'oppressait. Je ressemblais à un malade que fatigue l'âpreté de sa souffrance, et qu'un cauchemar réveille de son premier sommeil. –

Mais il y a quelque chose en moi que j'appelle courage : c'est ce qui a fait faire jusqu'à présent en moi tout mouvement d'humeur. Ce courage me fit enfin m'arrêter et dire : « Nain ! L'un de nous deux doit disparaître, toi, ou bien moi ! » –

Car le courage est le meilleur meurtrier, – le courage qui *attaque* : car dans toute attaque il y a une fanfare.

L'homme cependant est la bête la plus courageuse, c'est ainsi qu'il a vaincu toutes les bêtes. Au son de la fanfare, il a surmonté toutes les douleurs ; mais la douleur humaine est la plus profonde douleur.

Le courage tue aussi le vertige au bord des abîmes : et où l'homme ne serait-il pas au bord des abîmes ? Ne suffit-il pas de regarder – pour regarder des abîmes ?

Le courage est le meilleur des meurtriers : le courage tue aussi la pitié. Et la pitié est l'abîme le plus profond : l'homme voit au fond de la souffrance, aussi profondément qu'il voit au fond de la vie.

Le courage cependant est le meilleur des meurtriers, le courage qui attaque : il finira par tuer la mort, car il dit :

« Comment ? était-ce là la vie ? Allons ! Recommençons encore une fois ! »

Dans une telle maxime, il y a beaucoup de fanfare. Que celui qui a des oreilles entende. –

2.

« Arrête-toi ! Nain ! Dis-je. Moi ou bien toi ! Mais moi je suis le plus fort de nous deux – : tu ne connais pas ma pensée la plus profonde ! *Celle-là* tu ne saurais la porter ! » –

Alors arriva ce qui me rendit plus léger : le nain sauta de mes épaules, l'indiscret ! Il s'accroupit sur une pierre devant moi. Mais à l'endroit où nous nous arrêtions se trouvait comme par hasard un portique.

« Vois ce portique ! Nain ! Repris-je : il a deux visages. Deux chemins se réunissent ici : personne encore ne les a suivis jusqu'au bout.

Cette longue rue qui descend, cette rue se prolonge durant une éternité et cette longue rue qui monte – c'est une autre éternité.

Ces chemins se contredisent, ils se butent l'un contre l'autre : – et c'est ici, à ce portique, qu'ils se rencontrent. Le nom du portique se trouve inscrit à un fronton, il s'appelle « instant ».

Mais si quelqu'un suivait l'un de ces chemins – en allant toujours plus loin : crois-tu nain, que ces chemins seraient en contradiction ! » –

« Tout ce qui est droit ment, murmura le nain avec mépris. Toute vérité est courbée, te temps lui-même est un cercle. »

« Esprit de la lourdeur ! Dis-je avec colère, ne prends pas la chose trop à la légère ! Ou bien je te laisse là, pied-bot – et n'oublie pas que c'est moi qui t'ai porté *là-haut* !

Considère cet instant ! Repris-je. De ce portique du moment une longue et éternelle rue retourne *en arrière* : derrière nous il y a une éternité.

Toute chose qui *sait* courir ne doit-elle pas avoir parcouru cette rue ? Toute chose qui peut arriver ne doit-elle pas être déjà arrivée, accomplie, passée ?

Et si tout ce qui est a déjà été : que penses-tu, nain, de cet instant ? Ce portique lui aussi ne doit-il pas déjà – avoir été ?

Et toutes choses ne sont-elles pas enchevêtrées de telle sorte que cet instant tire après lui *toutes* les choses de l'avenir ? *Donc* – aussi lui-même ?

Car toute chose qui *sait* courir ne *doit*-elle pas suivre une seconde fois cette longue route qui monte ! –

Et cette lente araignée qui rampe au clair de lune, et ce clair de lune lui-même, et moi et toi, réunis sous ce portique, chuchotant des choses éternelles, ne faut-il pas que nous ayons tous déjà été ici ?

Ne devons-nous pas revenir et courir de nouveau dans cette autre rue qui monte devant nous, dans cette longue rue lugubre – ne faut-il pas qu'éternellement nous revenions ? – »

Ainsi parlais-je et d'une voix toujours plus basse, car j'avais peur de mes propres pensées et de mes arrière-pensées. Alors soudain j'entendis un chien *hurler* tout près de nous.

Ai-je jamais entendu un chien hurler ainsi ? Mes pensées essayaient de se souvenir en retournant en arrière. Oui ! Lorsque j'étais enfant, dans ma plus lointaine enfance :

c'est alors que j'entendis un chien hurler ainsi. Et je le vis aussi, le poil hérissé, le cœur tendu, tremblant, au milieu de la nuit la plus silencieuse, où les chiens eux-mêmes croient aux fantômes : –

en sorte que j'eus pitié de lui. Car, tout à l'heure, la pleine lune s'est levée au-dessus de la maison, avec un silence de mort ; tout à l'heure elle s'est arrêtée, disque enflammé, – sur le toit plat, comme sur un bien étranger :

C'est ce qui exaspéra le chien : car les chiens croient aux voleurs et aux fantômes. Et lorsque j'entendis de nouveau hurler ainsi, je fus de nouveau prit de pitié.

Où donc avaient passé maintenant le nain, le portique, l'araignée et tous les chuchotements ? Avais-je donc rêvé ? M'étais-je éveillé ? Je me trouvai soudain parmi de sauvages rochers, seul, abandonné au clair de lune solitaire.

Mais un homme gisait là ! Et voici ! le chien bondissant, hérissé, gémissant, – maintenant qu'il me voyait venir – se mit à hurler, à crier : – ai-je jamais entendu un chien crier ainsi au secours ?

Et, en vérité, je n'ai jamais rien vu de semblable à ce que je vis là. Je vis un jeune berger, qui se tordait, râlant et convulsé, le visage décomposé, et un lourd serpent noir pendant hors de sa bouche.

Ai-je jamais vu tant de dégoût et de pâle épouvante sur un visage ! Il dormait peut-être lorsque le serpent lui est entré dans le gosier – il s'y est attaché.

Ma main se mit à tirer le serpent, mais je tirais en vain ! elle n'arrivait pas à arracher le serpent du gosier. Alors quelque chose se mit à crier en moi : « Mords ! Mords toujours ! »

Arrache-lui la tête ! Mords toujours ! » – C'est ainsi que quelque chose se mit à crier en moi ; mon épouvante, ma haine, mon dégoût, ma pitié, tout mon bien et mon mal, se mirent à crier en moi d'un seul cri. –

Braves, qui m'entourez, chercheurs hardis et aventureux, et qui que vous soyez, vous qui vous êtes embarqués avec des voiles astucieuses sur les mers inexplorées ! vous qui êtes heureux des énigmes !

Devinez-moi donc l'énigme que je vis alors et expliquez-moi la vision du plus solitaire !

Car ce fut une vision et une prévision : – *quel* symbole était-ce que je vis alors ? Et *quel* est celui qui doit venir !

Qui est le berger à qui le serpent est entré dans le gosier ? *Quel* est l'homme dont le gosier subira ainsi l'atteinte de ce qu'il y a de plus noir et de terrible ?

Le berger cependant se mit à mordre comme mon cri le lui conseillait, il mordit d'un bon coup de dent ! Il cracha loin de lui la tête du serpent – : et il bondit sur ses jambes. –

Il n'était plus ni homme, ni berger, – il était transformé, rayonnant, il *riait* ! Jamais encore je ne vis quelqu'un rire comme *lui* !

Ô mes frères, j'ai entendu un rire qui n'était pas le rire d'un homme, – – et maintenant une soif me ronge, un désir qui sera toujours insatiable.

Le désir de ce rire me ronge : oh ! Comment supporterais-je de mourir maintenant ! –

Ainsi   parlait   Zarathoustra.

De la béatitude involontaire

Avec de pareilles énigmes et de telles amertumes dans le cœur, Zarathoustra passa la mer. Mais lorsqu'il fut éloigné de quatre journées des Îles Bienheureuses et de ses amis, il avait surmonté toute sa douleur : – victorieux et le pied ferme, il était de nouveau debout sur sa destinée. Et c'est alors que Zarathoustra parlai ainsi à sa conscience pleine d'allégresse :

Je suis de nouveau seul et je veux l'être, seul avec le ciel clair et avec la mer libre ; et de nouveau l'après-midi est autour de moi.

C'était l'après-midi lorsque, pour la première fois, j'ai trouvé mes amis, c'était l'après-midi aussi une autre fois : – à l'heure où toute lumière devient plus tranquille, car les parcelles de bonheur qui sont en route entre le ciel et la terre se cherchent un asile dans les âmes de lumière. Maintenant le *bonheur* a rendu toute lumière plus tranquille.

Ô après-midi de ma vie ! Un jour *mon* bonheur, lui aussi, est descendu dans la vallée pour y chercher un asile : alors il a trouvé ces âmes ouvertes et hospitalières.

Ô après-midi de ma vie ! Que n'ai-je abandonné pour avoir une seule chose : cette vivante plantation de mes pensées et cette lumière matinale de mes plus hautes espérances !

Un jour le créateur chercha les compagnons et les enfants de son espérance. Et voici, il advint qu'il ne put les trouver, si ce n'est en commençant par les créer lui-même.

Je suis donc au milieu de mon œuvre, allant vers mes enfants et revenant d'auprès d'eux : c'est à cause de ses enfants qu'il faut que Zarathoustra s'accomplisse lui-même.

Car seul on aime du fond du cœur son enfant et son œuvre ; et où il y a un grand amour de soi, c'est signe de fécondité : voilà ce que j'ai remarqué.

Mes enfants fleurissent encore dans leur premier printemps, les uns auprès les autres, secoués ensemble par le vent, ce sont les arbres de mon jardin et de mon meilleur terrain.

Et en vérité ! Où il y a de tels arbres, les uns auprès des autres, là *il y a* des Îles Bienheureuses ! Mais un jour je les déplanterai et je les placerai chacun pour soi : afin que chacun apprenne la solitude, la fierté et la prudence.

Noueux et tordu, avec une dureté flexible, chacun doit se dresser auprès de la mer, phare vivant de la vie invincible.

Là-bas, où les tempêtes se précipitent dans la mer, où le pied de la montagne est baigné par les flots, il faudra que chacun monte la garde de jour et de nuit, veillant pour faire son examen de conscience.

Il faut qu'il soit reconnu et éprouvé, pour que l'on sache s'il est de ma race et de mon origine, s'il est maître d'une longue volonté, silencieux, même quand il parle, et cédant de façon à *prendre*, lorsqu'il donne : –

– afin de devenir un jour mon compagnon, créant et chômant avec Zarathoustra : – quelqu'un qui inscrira ma volonté sur mes tables, pour l'accomplissement total de toutes choses.

Et, à cause de lui et de ses semblables, il faut que je me réalise *moi*-même : c'est pourquoi je me dérobe maintenant à mon bonheur, m'offrant à tous les malheurs – pour *ma* dernière épreuve et mon dernier examen de conscience.

Et, en vérité, il était temps que je partisse, et l'ombre du voyageur et le temps le plus long et l'heure la plus silencieuse, – tous m'ont dit : « Il est grand temps ! »

Le vent a soufflé dans le trou de la serrure et m'a dit : « Viens ! » La porte s'est ouverte sournoisement et m'a dit : « Va ! »

Mais j'étais enchaîné à l'amour pour mes enfants : c'est le désir qui m'attachait par ce lien, le désir d'amour, afin de devenir la proie de mes enfants et de me perdre pour eux.

Désirer – pour moi c'est déjà : me perdre. *Je vous ai, mes enfants !* Dans cette possession, tout doit être certitude et rien ne doit être désir.

Mais le soleil de mon amour brûlait sur ma tête, Zarathoustra cuisait dans son propre jus, – alors des ombres et des doutes ont passé sur moi.

Déjà je désirais le froid et l'hiver : « Ô que le froid et l'hiver me fassent de nouveau grelotter et claquer des dents ! » soupirai-je : – alors des brumes glaciales s'élevèrent de moi.

Mon passé brisa ses tombes, mainte douleur enterrée vivante se réveilla – : elle n'avait fait que dormir cachée sous les linceuls.

Ainsi tout me disait par des signes : « Il est temps ! » Mais moi – je m'entendais pas : jusqu'à ce qu'enfin mon abîme se mis à remuer et que ma pensée me mordît.

Hélas ! pensée venue de mon abîme, toi qui es *ma* pensée ! Quand trouverai-je la force de t'entendre creuser et de ne plus trembler ?

Le cœur me bat jusqu'à la gorge quand je t'entends creuser ! Ton silence même veut m'étrangler, toi qui es silencieuse comme mon abîme est silencieux !

Jamais encore je n'ai osé t'appeler à la *surface* : il m'a suffi de te porter en moi ! Je n'ai pas encore été assez fort pour la dernière audace du lion, pour la dernière témérité.

Ta lourdeur m'a toujours été terrible : mais un jour je veux trouver la force et la voix du lion pour te faire monter à la surface !

Quand j'aurai surmonté cela en moi, je surmonterai une plus grande chose encore, et une *victoire* sera le sceau de mon accomplissement ! –

Jusque-là je continue à errer sur des mers incertaines ; le hasard me lèche et me cajole ; je regarde en avant, en arrière, – je ne vois pas encore la fin.

L'heure de ma dernière lutte n'est pas encore venue, – ou bien me vient-elle en ce moment ? En vérité, avec une beauté maligne, la mer et la vie qui m'entourent me regardent !

Ô après-midi de ma vie ! Ô bonheur avant le soir ! Ô rade en pleine mer ! Ô paix dans l'incertitude ! Comme je me méfie de vous tous !

En vérité, je me méfie de votre beauté maligne !

Je ressemble à l'amant qui se méfie d'un sourire trop velouté.

Comme il pousse devant lui la bien-aimée, tendre même encore dans sa dureté, le jaloux, – ainsi je pousse devant moi cette heure bienheureuse.

Loin de moi, heure bienheureuse ! Avec toi m'est venue, malgré moi, une béatitude ! Je suis là, prêt à ma plus profonde douleur : – tu es venue pour moi à contretemps !

Loin de moi, heure bienheureuse ! Cherche plutôt un asile là-bas – chez mes enfants ! Éloigne-toi en hâte ! Bénis-les avant le soir et donne leur *mon* bonheur !

Déjà le soir approche : le soleil se couche. Mon bonheur – s'en est allé ! –

Ainsi parlait Zarathoustra. Et il attendit son malheur toute la nuit : mais il attendit en vain. La nuit resta claire et silencieuse, et le bonheur lui-même s'approcha de lui de plus en plus près. Vers le matin, cependant, Zarathoustra se mit à rire en son cœur, et il dit d'un ton ironique : « Le bonheur me court après. Cela vient de ce que je ne cours pas après les femmes. Or, le bonheur est une femme. »

Avant le lever du soleil

Ô ciel au-dessus de moi, ciel clair, ciel profond ! abîme de lumière ! En te contemplant je frissonne de désir divin.

Me jeter à ta hauteur – c'est là *ma* profondeur ! M'abriter sous ta pureté, – c'est là *mon* innocence !

Le dieu est voilé par sa beauté : c'est ainsi que tu caches tes étoiles. Tu ne parles point : c'est *ainsi* que tu m'annonces ta sagesse.

Aujourd'hui tu t'es levé pour moi, muet sur les mers écumantes ; ton amour et ta pudeur se révèlent à mon âme écumante.

Tu es venu à moi, beau et voilé de ta beauté, tu me parles sans paroles, te révélant par ta sagesse :

Ô que n'ai-je deviné toutes les pudeurs de ton âme ! tu es venu à moi, *avant* le soleil, à moi qui suis le plus solitaire.

Nous sommes amis depuis toujours : notre tristesse, notre épouvante et notre profondeur nous sont communes ; le soleil même nous est commun.

Nous ne nous parlons pas parce que nous savons trop de choses : – nous nous taisons et, par des sourires, nous nous communiquons notre savoir.

N'es-tu pas la lumière jaillie de mon foyer ? n'es-tu pas l'âme sœur de mon intelligence ?

Nous avons tout appris ensemble ; ensemble nous avons appris à nous élever au-dessus de nous, vers nous-mêmes et à avoir des sourires sans nuages : – sans nuages, souriant avec des yeux clairs, à travers des lointains immenses, quand, au-dessous de nous bouillonnent, comme la pluie, la contrainte et le but et la faute.

Et quand je marchais seul, de *quoi* mon âme avait-elle faim dans les nuits et sur les sentiers de l'erreur ? Et quand je gravissais les montagnes *qui* cherchais-je sur les sommets, si ce n'est toi ?

Et tous mes voyages et toutes mes ascensions : qu'était-ce sinon un besoin et un expédient pour le malhabile ? – toute ma volonté n'a pas d'autre but que celui de prendre son vol, de voler dans le ciel !

Et qu'est-ce que je haïssais plus que les nuages qui passent et tout ce qui te ternit ? Je haïssais même ma propre haine puisqu'elle te ternissait !

J'en veux aux nuages qui passent, ces chats sauvages qui rampent : ils nous prennent à tous deux ce que nous avons en commun, – l'immense et infinie affirmation des choses.

Nous en voulons à ces médiateurs et à ces mêleurs, les nuages qui passent : à ces êtres mixtes et indécis, qui ne savent ni bénir ni maudire du fond du cœur.

Je préfère me cacher dans le tonneau sans voir le ciel ou m'enfouir dans l'abîme, que de te voir toi, ciel de lumière, terni par les nuages qui passent !

Et souvent j'ai eu envie de les fixer avec des éclairs dorés, et, pareil au tonnerre, de battre la timbale sur leur ventre de chaudron : – timbalier en colère, puisqu'ils me dérobent ton affirmation, ciel pur au-dessus de moi ! ciel clair ! abîme de lumière ! – puisqu'ils te dérobent *mon* affirmation !

Car je préfère le bruit et le tonnerre et les outrages du mauvais temps, à ce repos de chats, circonspect et hésitant ; et, parmi les hommes eux aussi, ce sont ces êtres mixtes et indécis marchant à pas de loups, ces nuages qui passent, doutant et hésitant que je hais le plus.

Et « qui ne sait bénir doit *apprendre* à maudire ! » – ce clair enseignement m'est tombé d'un ciel clair, cette étoile brille à mon ciel, même dans les nuits noires.

Mais moi je bénis et j'affirme toujours, pourvu que tu sois autour de moi, ciel clair, abîme de lumière ! – c'est alors que je porte dans tous les abîmes ma bienfaisante affirmation.

Je suis devenu celui qui bénit et qui affirme : et j'ai longtemps lutté pour cela ; je fus un lutteur, afin d'avoir un jour les mains libres pour bénir.

Ceci cependant est ma bénédiction : être au-dessus de chaque chose comme son propre ciel, son toit arrondi, sa cloche d'azur et son éternelle quiétude : et bienheureux celui qui bénit ainsi !

Car toutes les choses sont baptisées à la source de l'éternité, par delà le bien et le mal ; mais le bien et le mal ne sont eux-mêmes que des ombres fugitives, d'humides afflictions et des nuages passants.

En vérité, c'est une bénédiction et non une malédiction que d'enseigner : « Sur toutes choses, se trouve le ciel hasard, le ciel innocence, le ciel à peu près, le ciel pétulance. »

« Par hasard » – c'est là la plus vieille noblesse du monde, je l'ai rendue à toutes les choses, je les ai délivrées de la servitude du but.

Cette liberté et cette sérénité célestes, je les ai placées comme des cloches d'azur sur toutes les choses, lorsque j'ai enseigné qu'au-dessus d'elles, et par elles, aucune « volonté éternelle » – n'affirmait sa volonté.

J'ai mis en place de cette volonté, cette pétulance et cette folie, lorsque j'ai enseigné : « Il y a une chose qui sera toujours impossible – c'est d'être raisonnable ! »

Un peu de raison cependant, un grain de sagesse, dispersé d'étoile en étoile, – ce levain est mêlé à toutes choses : c'est à cause de la folie que la sagesse est mêlée à toutes les choses !

Un peu de sagesse est possible ; mais j'ai trouvé dans toutes choses cette certitude bienheureuse : elles préfèrent *danser* sur les pieds du hasard.

Ô ciel au-dessus de moi, ciel pur et haut ! Ceci est maintenant pour moi ta pureté qu'il n'existe pas d'éternelles araignées et de toile d'araignée de la raison : – que tu sois un lieu de danse pour les hasards divins, que tu sois une table divine pour le jeu de dés et les joueurs divins ! –

Mais tu rougis ? Ai-je dit des choses inexprimables ? Ai-je maudit en voulant te bénir ?

Ou bien est-ce la honte d'être deux qui te fait rougir ? – Me dis-tu de m'en aller et de me taire puisque maintenant – le *jour* vient ?

Le monde est profond – : et plus profond que le jour ne l'a jamais pensé. Il y a des choses qu'il faut taire devant le jour. Mais le jour vient : séparons-nous donc !

Ô ciel au-dessus de moi, ciel pudique et ardent ! Ô bonheur avant le soleil levant ! Le jour vient : séparons-nous donc ! –

Ainsi   parlait   Zarathoustra !

De la vertu qui rapetisse

1.

Lorsque Zarathoustra revint sur la terre ferme, il ne se dirigea pas droit vers sa montagne et sa caverne, mais il fit beaucoup de courses et de questions, s'informant de ceci et de cela, ainsi qu'il disait de lui-même en plaisantant : « Voici un fleuve qui, en de nombreux méandres, remonte vers sa source ! » Car il voulait apprendre quel avait été le sort de *l'homme* pendant son absence : s'il était devenu plus grand ou plus petit. Et un jour il aperçut une rangée de maisons nouvelles ; alors il s'étonna et il dit :

Que signifient ces maisons ? En vérité, nulle grande âme ne les a bâties en symbole d'elle-même !

Un enfant stupide les aurait-il tirées de sa boîte à jouets ? Alors qu'un autre enfant les remette dans la boîte !

Et ces chambres et ces mansardes : des *hommes* peuvent-ils en sortir et y entrer ? Elles me semblent faites pour des poupées empanachées de soie, ou pour des petits chats gourmands qui aiment à se laisser manger.

Et Zarathoustra s'arrêta et réfléchit. Enfin il dit avec tristesse : *Tout* est devenu plus petit !

Je vois partout des portes plus basses : celui qui est de *mon* espèce peut encore y passer, mais – il faut qu'il se courbe !

Oh ! quand retournerai-je dans ma patrie où je ne serai plus forcé de me courber – de me courber devant les *petits* ! » – Et Zarathoustra soupira et regarda dans le lointain.

Le même jour cependant il prononça son discours sur la vertu qui rapetisse.

2.

Je passe au milieu de ce peuple et je tiens mes yeux ouverts : les hommes ne me pardonnent pas de ne pas être envieux de leurs vertus.

Ils aboient après moi parce que je leur dis : à des petites gens il faut de petites vertus – et parce que je n'arrive pas à comprendre que l'existence des petites gens soit *nécessaire* !

Je ressemble au coq dans une basse-cour étrangère que les poules mêmes poursuivent à coups de bec ; mais je n'en veux pas à ces poules à cause de cela.

Je suis poli envers elles comme envers tous les petits désagréments ; être épineux envers les petits me semble une sagesse digne des hérissons.

Ils parlent tous de moi quand ils sont assis le soir autour du foyer, – ils parlent de moi, mais personne ne pense – à moi !

C'est là le nouveau silence que j'ai appris à connaître : le bruit qu'ils font autour de moi dépolie un manteau sur mes pensées.

Ils potinent entre eux : « Que nous veut ce sombre nuage ? Veillons à ce qu'il ne nous amène pas une épidémie ! »

Et dernièrement une femme tira contre elle son enfant qui voulait s'approcher de moi : « Éloignez les enfants ! cria-t-elle ; de tels yeux brûlent les âmes des enfants. »

Ils toussent quand je parle : ils croient que la toux est une objection contre les grands vents, – ils ne devinent rien du bruissement de mon bonheur !

« Nous n'avons pas encore le temps pour Zarathoustra, » – voilà objection ; mais qu'importe un temps qui « n'a pas le temps » pour Zarathoustra ?

Lors même qu'ils me glorifieraient : comment pourrais-je m'endormir sur *leur* gloire ? Leur louange est pour moi une ceinture épineuse : elle me démange encore quand je l'enlève.

Et cela aussi je l'ai appris au milieu d'eux : celui qui loue fait semblant de rendre ce qu'on lui a donné, mais en réalité veut qu'on lui donne davantage !

Demandez à mon pied si leur manière de louer et d'allécher lui plaît ! En vérité, il ne veut ni danser, ni se tenir tranquille selon une telle mesure et un tel tic-tac.

Ils essaient de me faire l'éloge de leur petite vertu et de m'attirer vers elle ; ils voudraient bien entraîner mon pied au tic-tac du petit bonheur.

Je passe au milieu de ce peuple et je tiens mes yeux ouverts : ils sont devenus plus petits et ils continuent à devenir toujours plus petits : – *c'est leur doctrine du bonheur et de la vertu qui en est la cause.*

Car ils ont aussi la modestie de leur vertu, – parce qu'ils veulent avoir leurs aises. Mais seule une vertu modeste se comporte avec les aises.

Ils apprennent aussi à marcher à leur manière et à marcher en avant : c'est ce que j'appelle aller *clopin-clopant*. – C'est ainsi qu'ils sont un obstacle pour tous ceux qui se hâtent.

Les pieds et les yeux ne doivent ni mentir ni se démentir. Mais il y a beaucoup de mensonges parmi les petites gens.

Quelques-uns d'entre eux « veulent », mais la plupart ne sont que « voulus ». Quelques-uns d'entre eux sont sincères, mais la plupart sont de mauvais comédiens.

Il y a parmi eux des comédiens sans le savoir et des comédiens sans le vouloir, – ceux qui sont sincères sont toujours rares, surtout les comédiens sincères.

Les qualités de l'homme sont rares ici : c'est pourquoi les femmes se masculinisent. Car celui qui est assez homme sera seul capable d'*affranchir* dans la femme – la *femme*.

Et voici la pire des hypocrisies que j'ai trouvée parmi eux : ceux qui ordonnent feignent, eux aussi, les vertus de ceux qui obéissent.

« Je sers, tu sers, nous servons, » – ainsi psalmodie l'hypocrisie des dominants, – et malheur à ceux dont le premier maître n'est que le premier serviteur !

Hélas ! la curiosité de mon regard s'est aussi égarée vers leur hypocrisie ; et j'ai bien deviné leur bonheur de mouche et leur bourdonnement vers les vitres ensoleillées.

Tant il y a de bonté, tant il y a de faiblesse ! Tant il y a de justice et de compassion, tant il y a de faiblesse !

Ils sont ronds, loyaux et bienveillants les uns envers les autres, comme les grains de sable sont ronds, loyaux et bienveillants envers les grains de sable.

Embrasser modestement un petit bonheur, – c'est ce qu'ils appellent « résignation » ! et du même coup ils louchent déjà modestement vers un nouveau petit bonheur.

Dans leur simplicité, ils n'ont au fond qu'un désir : que personne ne leur fasse mal. C'est pourquoi ils sont prévenants envers chacun et ils lui font du bien.

Mais c'est là de la *lâcheté* : bien que cela s'appelle « vertu ».

–

Et quand il arrive à ces petites gens de parler avec rudesse : je n'entendis dans leur voix que leur enrouement, – car chaque coup de vent les enroue !

Ils sont rusés, leurs vertus ont des doigts agiles. Mais il leur manque les poings : leurs doigts ne savent pas se cacher derrière leur poing.

La vertu, c'est pour eux ce qui rend modeste et apprivoisé : c'est ainsi qu'ils ont fait du loup un chien et de l'homme même le meilleur animal domestique de l'homme.

« Nous avons placé notre chaise au *milieu* – c'est ce que me dit leur hilarité – et à la même distance des gladiateurs mourants et des truies joyeuses. »

Mais c'est là – de la *médiocrité* : bien que cela s'appelle modération. –

3.

Je passe au milieu de ce peuple et je laisse tomber maintes paroles : mais ils ne savent ni prendre ni retenir.

Ils s'étonnent que je ne sois pas venu pour blâmer les débauches et les vices ; et, en vérité, je ne suis pas venu non plus pour mettre en garde contre les pickpockets.

Ils s'étonnent que je ne sois pas prêt à déniaiser et à aiguiser leur sagesse : comme s'ils n'avaient pas encore assez de sages subtils dont la voix grince comme un crayon d'ardoise !

Et quand je crie : « Maudissez tous les lâches démons qui sont en vous et qui gémiraient volontiers, qui voudraient croiser les mains et adorer » : alors ils crient : « Zarathoustra est impie. »

Et leurs professeurs de résignation crient plus fort, mais c'est précisément à eux qu'il me plaît de crier à l'oreille : Oui ! Je suis Zarathoustra, l'impie !

Ces professeurs de résignation ! Partout où il y a petitesse, maladie et teigne, ils rampent comme des poux ; et mon dégoût seul m'empêche de les écraser.

Eh bien ! voici le sermon que je fais pour *leurs* oreilles : je suis Zarathoustra l'impie qui dit : « Qui est-ce qui est plus impie que moi, pour que je me réjouisse de son enseignement ? »

Je suis Zarathoustra, l'impie : où trouverai-je mes semblables ? Mes semblables sont tous ceux qui se donnent eux-mêmes leur volonté et qui se débarrassent de toute résignation.

Je suis Zarathoustra, l'impie : je fais bouillir dans ma marmite tout ce qui est hasard. Et ce n'est que lorsque le hasard est cuit à point que je lui souhaite la bienvenue pour en faire ma nourriture.

Et en vérité, maint hasard s'est approché de moi en maître : mais ma volonté lui parle d'une façon plus impérieuse encore, – et aussitôt il se mettait à genoux devant moi en suppliant – me suppliant de lui donner asile et accueil cordial, et me parlant d'une manière flatteuse : « Vois donc, Zarathoustra, il n'y a qu'un ami pour venir ainsi chez un ami ! »

Mais pourquoi parler, quand personne n'a *mes* oreilles ! Ainsi je veux crier à tous les vents :

Vous devenez toujours plus petits, petites gens ! vous vous émiettez, vous qui aimez vos aises ! Vous finirez par périr – à cause de la multitude de vos petites vertus, de vos petites omissions, à cause de votre continuelle petite résignation.

Vous ménagez trop, vous cédez trop : c'est de cela qu'est fait le sol où vous croissez ! Mais pour qu'un arbre devienne grand, il faut qu'il pousse ses dures racines autour de durs rochers !

Ce que vous omettez aide à tisser la toile de l'avenir des hommes ; votre néant même est une toile d'araignée et une araignée qui vit du sang de l'avenir.

Et quand vous prenez, c'est comme si vous vouliez, ô petits vertueux ; pourtant, parmi les fripons même, l'*honneur* parle : « Il faut voler seulement là ou on ne peut pas piller. »

« Cela ce donne » – telle est aussi une doctrine de la résignation. Mais moi je vous dis, à vous qui aimez vos aises : cela se prend, et cela prendra de vous toujours davantage !

Hélas, que ne vous défaites-vous de tous ces demi-vouloirs, que ne vous décidez-vous pour la paresse comme pour l'action !

Hélas, que ne comprenez-vous ma parole : « Faites toujours ce que vous voudrez, – mais soyez d'abord de ceux qui peuvent vouloir ! »

« Aimez toujours votre prochain comme vous-mêmes, mais soyez d'abord de ceux qui *s'aiment eux-mêmes* –

169

– qui s'aiment avec le grand amour, avec le grand mépris ! »
Ainsi parle Zarathoustra, l'impie. –

Mais pourquoi parler, quand personne n'a *mes* oreilles ! Il est encore une heure trop tôt pour moi.

Je suis parmi ce peuple mon propre précurseur, mon propre chant du coq dans les rues obscures.

Mais *leur* heure vient ! Et vient aussi la mienne ! D'heure en heure ils deviennent plus petits, plus pauvres, plus stériles, – pauvre herbe ! pauvre terre !

Bientôt ils seront devant moi comme de l'herbe sèche, comme une steppe, et, en vérité, fatigués d'eux-mêmes, – et plutôt que d'eau, altérés de *feu* !

Ô heure bienheureuse de la foudre ! Ô mystère d'avant midi ! – un jour je ferai d'eux des feux courants et des prophètes aux langues de flammes : – ils prophétiseront avec des langues de flammes : il vient, il est proche, le *Grand Midi* !

Ainsi   parlait   Zarathoustra.

Sur le mont des oliviers

L'hiver, hôte malin, est assis dans ma demeure mes mains sont bleues de l'étreinte de son amitié.

Je l'honore, cet hôte malin, mais j'aime à le laisser seul. J'aime à lui échapper ; et si l'on court *bien*, on finit par y parvenir.

Avec les pieds chauds, les pensées chaudes, je cours où le vent se tient coi, – vers le coin ensoleillé de ma montagne des Oliviers.

C'est là que je ris de mon hôte rigoureux, et je lui suis reconnaissant d'attraper chez moi les mouches et de faire beaucoup de petits bruits.

Car il n'aime pas à entendre bourdonner une mouche, ou même deux ; il rend solitaire jusqu'à la rue, en sorte que le clair de lune se met à avoir peur la nuit.

Il est un hôte dur, – mais je l'honore, et je ne prie pas le dieu ventru du feu, comme font les efféminés.

Il vaut encore mieux claquer des dents que d'adorer les idoles ! – telle est ma nature. Et j'en veux surtout à toutes les idoles du feu, qui sont ardentes, bouillonnantes et mornes.

Quand j'aime quelqu'un, je l'aime en hiver mieux qu'en été ; je me moque mieux de mes ennemis, je m'en moque avec le plus de courage, depuis que l'hiver est dans la maison.

Avec courage, en vérité, même quand je *me blottis* dans mon lit : – car alors mon bonheur enfoui rit et fanfaronne encore, et mon rêve mensonger se met à rire lui aussi.

Pourquoi ramper ? jamais encore, de toute ma vie, je n'ai rampé devant les puissants ; et si j'ai jamais menti, ce fut par amour. C'est pourquoi je suis content même dans un lit d'hiver.

Un lit simple me réchauffe mieux qu'un lit luxueux, car je suis jaloux de ma pauvreté. Et c'est en hiver que ma pauvreté m'est le plus fidèle.

Je commence chaque jour par une méchanceté, je me moque de l'hiver en prenant un bain froid : c'est ce qui fait grogner mon ami sévère.

J'aime aussi à le chatouiller avec un petit cierge : afin qu'il permette enfin au ciel de sortir de l'aube cendrée.

Car c'est surtout le matin que je suis méchant : à la première heure, quand les seaux grincent à la fontaine, et que les chevaux hennissent par les rues grises : – j'attends alors avec impatience que le ciel s'illumine, le ciel d'hiver à la barbe grise, le vieillard à la tête blanche, – le ciel d'hiver, silencieux, qui laisse parfois même le soleil dans le silence.

Est-ce de lui que j'appris les longs silences illuminés ? Ou bien est-ce de moi qu'il les a appris ? Ou bien chacun de nous les a-t-il inventés lui-même ?

Toutes les bonnes choses ont une origine multiple, – toutes les bonnes choses folâtres sautent de plaisir dans l'existence : comment ne feraient-elles cela qu'une seule fois !

Le long silence, lui aussi, est une bonne chose folâtre. Et pareil à un ciel d'hiver, mon visage est limpide et le calme est dans mes yeux :

– comme le ciel d'hiver je cache mon soleil et mon inflexible volonté de soleil : en vérité j'ai *bien* appris cet art et cette malice d'hiver !

C'était mon art et ma plus chère méchanceté d'avoir appris à mon silence de ne pas se trahir par le silence.

Par le bruit des paroles et des dés je m'amuse à duper les gens solennels qui attendent : je veux que ma volonté et mon but échappent à leur sévère attention.

Afin que personne ne puisse regarder dans l'abîme de mes raisons et de ma dernière volonté, – j'ai inventé le long et clair silence.

J'ai trouvé plus d'un homme malin qui voilait son visage et qui troublait ses profondeurs, afin que personne ne puisse regarder au travers et voir jusqu'au fond.

Mais c'est justement chez lui que venaient les gens rusés et méfiants, amateurs de difficultés : on lui pêchait ses poissons les plus cachés !

Cependant, ceux qui restent clairs, et braves, et transparents – sont ceux que leur silence trahit le moins : ils sont si *profonds* que l'eau la plus claire ne révèle pas ce qu'il y a au fond.

Silencieux ciel d'hiver à la barbe de neige, tête blanche aux yeux clairs au-dessus de moi ! Ô divin symbole de mon âme et de la pétulance de mon âme !

Et ne *faut*-il pas que je monte sur des échasses, pour qu'ils ne voient pas mes longues jambes, – tous ces tristes envieux autour de moi ?

Toutes ces âmes enfumées, renfermées, usées, moisies, aigries – comment leur envie saurait-elle supporter mon bonheur ?

C'est pourquoi je ne leur montre que l'hiver et la glace qui sont sur mes sommets – je ne leur montre *pas* que ma montagne est entourée de toutes les ceintures de soleil !

Ils n'entendent siffler que mes tempêtes hivernales : et ne savent *pas* que je passe aussi sur de chaudes mers, pareil à des vents du sud langoureux, lourds et ardents.

Ils ont pitié de mes accidents et de mes hasards : – mais mes paroles disent : « Laissez venir à moi le hasard : il est innocent comme un petit enfant ! »

Comment *sauraient*-ils supporter mon bonheur si je ne mettais autour de mon bonheur des accidents et des misères hivernales, des toques de fourrure et des manteaux de neige ?

– si je n'avais moi-même pitié de leur *apitoiement*, l'apitoiement de ces tristes envieux ?

– si moi-même je ne soupirais et ne grelottais pas devant eux, en me *laissant* envelopper patiemment dans leur pitié ?

Ceci est la sagesse folâtre et la bienveillance de mon âme, qu'elle ne *cache point* son hiver et ses vents glacés ; elle ne cache pas même ses engelures.

Pour l'un la solitude est la fuite du malade, pour l'autre la fuite devant le malade.

Qu'ils *m'entendent* gémir et soupirer à cause de la froidure de l'hiver, tous ces pauvres et louches vauriens autour de moi ! Avec de tels gémissements et de tels soupirs, je fuis leurs chambres chauffées.

Qu'ils me plaignent et me prennent en pitié a cause de mes engelures : « Il finira par *geler* à la glace de sa connaissance ! – c'est ainsi qu'ils gémissent.

Pendant ce temps, les pieds chauds, je cours çà et là, sur ma montagne des Oliviers ; dans le coin ensoleillé de ma montagne des Oliviers, je chante et je me moque de toute compassion.-

Ainsi   chantait   Zarathoustra.

En passant

En traversant ainsi sans hâte bien des peuples et mainte ville, Zarathoustra retournait pas des détours vers ses montagnes et sa caverne. Et, en passant, il arriva aussi, à l'improviste, à la porte de la *grande Ville* : mais lorsqu'il fut arrivé là, un fou écumant sauta sur lui les bras étendus en lui barrant le passage. C'était le même fou que le peuple appelait « le singe de Zarathoustra » : car il imitait un peu les manières de Zarathoustra et la chute de sa phrase. Il aimait aussi à emprunter au trésor de sa sagesse. Le fou cependant parlait ainsi à Zarathoustra :

« Ô Zarathoustra, c'est ici qu'est la grande ville : tu n'as rien à y chercher et tout à y perdre. Pourquoi voudrais-tu patauger dans cette fange ? Aie donc pitié de tes jambes ! Crache plutôt sur la porte de la grande ville et – retourne sur tes pas ! Ici c'est l'enfer pour les pensées solitaires. Ici l'on fait cuire vivantes les grandes pensées et on les réduit en bouillie. Ici pourrissent tous les grands sentiments : ici on ne laisse cliqueter que les petits sentiments desséchés !

Ne sens-tu pas déjà l'odeur des abattoirs et des gargotes de l'esprit ? Les vapeurs des esprits abattus ne font-elles pas fumer cette ville ? Ne vois-tu pas les âmes suspendues comme des torchons mous et malpropres ? – et ils se servent de ces torchons pour faire des journaux.

N'entends-tu pas ici l'esprit devenir jeu de mots ? il se fait jeu en de repoussants calembours ! – et c'est avec ces rinçures qu'ils font des journaux ! Ils se provoquent et ne savent pas à quoi. Ils s'échauffent et ne savent pas pourquoi. Ils font tinter leur fer-blanc et sonner leur or.

Ils sont froids et ils cherchent la chaleur dans l'eau-de-vie ; ils sont échauffés et cherchent la fraîcheur chez les esprits frigides ; l'opinion publique leur donne la fièvre et les rend tous ardents.

Tous les désirs et tous les vices ont élu domicile ici ; mais il y a aussi des vertueux, il y a ici beaucoup de vertus habiles et occupées : – beaucoup de vertus occupées, avec des doigts pour écrire, des culs-de-plomb et des ronds-de-cuir ornés de petites décorations et pères de filles empaillées et sans derrières.

Il y a ici aussi beaucoup de piété, et beaucoup de courtisanerie dévote et de bassesses devant le Dieu des armées.

Car c'est d'« en haut » que pleuvent les étoiles et les gracieux crachats ; c'est vers en haut que vont les désirs de toutes les poitrines sans étoiles.

La lune a sa cour et la cour a ses satellites : mais le peuple mendiant et toutes les habiles vertus mendiantes élèvent des prières vers tout ce qui vient de la cour.

« Je sers, tu sers, nous servons » – ainsi prient vers le souverain toutes les vertus habiles : afin que l'étoile méritée s'accroche enfin à la poitrine étroite !

Mais la lune tourne autour de tout ce qui est terrestre : c'est ainsi aussi que le souverain tourne autour de ce qu'il y a de plus terrestre : – mais ce qu'il y a de plus terrestre, c'est l'or des épiciers.

Le Dieu des armées n'est pas le Dieu des lingots ; le souverain propose, mais l'épicier – dispose !

Au nom de tout ce que tu as de clair, de fort et de bon en toi, ô Zarathoustra ! crache sur cette ville des épiciers et retourne en arrière !

Ici le sang vicié, mince et mousseux, coule dans les artères : crache sur la grande ville qui est le grand dépotoir où s'accumule toute l'écume !

Crache sur la ville des âmes déprimées et des poitrines étroites, des yeux envieux et des doigts gluants – sur la ville des importuns et des impertinents, des écrivassiers et des braillards, des ambitieux exaspérés : – sur la ville où s'assemble tout ce qui est carié, mal famé, lascif, sombre, pourri, ulcéré, conspirateur : – crache sur la grande ville et retourne sur tes pas ! » –

Mais en cet endroit, Zarathoustra interrompit le fou écumant et lui ferma la bouche.

« Te tairas-tu enfin ! s'écria Zarathoustra, il y a longtemps que ta parole et ton allure me dégoûtent !

Pourquoi as-tu vécu si longtemps au bord du marécage, te voilà, toi aussi, devenu grenouille et crapaud !

Ne coule-t-il pas maintenant dans tes propres veines, le sang des marécages, vicié et mousseux, car, toi aussi, tu sais maintenant coasser et blasphémer ?

Pourquoi n'es-tu pas allé dans la forêt ? Pourquoi n'as-tu pas labouré la terre ? La mer n'est-elle pas pleine de vertes îles ?

Je méprise ton mépris ; et si tu m'avertis, – pourquoi ne t'es-tu pas averti toi-même ?

C'est de l'amour seul que doit me venir le vol de mon mépris et de mon oiseau avertisseur : et non du marécage ! –

On t'appelle mon singe, fou écumant : mais je t'appelle mon porc grognant – ton grognement finira par me gâter mon éloge de la folie.

Qu'était-ce donc qui te fit grogner ainsi ? Personne ne te flattait assez : – c'est pourquoi tu t'es assis à côté de ces ordures, afin d'avoir des raisons pour grogner, – afin d'avoir de nombreuses raisons de *vengeance* ! Car la vengeance, fou vaniteux, c'est toute ton écume, je t'ai bien deviné !

Mais ta parole de fou est nuisible pour *moi*, même lorsque tu as raison ! Et quand même la parole de Zarathoustra aurait mille fois raison : *toi* tu me *ferais* toujours tort avec ma parole ! »

Ainsi parlait Zarathoustra, et, regardant la grande ville, il soupira et se tut longtemps. Enfin il dit ces mots :

Je suis dégoûté de cette grande ville moi aussi ; il n'y a pas que ce fou qui me dégoûte. Tant ici que là il n'y a rien à améliorer, rien à rendre pire !

Malheur à cette grande ville ! – Je voudrais voir déjà la colonne de feu qui l'incendiera !

Car il faut que de telles colonnes de feu précèdent le grand midi. Mais ceci a son temps et sa propre destinée.-

Je te donne cependant cet enseignement en guise d'adieu, à toi fou : lorsqu'on ne peut plus aimer, il faut – *passer outre !* –

Ainsi parlait Zarathoustra et il passa devant le fou et devant la   grande   ville.

Des transfuges

1.

Hélas ! Tout ce qui, naguère, était encore vert et coloré sur cette prairie est déjà fané et gris maintenant ! Et combien j'ai porté de miel d'espérance d'ici à ma ruche !

Tous ces jeunes cœurs sont déjà devenu vieux, – et à peine s'ils sont vieux ! ils sont fatigués seulement, vulgaires et nonchalants : – ils expliquent cela en disant : « Nous sommes redevenus pieux. »

Naguère encore je les vis marcher à la première heure sur des jambes courageuses : mais leurs jambes de la connaissance se sont fatiguées, et maintenant ils calomnient même leur bravoure du matin.

En vérité, plus d'un soulevait jadis sa jambe comme un danseur, le rire lui faisait signe dans ma sagesse. – Puis il se mit à réfléchir. Je viens de le voir courbé – rampant vers la croix.

Ils voltigeaient jadis autour de la lumière et de la liberté, comme font les moucherons et les jeunes poètes. Un peu plus vieux, un peu plus froids : et déjà ils sont assis derrière le poêle, comme des calotins et des cagots.

Ont-ils perdu courage parce que la solitude m'a englouti comme aurait fait une baleine ? Ont-ils *vainement* prêté l'oreille, longtemps et pleins de désir, sans entendre mes trompettes et mes appels de héraut ?

– Hélas ! Ils sont toujours peu nombreux ceux dont le cœur garde longtemps son courage et son impétuosité ; et c'est dans ce petit nombre que l'esprit demeure persévérant. Tout le reste est *lâcheté*.

Tout le reste : c'est toujours le plus grand nombre, ce sont les vulgaires et les superflus, ceux qui sont de trop. – Tous ceux-là sont des lâches ! –

Celui qui est de mon espèce rencontrera sur son chemin des aventures pareilles aux miennes : en sorte que ses premiers compagnons devront être des cadavres des acrobates.

Les seconds compagnons cependant, – ceux-là s'appelleront les *croyants* : une vivante multitude, beaucoup d'amour, beaucoup de folie, beaucoup de vénération enfantine.

C'est à ces croyants que celui qui est de mon espèce parmi les hommes ne devra pas attacher son cœur ; c'est à ces printemps et à ces prairies multicolores que celui qui connaît l'espèce humaine, faible et fugitive, ne devra pas croire !

Si ces croyants *pouvaient* autrement, ils *voudraient* aussi autrement. Ce qui n'est qu'à demi entame tout ce qui est entier. Quand des feuilles se fanent, – pourquoi se plaindrait-on !

Laisse-les aller, laisse-les tomber, ô Zarathoustra, et ne te plains pas ! Souffle plutôt parmi eux avec le bruissement du vent, – souffle parmi ces feuilles, ô Zarathoustra, que tout ce qui est *fané* tombe et s'en aille de toi plus vite encore ! –

2.

« Nous sommes redevenus pieux » – ainsi confessent les transfuges et beaucoup d'entre eux sont encore trop lâches pour confesser cela.

Je les regarde dans le blanc des yeux, – je le dis en plein visage et dans la rougeur de leur joue : vous êtes de ceux qui *prient* de nouveau !

Cependant c'est une honte de prier ! Non pour tout le monde, mais pour toi et pour moi, et pour tous ceux qui ont leur conscience dans la tête. Pour *toi*, c'est une honte de prier !

Tu le sais bien : le lâche démon en toi qui aime à joindre les mains ou à croiser les bras et qui désire une vie plus facile : – ce lâche démon te dit : « Il *est* un dieu ! »

Mais ainsi tu es de ceux qui fuient la lumière, de ceux que la lumière inquiète sans cesse. Maintenant il te faut quotidiennement plonger ta tête plus profondément dans la nuit et les ténèbres.

Et, en vérité, tu as bien choisi ton heure : car les oiseaux de nuit ont repris leur vol. L'heure des êtres nocturnes est venue, l'heure du chômage où ils ne – « chôment » pas.

Je l'entends et je le sens : l'heure est venue des chasses et des processions, non des chasses sauvages, mais des chasses douces et débiles, reniflant dans les coins, sans faire plus de bruit que le murmure des prières, – des chasses aux cagots, pleins d'âme : toutes les souricières des cœurs sont de nouveau braquées ! Et partout où je soulève un rideau, une petite phalène se précipite dehors.

Était-elle blottie là avec une autre petite phalène ? Car partout je sens de petites communautés cachées ; et partout où il y a des réduits, il y a de nouveaux bigots avec l'odeur des bigots.

Ils se mettent ensemble pendant des soirées entières et ils se disent : « Redevenons comme les petits enfants et invoquons le bon Dieu ! » – Ils ont la bouche et l'estomac gâtés par les pieux confiseurs.

Ou bien, durant de longs soirs, ils regardent les ruses d'une araignée à l'affût, qui prêche la sagesse aux autres araignées, en leur enseignant : « Sous les croix, il fait bon tisser sa toile ! »

Ou bien ils sont assis pendant des journées entières à pêcher à la ligne au bord des marécages, et ils croient que c'est là être *profond* ; mais celui qui pêche où il n'y a pas de poisson, j'estime qu'il n'est même pas superficiel !

Ou bien ils apprennent avec joie et piété à jouer de la harpe chez un chansonnier qui aimerait bien s'insinuer dans le cœur des petites jeunes femmes : – car ce chansonnier est fatigué des vieilles femmes et de leurs louanges.

Ou bien ils apprennent la peur chez un sage à moitié détraqué qui attend, dans des chambres obscures, que les esprits apparaissent – tandis que leur esprit disparaît entièrement !

Ou bien ils écoutent un vieux charlatan, musicien ambulant, à qui la tristesse du vent a enseigné la lamentation des tons ; maintenant il siffle d'après le vent et il prêche la tristesse d'un ton triste.

Et quelques-uns d'entre eux se sont même faits veilleurs de nuit : ils savent maintenant souffler dans la corne, circuler la nuit et réveiller de vieilles choses endormies depuis longtemps.

J'ai entendu hier dans la nuit, le long des vieux murs du jardin, cinq paroles à propos de ces vieilles choses : elles venaient de ces vieux veilleurs de nuit tristes et grêles.

« Pour un père, il ne veille pas assez sur ses enfants : des pères humains font cela mieux que lui ! »

« Il est trop vieux. Il ne s'occupe plus tu tout de ses enfants », – ainsi répondit l'autre veilleur de nuit.

« *A-t-il* donc des enfants ? Personne ne peut le démontrer s'il ne le démontre lui-même ! Il y a longtemps que je voudrais une fois le lui voir démontrer sérieusement. »

« Démontrer ? A-t-il jamais démontré quelque chose, *celui-là* ? Les preuves lui sont difficiles ; il tient beaucoup à ce que l'on croie en lui. »

« Oui, oui ! La foi le sauve, la foi en lui-même. C'est l'habitude des vieilles gens ! Nous sommes faits de même ! » –

– Ainsi parlèrent l'un à l'autre les deux veilleurs de nuit, ennemis de la lumière, puis ils soufflèrent tristement dans leurs cornes. Voilà ce qui se passa hier dans la nuit, le long des vieux murs du jardin.

Quant à moi, mon cœur se tordait de rire ; il voulait se briser, mais ne savais comment ; et cet accès d'hilarité me secouait le diaphragme.

En vérité, ce sera ma mort, d'étouffer de rire, en voyant des ânes ivres et en entendant ainsi des veilleurs de nuit douter le Dieu.

Le temps n'est-il pas depuis *longtemps* passé, même pour de pareils doutes ? Qui aurait le droit de réveiller dans leur sommeil d'aussi vieilles choses ennemies de la lumière ?

Il y a longtemps que c'en est fini des dieux anciens : – et, en vérité, ils ont eu une bonne et joyeuse fin divine !

Ils ne passèrent pas par le « crépuscule » pour aller vers la mort, – c'est un mensonge de le dire ! Au contraire : ils se sont tués eux-mêmes à force de – *rire* !

C'est ce qui arriva lorsqu'un dieu prononça lui-même la parole la plus impie, – la parole : « Il n'y a qu'un Dieu ! Tu n'auras point d'autres dieux devant ma face ! » – une vieille barbe de dieu, un dieu coléreux et jaloux s'est oublié ainsi : – c'est alors que tous les dieux se mirent à rire et à s'écrier en branlant sur leurs sièges : « N'est-ce pas là précisément la divinité, qu'il y ait des dieux – qu'il n'y ait pas un Dieu ? »

Que celui qui a des oreilles pour entendre entende. –

Ainsi parlait Zarathoustra dans la ville qu'il aimait et qui est appelée la « Vache multicolore ».

Car de cet endroit il n'avait plus que deux jours de marche pour retourner à sa caverne, auprès de ses animaux ; mais il avait l'âme sans cesse pleine d'allégresse de se savoir si près de son   retour. –

Le retour

Ô solitude ! Toi ma *patrie*, solitude ! Trop longtemps j'ai vécu sauvage en de sauvages pays étrangers, pour ne pas retourner à toi avec des larmes !

Maintenant menace-moi du doigt, ainsi qu'une mère menace, et souris-moi comme sourit une mère, dis-moi seulement : « Qui était-il celui qui jadis s'est échappé loin de moi comme un tourbillon ? – celui qui, en s'en allant, s'est écrié : trop longtemps j'ai tenu compagnie à la solitude, alors j'ai désappris le silence ! C'est *cela* – que tu as sans doute appris maintenant ?

« Ô Zarathoustra, je sais tout : et que tu te sentais plus *abandonné* dans la multitude, toi l'unique, que jamais tu ne l'as été avec moi !

« Autre chose est l'abandon, autre chose la solitude : C'est *cela* – que tu as appris maintenant ! Et que parmi les hommes tu seras toujours sauvage et étranger :

« – sauvage et étranger, même quand ils t'aiment, car avant tout ils veulent être ménagés !

« Mais ici tu es chez toi et dans ta demeure ; ici tu peux tout dire et t'épancher tout entier, ici nul n'a honte des sentiments cachés et tenaces.

« Ici toutes choses s'approchent à ta parole, elles te cajolent et te prodiguent leurs caresses : car elles veulent monter sur ton dos. Monté sur tous les symboles tu chevauches ici vers toutes les vérités.

« Avec droiture et franchise, tu peux parler ici à toutes choses : et, en vérité, elles croient recevoir des louanges, lorsqu'on parle à toutes choses – avec droiture.

« Autre chose, cependant, est l'abandon. Car te souviens-tu, ô Zarathoustra ? Lorsque ton oiseau se mit à crier au-dessus de toi, lorsque tu étais dans la forêt, sans savoir où aller, incertain, tout près d'un cadavre : – lorsque tu disais : que mes animaux me conduisent ! J'ai trouvé plus de danger parmi les hommes que parmi les animaux : – c'était *là* de l'abandon !

« Et te souviens-tu, ô Zarathoustra ? Lorsque tu étais assis sur ton île, fontaine de vin parmi les seaux vides, donnant à ceux qui ont soif et le répandant sans compter : – jusqu'à ce que tu fus enfin seul altéré parmi les hommes ivres et que tu te plaignis nuitamment : « N'y a-t-il pas plus de bonheur à prendre qu'à donner ? Et n'y a-t-il pas plus de bonheur encore à voler qu'à prendre ? » – C'était *là* de l'abandon !

« Et te souviens-tu, ô Zarathoustra ? Lorsque vint ton heure la plus silencieuse qui te chassa de toi-même, lorsqu'elle te dit avec de méchants chuchotements : « Parle et détruis ! » »

« – lorsqu'elle te dégoûta de ton attente et de ton silence et qu'elle découragea ton humble courage : c'était *là* de l'abandon ! » –

Ô solitude ! Toi ma patrie, solitude ! Comme ta voix me parle, bienheureuse tendre !

Nous ne nous questionnons point, nous ne nous plaignons point l'un à l'autre, ouvertement nous passons ensemble les portes ouvertes.

Car tout est ouvert chez toi et il fait clair ; et les heures, elles aussi, s'écoulent ici plus légères. Car dans l'obscurité, te temps vous paraît plus lourd à porter qu'à la lumière.

Ici se révèle à moi l'essence et l'expression de tout ce qui est : tout ce qui est veut s'exprimer ici, et tout ce qui devient veut apprendre de moi à parler.

Là-bas cependant – tout discours est vain ! La meilleure sagesse c'est d'oublier et de passer : – c'est *là* ce que j'ai appris !

Celui qui voudrait tout comprendre chez les hommes devrait tout prendre. Mais pour cela j'ai les mains trop propres.

Je suis dégoûté rien qu'à respirer leur haleine ; hélas ! Pourquoi ai-je vécu si longtemps parmi leur bruit et leur mauvaise haleine !

Ô bienheureuse solitude qui m'enveloppe ! Ô pures odeurs autour de moi ! Ô comme ce silence fait aspirer l'air pur à pleins poumons ! Ô comme il écoute, ce silence bienheureux !

Là-bas cependant – tout parle et rien n'est entendu. Si l'on annonce sa sagesse à sons de cloches : les épiciers sur la place publique en couvriront le son par le bruit des gros sous !

Chez eux tout parle, personne ne sait plus comprendre. Tout tombe à l'eau, rien ne tombe plus dans de profondes fontaines.

Chez eux tout parle, rien ne réussit et ne s'achève plus. Tout caquette, mais qui veut encore rester au nid à couver ses œufs ?

Chez eux tout parle, tout est dilué. Et ce qui hier était encore trop dur, pour le temps lui-même et pour les dents du temps, pend aujourd'hui, déchiqueté et rongé, à la bouche des hommes d'aujourd'hui.

Chez eux tout parle, tout est divulgué. Et ce qui jadis était appelé mystère et secret des âmes profondes appartient aujourd'hui aux trompettes des rues et à d'autres tapageurs.

Ô nature humaine ! Chose singulière ! Bruit dans les rues obscures ! Te voilà derrière moi : – mon plus grand danger est resté derrière moi !

Les ménagements et la pitié furent toujours mon plus grand danger, et tous les êtres humains veulent être ménagés et pris en pitié.

Gardant mes vérités au fond du cœur, les mains agitées comme celles d'un fou et le cœur affolé en petits mensonges de la pitié : – ainsi j'ai toujours vécu parmi les hommes.

J'étais assis parmi eux, déguisé, prêt à *me* méconnaître pour *les* supporter, aimant à me dire pour me persuader : « Fou que tu es, tu ne connais pas les hommes ! »

On désapprend ce que l'on sait des hommes quand on vit parmi les hommes. Il y a trop de premiers plans chez les hommes, – que peuvent faire *là* les vues lointaines et perçantes !

Et s'ils me méconnaissaient : dans ma folie, je les ménageais plus que moi-même à cause de cela : habitué que j'étais à la dureté envers moi-même, et me vengeant souvent sur moi-même de ce ménagement.

Piqué de mouches venimeuses, et rongé comme la pierre, par les nombreuses gouttes de la méchanceté, ainsi j'étais parmi eux et je me disais encore : « Tout ce qui est petit est innocent de sa petitesse ! »

C'est surtout ceux qui s'appelaient « les bons » que j'ai trouvés être les mouches les plus venimeuses : ils piquent en toute innocence ; ils mentent en toute innocence ; comment *sauraient*-ils être – justes envers moi !

La pitié enseigne à mentir à ceux qui vivent parmi les bons. La pitié rend l'air lourd à toutes les âmes libres. Car la bêtise des bons est insondable.

Me cacher moi-même et ma richesse – *voilà* ce que j'ai appris à faire là-bas : car j'ai trouvé chacun riche pauvre d'esprit. Ce fut là le mensonge de ma pitié de savoir chez chacun, – de voir et de sentir chez chacun ce qui était pour lui assez d'esprit, ce qui était *trop* d'esprit pour lui !

Leurs sages rigides, je les ai appelés sages, non rigides, – c'est ainsi que j'ai appris à avaler les mots. Leurs fossoyeurs : je les ai appelés chercheurs et savants, – c'est ainsi que j'ai appris à changer les mots.

Les fossoyeurs prennent les maladies à force de creuser des fosses. Sous de vieux décombres dorment des exhalaisons malsaines. Il ne faut pas remuer le marais. Il faut vivre sur les montagnes.

C'est avec des narines heureuses que je respire de nouveau la liberté des montagnes ! mon nez est enfin délivré de l'odeur de tous les être humains !

Chatouillée par l'air vif, comme par des vins mousseux, mon âme *éternue*, – et s'acclame en criant : « À ta santé ! »

Ainsi   parlait   Zarathoustra.

Des trois maux

1.

En rêve, dans mon dernier rêve du matin, je me trouvais aujourd'hui sur un promontoire, au delà du monde, je tenais une balance dans la main et je *pesais* le monde.

Ô pourquoi l'aurore est-elle venue trop tôt pour moi ? son ardeur m'a réveillé, la jalousie ! Elle est toujours jalouse de l'ardeur de mes rêves du matin.

Mesurable pour celui qui a le temps, pesable pour un bon peseur, attingible pour les ailes vigoureuses, devinable pour de divins amateurs de problèmes : ainsi mon rêve a trouvé le monde : –

Mon rêve, un hardi navigateur, mi-vaisseau, mi-rafale, silencieux comme le papillon, impatient comme le faucon : quelle patience et quel loisir il a eu aujourd'hui pour pouvoir peser le monde !

Ma sagesse lui aurait-elle parlé en secret, ma sagesse du jour, riante et éveillée, qui se moque de tous les « mondes infinis » ? Car elle dit : « Où il y a de la force, le *nombre* finit par devenir maître, car c'est lui qui a le plus de force. »

Avec quelle certitude mon rêve a regardé ce monde fini ! Ce n'était de sa part ni curiosité, ni indiscrétion, ni crainte, ni prière : – comme si une grosse pomme s'offrait à ma main, une pomme d'or, mûre, à pelure fraîche et veloutée – ainsi s'offrit à moi le monde : – comme si un arbre me faisait signe, un arbre à larges branches, ferme dans sa volonté, courbé et tordu en appui et en reposoir pour le voyageur fatigué : ainsi le monde était placé sur mon promontoire : – comme si des mains gracieuses portaient un coffret à ma rencontre, – un coffret ouvert pour le ravissement des yeux pudiques et vénérateurs : ainsi le monde se porte à ma rencontre : – pas assez énigme pour chasser l'amour des hommes, pas assez intelligible pour endormir la sagesse des hommes : – une chose humainement bonne, tel me fut aujourd'hui le monde que l'on calomnie tant !

Combien je suis reconnaissant à mon rêve du matin d'avoir ainsi pesé le monde à la première heure ! Il est venu à moi comme une chose humainement bonne, ce rêve et ce consolateur de cœur !

Et, afin que je fasse comme lui, maintenant que c'est le jour, et pour que ce qu'il y a de meilleur me serve d'exemple : je veux mettre maintenant dans la balance les trois plus grands maux et peser humainement bien. –

Celui qui enseigna à bénir enseigna aussi à maudire : quelles sont les trois choses les plus maudites sur terre ? Ce sont elles que je veux mettre sur la balance.

La volupté, le désir de domination, l'égoïsme : ces trois choses ont été les plus maudites et les plus calomniées jusqu'à présent, – ce sont ces trois choses que je veux peser humainement bien.

Eh bien ! Voici mon promontoire et voilà la mer : *elle* roule vers moi, moutonneuse, caressante, cette vieille et fidèle chienne, ce monstre à cent têtes que j'aime.

Eh bien ! C'est ici que je veux tenir la balance sur la mer houleuse, et je choisis aussi un témoin qui regarde, – c'est toi, arbre solitaire, toi dont la couronne est vaste et le parfum puissant, arbre que j'aime ! –

Sur quel pont le présent va-t-il vers l'avenir ? Quelle est la force qui contraint ce qui est haut à s'abaisser vers ce qui est bas ? Et qu'est-ce qui force la chose la plus haute – à grandir encore davantage ?

Maintenant la balance se tient immobile et en équilibre : j'y ai jeté trois lourdes questions, l'autre plateau porte trois lourdes réponses.

2.

Volupté – c'est pour tous les pénitents en cilice qui méprisent le corps, l'aiguillon et la mortification, c'est le « monde » maudit chez tous les hallucinés de l'arrière-monde : car elle nargue et éconduit tous les hérétiques.

Volupté – c'est pour la canaille le feu lent où l'on brûle la canaille ; pour tout le bois vermoulu et les torchons nauséabonds le grand fourneau ardent.

Volupté – c'est pour les cœurs libres quelque chose d'innocent et de libre, le bonheur du jardin de la terre, la débordante reconnaissance de l'avenir pour le présent.

186

Volupté – ce n'est un poison doucereux que pour les flétris, mais pour ceux qui ont la volonté du lion, c'est le plus grand cordial, le vin des vins, que l'on ménage religieusement.

Volupté – c'est la plus grande félicité symbolique pour le bonheur et l'espoir supérieur. Car il y a bien des choses qui ont droit à l'union et plus qu'à l'union, – bien des choses qui se sont plus étrangères à elles-mêmes que ne l'est l'homme à la femme : et qui donc a jamais entièrement compris à quel point l'homme et la femme sont *étrangers* l'un à l'autre ?

Volupté – cependant je veux mettre des clôtures autour de mes pensées et aussi autour de mes paroles : pour que les cochons et les exaltées n'envahissent pas mes jardins ! –

Désir de dominer – c'est le fouet cuisant pour les plus durs de tous les cœurs endurcis, l'épouvantable martyre qui réserve même au plus cruel la sombre flamme des bûchers vivants.

Désir de dominer – c'est le frein méchant mis aux peuples les plus vains, c'est lui qui raille toutes les vertus incertaines, à cheval sur toutes les fiertés.

Désir de dominer – c'est le tremblement de terre qui rompt et disjoint tout ce qui est caduc et creux, c'est le briseur irrité de tous les sépulcres blanchis qui gronde et punit, le point d'interrogation jaillissant à côté de réponses prématurées.

Désir de dominer – dont le regard fait ramper et se courber l'homme, qui l'asservit et l'abaisse au-dessous du serpent et du cochon : jusqu'à ce qu'enfin le grand mépris clame en lui.

Désir de dominer – c'est le terrible maître qui enseigne le grand mépris, qui prêche en face des villes et des empires : « Ôte-toi ! » – jusqu'à ce qu'enfin ils s'écrient eux-mêmes : « Que je m'ôte *moi* ! »

Désir de dominer – qui monte aussi vers les purs et les solitaires pour les attirer, qui monte vers les hauteurs de la satisfaction de soi, ardent comme un amour qui trace sur le ciel d'attirantes joies empourprées.

Désir de dominer – mais qui voudrais appeler cela un désir, quand c'est vers en bas que la hauteur aspire à la puissance ! En vérité, il n'y a rien de fiévreux et de maladif dans de pareils désirs, dans de pareilles descentes !

Que la hauteur solitaire ne s'esseule pas éternellement et ne se contente pas de soi ; que la montagne descende vers la vallée

187

et les vents des hauteurs vers les terrains bas : – Ô qui donc trouverait le vrai nom pour baptiser et honorer un pareil désir ! « Vertu qui donne » – c'est ainsi que Zarathoustra appela jadis cette chose inexprimable.

Et c'est alors qu'il arriva aussi – et, en vérité, ce fut pour la première fois ! – que sa parole fit la louange de *l'égoïsme*, le bon et sain égoïsme qui jaillit de l'âme puissante : – de l'âme puissante, unie au corps élevé, au corps beau, victorieux et réconfortant, autour de qui toute chose devient miroir : – le corps souple qui persuade, le danseur dont le symbole et l'expression est l'âme joyeuse d'elle-même. La joie égoïste de tels corps, de telles âmes s'appelle elle-même : « vertu ».

Avec ce qu'elle dit du bon et du mauvais, cette joie égoïste se protège elle-même, comme si elle s'entourait d'un bois sacré ; avec les noms de son bonheur, elle bannit loin d'elle tout ce qui est méprisable.

Elle bannit loin d'elle tout ce qui est lâche ; elle dit : mauvais – *c'est ce qui est* lâche ! Méprisable luit semble celui qui peine, soupire et se plaint toujours et qui ramasse même les plus petits avantages.

Elle méprise aussi toute sagesse lamentable : car, en vérité, il y a aussi la sagesse qui fleurit dans l'obscurité ; une sagesse d'ombre nocturne qui soupire toujours : « Tout est vain ! »

Elle ne tient pas en estime la craintive méfiance et ceux qui veulent des serments au lieu de regards et de mains tendues : et non plus la sagesse trop méfiante, – car c'est ainsi que font les âmes lâches.

L'obséquieux lui paraît plus bas encore, le chien qui se met tout de suite sur le dos, l'humble ; et il y a aussi de la sagesse qui est humble, rampante, pieuse et obséquieuse.

Mais elle hait jusqu'au dégoût celui qui ne veut jamais se défendre, qui avale les crachats venimeux et les mauvais regards, le patient trop patient qui supporte tout et se contente de tout ; car ce sont là coutumes de valets.

Que quelqu'un soit servile devant les dieux et les coups de pieds divins ou devant des hommes et de stupides opinions d'hommes : à *toute* servilité il crache au visage, ce bienheureux égoïsme !

Mauvais : – c'est ainsi qu'elle appelle tout ce qui est abaissé, cassé, chiche et servile, les yeux clignotants et soumis, les cœurs contrits, et ces créatures fausses et fléchissantes qui embrassent avec de larges lèvres peureuses.

Et sagesse fausse : – c'est ainsi qu'elle appelle tous les bons mots des valets, des vieillards et des épuisés ; et surtout l'absurde folie pédante des prêtres !

Les faux sages, cependant, tous les prêtres, ceux qui sont fatigués du monde et ceux dont l'âme est pareille à celle des femmes et des valets, – ô comme leurs intrigues se sont toujours élevées contre l'égoïsme !

Et ceci précisément devait être la vertu et s'appeler vertu, qu'on s'élève contre l'égoïsme ! Et « désintéressés » – c'est ainsi que souhaitaient d'être, avec de bonnes raisons, tous ces poltrons et toutes ces araignées de vivre !

Mais c'est pour eux tous que vient maintenant le jour, le changement, l'épée du jugement, *le grand midi* : c'est là que bien des choses seront manifestes !

Et celui qui glorifie le Moi et qui sanctifie l'égoïsme, celui-là en vérité dit ce qu'il sait, le devine « *Voici, il vient, il s'approche, le grand midi !* »

Ainsi   parlait   Zarathoustra.

De l'esprit de lourdeur

1.

Ma bouche – est la bouche du peuple : je parle trop grossièrement et trop cordialement pour les élégants. Mais ma parole semble plus étrange encore aux écrivassiers et aux plumitifs.

Ma main – est une main de fou : malheur à toutes les tables et à toutes les murailles, et à tout ce qui peut donner place à des ornements et à des gribouillages de fou !

Mon pied – est un sabot de cheval ; avec lui je trotte et je galope par monts et par vaux, de ci, de là, et le plaisir me met le diable au corps pendant ma course rapide.

Mon estomac – est peut-être l'estomac d'un aigle. Car il préfère à toute autre la chair de l'agneau. Mais certainement, c'est un estomac d'oiseau.

Nourri de choses innocentes et frugales, prêt à voler et impatient de m'envoler – c'est ainsi que je me plais à être ; comment ne serais-je pas un peu comme un oiseau !

Et c'est surtout parce que je suis l'ennemi de l'esprit de lourdeur, que je suis comme un oiseau : ennemi à mort en vérité, ennemi juré, ennemi né ! Où donc mon inimitié ne s'est-elle pas déjà envolée et égarée ?

C'est là-dessus que je pourrais entonner un chant – et je veux l'entonner : quoique je sois seul dans une maison vide et qu'il faille que je chante à mes propres oreilles.

Il y a bien aussi d'autres chanteurs qui n'ont le gosier souple, la main éloquente, l'œil expressif et le cœur éveillé que quand la maison est pleine : – je ne ressemble pas à ceux-là. –

2.

Celui qui apprendra à voler aux hommes de l'avenir aura déplacé toutes les bornes ; pour lui les bornes mêmes s'envoleront dans l'air, il baptisera de nouveau la terre – il l'appellera « la légère ».

L'autruche cour plus vite que le coursier le plus rapide, mais elle aussi fourre encore lourdement sa tête dans la lourde terre : ainsi l'homme qui ne sait pas encore voler.

La terre et la vie lui semblent lourdes, et c'est ce que veut l'esprit de lourdeur ! Celui cependant qui veut devenir léger comme un oiseau doit s'aimer soi-même : c'est ainsi que j'enseigne, *moi*.

Non pas s'aimer de l'amour des malades et des fiévreux : car chez ceux-là l'amour-propre sent même mauvais.

Il faut apprendre à s'aimer soi-même, d'un amour sain et bien portant : afin d'apprendre à se supporter soi-même et de ne point vagabonder – c'est ainsi que j'enseigne.

Un tel vagabondage s'est donné le nom « d'amour du prochain » : c'est par ce mot d'amour qu'on a le mieux menti et dissimulé, et ceux qui étaient à charge plus que tous les autres.

Et, en vérité, *apprendre* à s'aimer, ce n'est point là un commandement pour aujourd'hui et pour demain. C'est au contraire de tous les arts le plus subtil, le plus rusé, le dernier et le plus patient.

Car, pour son possesseur, toute possession est bien cachée ; et de tous les trésors celui qui vous est propre est découvert le plus tard, – voilà l'ouvrage de l'esprit de lourdeur.

À peine sommes-nous au berceau, qu'on nous dote déjà de lourdes paroles et de lourdes valeurs : « bien » et « mal » – c'est ainsi que s'appelle ce patrimoine. C'est à cause de ces valeurs qu'on nous pardonne de vivre.

Et c'est pour leur défendre à temps de s'aimer eux-mêmes, qu'on laisse venir à soi les petits enfants : voilà l'ouvrage de l'esprit de lourdeur.

Et nous – nous traînons fidèlement ce dont on nous charge, sur de fortes épaules et par-dessus d'arides montagnes ! Et si nous nous plaignons de la chaleur on nous dit : « Oui, la vie est lourde à porter ! »

Mais ce n'est que l'homme lui-même qui est lourd à porter ! Car il traîne avec lui, sur ses épaules, trop de choses étrangères. Pareil au chameau, il s'agenouille et se laisse bien charger.

Surtout l'homme vigoureux et patient, plein de vénération : il charge sur ses épaules trop de paroles et de valeurs *étrangères* et lourdes, – alors la vie lui semble un désert !

Et, en vérité ! bien des choses qui vous sont *propres* sont aussi lourdes à porter ! Et l'intérieur de l'homme ressemble beaucoup à l'huître, il est rebutant, flasque et difficile à saisir, –

– en sorte qu'une noble écorce avec de nobles ornements se voit obligée d'intercéder pour le reste. Mais cet art aussi doit être appris : *posséder* de l'écorce, une belle apparence et un sage aveuglement !

Chez l'homme on est encore trompé sur plusieurs autres choses, puisqu'il y a bien des écorces qui sont pauvres et tristes, et qui sont trop de l'écorce. Il y a beaucoup de force et de bontés cachées qui ne sont jamais devinées ; les mets les plus délicats ne trouvent pas d'amateurs.

Les femmes savent cela, les plus délicates : un peu plus grasses, un peu plus maigres – ah ! Comme il y a beaucoup de destinée dans si peu de chose !

L'homme est difficile à découvrir, et le plus difficile encore pour lui-même ; souvent l'esprit ment au sujet de l'âme. Voilà l'ouvrage de l'esprit de lourdeur.

Mais celui-là s'est découvert lui-même qui dit : ceci est *mon* bien et *mon* mal. Par ces paroles il a fait taire la taupe et le nain qui disent : « Bien pour tous, mal pour tous. »

En vérité, je n'aime pas non plus ceux pour qui toutes choses sont bonnes et qui appellent ce monde le meilleur des mondes. Je les appelle des satisfaits.

Le contentement qui goûte de tout : ce n'est pas là le meilleur goût ! J'honore la langue du gourmet, le palais délicat et difficile qui a appris à dire : « Moi » et « Oui » et « Non ».

Mais tout mâcher et tout digérer – c'est faire comme les cochons ! Dire toujours *I-A*, c'est ce qu'apprennent seuls l'âne et ceux qui sont de son espèce ! –

C'est le jaune profond et le rouge intense que *mon* goût désire, – il mêle du sang à toutes les couleurs. Mais celui qui crépit sa maison de blanc révèle par là qu'il a une âme crépie de blanc.

Les uns amoureux des momies, les autres des fantômes ; et nous également ennemis de la chair et du sang – comme ils sont tous en contradiction avec mon goût ! Car j'aime le sang.

Et je ne veux pas demeurer où chacun crache : ceci est maintenant *mon* goût, – je préférerais de beaucoup vivre parmi les voleurs et les parjures. Personne n'a d'or dans la bouche.

Mais les lécheurs de crachats me répugnent plus encore ; et la bête la plus répugnante que j'aie trouvée parmi les hommes, je l'ai appelée parasite : elle ne voulait pas aimer et elle voulait vivre de l'amour.

J'appelle malheureux tous ceux qui n'ont à choisir qu'entre deux choses : devenir des bêtes féroces ou de féroces dompteurs de bêtes ; auprès d'eux je ne voudrais pas dresser ma tente.

J'appelle encore malheureux ceux qui sont obligés d'attendre toujours, – ils ne sont pas à mon goût, tous ces péagers et ces épiciers, ces rois et tous ces autres gardeurs de pays et de boutiques.

En vérité, mois aussi, j'ai appris à attendre, à attendre longtemps, mais à m'attendre, moi. Et j'ai surtout appris à me tenir debout, à marcher, à courir, à sauter, à grimper et à danser.

Car ceci est ma doctrine : qui veut apprendre à voler un jour doit d'abord apprendre à se tenir debout, à marcher, à courir, à sauter, à grimper et à danser : on n'apprend pas à voler du premier coup !

Avec des échelles de corde j'ai appris à escalader plus d'une fenêtre, avec des jambes agiles j'ai grimpé sur de hauts mâts : être assis sur des hauts mâts de la connaissance, quelle félicité ! – flamber sur de hauts mâts comme de petites flammes : une petite lumière seulement, mais pourtant une grande consolation pour les vaisseaux échoués et les naufragés ! –

Je suis arrivé à ma vérité par bien des chemins et de bien des manières : je ne suis pas monté par une seule échelle à la hauteur d'où mon œil regarde dans le lointain.

Et c'est toujours à contre-cœur que j'ai demandé mon chemin, – cela me fut toujours contraire ! J'ai toujours préféré interroger et essayer les chemins eux-mêmes.

Essayer et interroger, ce fut là toute ma façon de marcher : – et, en vérité, il faut aussi *apprendre* à répondre à de pareilles questions ! Car ceci est – de mon goût : – ce n'est ni un bon, ni un mauvais goût, mais c'est mon goût, dont je n'ai ni à être honteux ni à me cacher.

« Cela – est maintenant *mon* chemin, – où est le vôtre ? » Voilà ce que je répondais à ceux qui me demandaient « le chemin ». Car le chemin – le chemin n'existe pas.

Ainsi   parlait   Zarathoustra.

Des vieilles et des nouvelles tables

1.

Je suis assis là et j'attends, entouré de vieilles tables brisées et aussi de nouvelles tables à demi écrites. Quand viendra mon heure ? – l'heure de ma descente, de mon déclin : car je veux retourner encore une fois auprès des hommes.

C'est ce que j'attends maintenant : car il faut d'abord que me viennent les signes annonçant que *mon* heure est venue, – le lion rieur avec l'essaim de colombes.

En attendant je parle comme quelqu'un qui a le temps, je me parle à moi-même. Personne ne me raconte de choses nouvelles : je me raconte donc à moi-même. –

2.

Lorsque je suis venu auprès des hommes, je les ai trouvés assis sur une vieille présomption. Ils croyaient tous savoir, depuis longtemps, ce qui est bien et mal pour l'homme.

Toute discussion sur la vertu leur semblait une chose vieille et fatiguée, et celui qui voulait bien dormir parlait encore du « bien » et du « mal » avant d'aller se coucher.

J'ai secoué la torpeur de ce sommeil lorsque j'ai enseigné : *Personne ne sait encore* ce qui est bien et mal : – si ce n'est le créateur !

Mais c'est le créateur qui crée le but des hommes et qui donne sons sens et son avenir à la terre : c'est lui seulement qui crée le bien et le mal de toutes choses.

Et je leur ai ordonné de renverser leurs vieilles chaires, et, partout où se trouvait cette vieille présomption, je leur ai ordonné de rire de leurs grands maîtres de la vertu, de leurs saints, de leurs poètes et de leurs sauveurs du monde.

Je leur ai ordonné de rire de leurs sages austères et je les mettais en garde contre les noirs épouvantails plantés sur l'arbre de la vie.

Je me suis assis au bord de leur grande allée de cercueils, avec les charognes et même avec les vautours – et j'ai ri de tout leur passé et de la splendeur effritée de ce passé qui tombe en ruines.

En vérité, pareil aux pénitenciers et aux fous, j'ai anathématisé ce qu'ils ont de grand et de petit, – la petitesse de ce qu'ils ont de meilleur, la petitesse de ce qu'ils ont de pire, voilà ce dont je riais.

Mon sage désir jaillissait de moi avec des cris et des rires ; comme une sagesse sauvage vraiment il est né sur les montagnes ! – mon grand désir aux ailes bruissantes.

Et souvent il m'a emporté bien loin, au delà des monts, vers les hauteurs, au milieu du rire : alors il m'arrivait de voler en frémissant comme une flèche, à travers des extases ivres de soleil : – au delà, dans les lointains avenir que nul rêve n'a vus, dans les midis plus chauds que jamais imagier n'en rêva : là-bas où les dieux dansants ont honte de tous les vêtements : – afin que je parle en paraboles, que je balbutie et que je boite comme les poètes ; et, en vérité, j'ai honte d'être obligé d'être encore poète ! –

Où tout devenir me semblait danses et malices divines, où le monde déchaîné et effréné se réfugiait vers lui-même : –

– comme une éternelle fuite de soi et une éternelle recherche de soi chez des dieux nombreux, comme une bienheureuse contradiction de soi, une répétition et un retour vers soi-même des dieux nombreux : – où tout temps me semblait une bienheureuse moquerie des instants, où le nécessité était la liberté même qui se jouait avec bonheur de l'aiguillon de la liberté :

Où j'ai retrouvé aussi mon vieux démon et mon ennemi né, l'esprit de lourdeur et tout ce qu'il il a créé : la contrainte, la loi, la nécessité, la conséquence, le but, la volonté, le bien et le mal : –

Car ne faut-il pas qu'il y ait des choses *sur* lesquelles on puisse danser et passer ? Ne faut-il pas qu'il y ait – à cause de ceux qui sont légers et les plus légers – des taupes et de lourds nains ?

3.

C'est là aussi que j'ai ramassé sur ma route le mot de « Surhomme » et cette doctrine : l'homme est quelque chose qui doit être surmonté, – l'homme est un pont et non un but : se disant bienheureux de son midi et de son soir, une voie vers de nouvelles aurores : – la parole de Zarathoustra sur le grand Midi et tout ce que j'ai suspendu au-dessus des hommes, semblable à un second couchant de pourpre.

En vérité, je leur fis voir aussi de nouvelles étoiles et de nouvelles nuits ; et sur les nuages, le jour et la nuit, j'ai étendu le rire, comme une tente multicolore.

Je leur ai enseigné toutes *mes* pensées et toutes *mes* aspirations : à réunir et à joindre tout ce qui chez l'homme n'est que fragment et énigme et lugubre hasard, – en poète, en devineur d'énigmes, en rédempteur du hasard, je leur ai appris à être créateurs de l'avenir et à sauver, en créant, tout ce qui *fut*.

Sauver le passé dans l'homme et transformer tout « ce qui était » jusqu'à ce que la volonté dise : « Mais c'est ainsi que je voulais que ce fût ! C'est ainsi que je le voudrai – »

– C'est ceci que j'ai appelé salut pour eux, c'est ceci seul que je leur ai enseigné à appeler salut. –

Maintenant j'attends *mon* salut, – afin de retourner une dernière fois auprès d'eux.

Car encore *une* fois je veux retourner auprès des hommes : c'est *parmi eux* que je veux disparaître et, en mourant, je veux leur offrir le plus riche de mes dons !

C'est du soleil que j'ai appris cela, quand il se couche, du soleil trop riche : il répand alors dans la mer l'or de sa richesse inépuisable, – en sorte que même les plus pauvres pêcheurs rament alors avec des rames *dorées* ! Car c'est cela que j'ai vu jadis et, tandis que je regardais, mes larmes coulaient sans cesse. –

Pareil au soleil, Zarathoustra, lui aussi, veut disparaître : maintenant il est assis là a attendre, entouré de vieilles tables brisées et de nouvelles tables, – à demi-écrites.

4.

Regardez, voici une nouvelle table : mais où sont mes frères qui la porteront avec moi dans la vallée et dans les cœurs de chair ? –

Ainsi l'exige mon grand amour pour les plus éloignés : *ne ménage point ton prochain* ! L'homme est quelque chose qui doit être surmonté.

On peut arriver à se surmonter par des chemins et des moyens nombreux : c'est à *toi* à y parvenir ! Mais le bouffon seul pense : « On peut aussi *sauter* par-dessus l'homme. »

Surmonte-toi toi-même, même dans ton prochain : il ne faut pas te laisser donner un droit que tu es capable de conquérir !

Ce que tu fais, personne ne peut te le faire à son tour. Voici, il n'y a pas de récompense.

Celui qui ne peut pas se commander à soi-même doit obéir. Et il y en a qui *savent* se commander, mais il s'en faut encore de beaucoup qu'ils sachent aussi s'obéir !

5.

Telle est la manière des âmes nobles : elles ne veulent rien avoir *pour rien*, et moins que toute autre chose, la vie.

Celui qui fait partie de la populace veut vivre pour rien ; mais nous autres, à qui la vie s'est donnée, – nous réfléchissons toujours à ce que nous pourrions donner de mieux en *échange* !

Et en vérité, c'est une noble parole, celle qui dit : « Ce que la vie *nous* a promis *nous* voulons le tenir – à la vie ! »

On ne doit pas vouloir jouir, lorsque l'on ne donne pas à jouir. Et l'on ne doit pas *vouloir* jouir !

Car la jouissance et l'innocence sont les deux choses les plus pudiques : aucune des deux ne veut être cherchée. Il faut les *posséder* – mais il vaut mieux encore *chercher* la faute et la douleur ! –

6.

Ô mes frères, le précurseur est toujours sacrifié. Or nous sommes des précurseurs.

Nous saignons tous au secret autel des sacrifices, nous brûlons et nous rôtissons tous en l'honneur des vieilles idoles.

Ce qu'il y a de mieux en nous est encore jeune : c'est ce qui irrite les vieux gosiers. Notre chair est tendre, notre peau n'est qu'une peau d'agneau : – comment ne tenterions-nous pas de vieux prêtres idolâtres !

Il habite encore en *nous-mêmes*, le vieux prêtre idolâtre qui se prépare à faire un festin de ce qu'il y a de mieux en nous. Hélas ! mes frères, comment des précurseurs ne seraient-ils pas sacrifiés !

Mais ainsi le veut notre qualité ; et j'aime ceux qui ne veulent point se conserver. Ceux qui sombrent, je les aime de tout mon cœur : car ils vont de l'autre côté.

7.

Être véridique : peu de gens le savent ! Et celui qui le sait ne veut pas l'être ! Moins que tous les autres, les bons.

Ô ces bons ! – *Les hommes bons ne disent jamais la vérité* ; être bon d'une telle façon est une maladie pour l'esprit.

Ils cèdent, ces bons, ils se rendent, leur cœur répète et leur raison obéit : mais celui qui obéit *ne s'entend pas lui-même !*

Tout ce qui pour les bons est mal doit se réunir pour faire naître une vérité : ô mes frères, êtes-vous assez méchants pour cette vérité ?

L'audace téméraire, la longue méfiance, le cruel non, le dégoût, l'incision dans la vie, – comme il est rare que tout cela soit réuni ! C'est de telles semences cependant que – naît la vérité.

À *côté* de la mauvaise conscience, naquit jusqu'à présent toute science ! Brisez, brisez-moi les vieilles tables, vous qui cherchez la connaissance !

8.

Quand il y a des planches jetées sur l'eau, quand des passerelles et des balustrades passent sur le fleuve : en vérité, alors on n'ajoutera foi à personne lorsqu'il dira que « tout coule ».

Au contraire, les imbéciles eux-mêmes le contredisent. « Comment ! s'écrient-ils, tout coule ? Les planches et les balustrades sont pourtant au-dessus du fleuve ! »

« Au-dessus du fleuve tout est solide, toutes les valeurs des choses, les ponts, les notions, tout ce qui est « bien » et « mal » : tout cela est *solide* ! »

Et quand vient l'hiver, qui est le dompteur des fleuves, les plus malicieux apprennent à se méfier ; et, en vérité, ce ne sont pas seulement les imbéciles qui disent alors : « Tout ne serait-il pas – *immobile* ? »

« Au fond tout est immobile », – c'est là un véritable enseignement d'hiver, une bonne chose pour les temps stériles, une bonne consolation pour le sommeil hivernal et les sédentaires.

« Au fond tout est immobile » – : mais le vent du dégel élève sa protestation *contre* cette parole !

Le vent du dégel, un taureau qui ne laboure point, – un taureau furieux et destructeur qui brise la glace avec des cornes en colère ! La glace cependant – *brise les passerelles* !

Ô mes frères ! *tout* ne *coule*-t-il pas maintenant ? Toutes les balustrades et toutes les passerelles ne sont-elles pas tombées à l'eau ? Qui se *tiendrait* encore au « bien » et au « mal » ?

« Malheur à nous ! Gloire à nous ! Le vent du dégel souffle ! » – Prêchez ainsi, mes frères, à travers toutes les rues.

9.

Il y a une vieille folie qui s'appelle bien et mal. La roue de cette folie a tourné jusqu'à présent autour des devins et des astrologues.

Jadis on *croyait* aux devins et aux astrologues ; et c'est *pourquoi* l'on croyait que tout était fatalité : « Tu dois, car il le faut ! »

Puis on se méfia de tous les devins et de tous les astrologues et c'est *pourquoi* l'on crut que tout était liberté : « Tu peux, car tu veux ! »

Ô mes frères ! sur les étoiles et sur l'avenir on n'a fait jusqu'à présent que des suppositions sans jamais savoir : et c'est *pourquoi* sur le bien et le mal on n'a fait que des suppositions sans jamais savoir !

10.

« Tu ne déroberas point ! Tu ne tueras point ! » Ces paroles étaient appelées saintes jadis : devant elles on courbait les genoux et l'on baissait la tête, et l'on ôtait ses souliers.

Mais je vous demande : où y eut-il jamais de meilleurs brigands et meilleurs assassins dans le monde, que les brigands et les assassins provoqués par ces saintes paroles ?

N'y a-t-il pas dans la vie elle-même – le vol et l'assassinat ? Et, en sanctifiant ces paroles, n'a-t-on pas assassiné la *vérité* elle-même ?

Ou bien était-ce prêcher la mort que de sanctifier tout ce qui contredisait et déconseillait la vie ? – Ô mes frères, brisez, brisez-moi les vieilles tables.

11.

Ceci est ma pitié à l'égard de tout le passé que je le vois abandonné, – abandonné à la grâce, à l'esprit et à la folie de toutes les générations de l'avenir, qui transformeront tout ce qui fut en un pont pour elles-mêmes !

Un grand despote pourrait venir, un démon malin qui forcerait tout le passé par sa grâce et par sa disgrâce : jusqu'à ce que le passé devienne pour lui un pont, un signal, un héros et un cri de coq.

Mais ceci est l'autre danger et mon autre pitié : – les pensées de celui qui fait partie de la populace ne remontent que jusqu'à son grand-père, – mais avec le grand-père finit le temps.

Ainsi tout le passé est abandonné : car il pourrait arriver un jour que la populace devînt maître et qu'elle noyât dans des eaux basses l'époque tout entière.

C'est pourquoi, mes frères, il faut une nouvelle *noblesse*, adversaire de tout ce qui est populace et despote, une noblesse qui écrirait de nouveau le mot « noble » sur des tables nouvelles.

Car il faut beaucoup de nobles *pour qu'il y ait de la noblesse* ! Ou bien, comme j'ai dit jadis en parabole : « Ceci précisément est de la divinité, qu'il y ait beaucoup de dieux, mais pas de Dieu ! »

12.

Ô mes frères ! je vous investis d'une nouvelle noblesse que je vous révèle : vous devez être pour moi des créateurs et des éducateurs, – des semeurs de l'avenir, –

– en vérité, non d'une noblesse que vous puissiez acheter comme des épiciers avec de l'or d'épicier : car ce qui a son prix a peu de valeur.

Ce n'est pas votre origine qui sera dorénavant votre honneur, mais c'est votre but qui vous fera honneur ! Votre volonté et votre pas en avant qui veut vous dépasser vous-mêmes, – que ceci soit votre nouvel honneur !

En vérité, votre honneur n'est pas d'avoir servi un prince – qu'importent encore les princes ! – ou bien d'être devenu le rempart de ce qui est, afin que ce qui est soit plus solide !

Non que votre race soit devenue courtisane à la cour et que vous ayez appris à être multicolores comme le flamant, debout pendant de longues heures sur les bords plats de l'étang.

Car *savoir* se tenir debout est un mérite chez les courtisans ; et tous les courtisans croient que la *permission* d'être assis sera une des félicités dont ils jouiront après la mort ! –

Ce n'est pas non plus qu'un esprit qu'ils appellent saint ait conduit vos ancêtres en des terres promises, que *je* ne loue pas ; car dans le pays où a poussé le pire de tous les arbres, la croix, – il n'y a rien à louer !

Et, en vérité, quel que soit le pays où ce « Saint-Esprit » ait conduit ses chevaliers, le cortège de ses chevaliers était toujours – *précédé* de chèvres, d'oies, de fous et de toqués ! –

Ô mes frères ! ce n'est pas en arrière que votre noblesse doit regarder, mais au dehors ! Vous devez être des expulsés de toutes les patries et de tous les pays de vos ancêtres !

Vous devez aimer le pays de vos *enfants* : que cet amour soit votre nouvelle noblesse, – le pays inexploré dans les mers lointaines, c'est lui que j'ordonne à vos voiles de chercher et de chercher encore !

Vous devez *racheter* auprès de vos enfants d'être les enfants de vos pères : c'est *ainsi* que vous délivrerez tout le passé ! Je place au-dessus de vous cette table nouvelle !

13.

« Pourquoi vivre ? Tout est vain ! Vivre – c'est battre de la paille ; vivre – c'est se brûler et ne pas arriver à se chauffer. » –

Ces bavardages vieillis passent encore pour de la « sagesse » ; ils sont vieux, ils sentent le renfermé, c'est *pourquoi* on les honore davantage. La pourriture, elle aussi, rend noble. –

Des enfants peuvent ainsi parler : ils *craignent* le feu car le feu les a brûlés ! Il y a beaucoup d'enfantillage dans les vieux livres de la sagesse.

Et celui qui bat toujours la paille comment aurait-il le droit de se moquer lorsqu'on bat le blé ? On devrait bâillonner de tels fous !

Ceux-là se mettent à table et n'apportent rien, pas même une bonne faim : – et maintenant ils blasphèment : « Tout est vain ! »

Mais bien manger et bien boire, ô mes frères, cela n'est en vérité pas un art vain ! Brisez, brisez-moi les tables des éternellement mécontents !

14.

« Pour les purs, tout est pur » – ainsi parle le peuple. Mais moi je vous dis : pour les porcs, tout est porc !

C'est pourquoi les exaltés et les humbles, qui inclinent leur cœur, prêchent ainsi : « Le monde lui-même est un monstre fangeux. »

Car tous ceux-là ont l'esprit malpropre ; surtout ceux qui n'ont ni trêve ni repos qu'ils n'aient vu le monde *par derrière*, – ces hallucinés de l'arrière-monde !

C'est à *eux* que je le dis en plein visage, quoique cela choque la bienséance : en ceci le monde ressemble à l'homme, il a un derrière, – *ceci* est vrai !

Il y a dans le monde beaucoup de fange : *ceci* est vrai ! mais ce n'est pas à cause de cela que le monde est un monstre fangeux !

La sagesse veut qu'il y ait dans le monde beaucoup de choses qui sentent mauvais : le dégoût lui-même crée des ailes et des forces qui pressentent des sources !

Les meilleurs ont quelque chose qui dégoûte ; et le meilleur même est quelque chose qui doit être surmonté ! –

Mes frères ! il est sage qu'il y ait beaucoup de fange dans le monde ! –

15.

J'ai entendu de pieux hallucinés de l'arrière-monde dire à leur conscience des paroles comme celle-ci et, en vérité, sans malice ni raillerie, – quoiqu'il n'y ait rien de plus faux sur la terre, ni rien de pire.

« Laissez donc le monde être le monde ! Ne remuez même pas le petit doigt contre lui ! »

« Laissez les gens se faire étrangler par ceux qui voudront, laissez-les se faire égorger, frapper, maltraiter et écorcher : ne remuez même pas le petit doigt pour vous y opposer. Cela leur apprendre à renoncer au monde. »

« Et ta propre raison tu devrais la ravaler et l'égorger ; car cette raison est de ce monde ; – ainsi tu apprendrais toi-même à renoncer au monde. » –

Brisez, brisez-moi, ô mes frères, ces vieilles tables des dévots ! Brisez dans vos bouches les paroles des calomniateurs du monde !

16.

« Qui apprend beaucoup, désapprend tous les désirs violents » – c'est ce qu'on se murmure aujourd'hui dans toutes les rues obscures.

« La sagesse fatigue, rien ne vaut la peine ; tu ne dois pas convoiter ! » – j'ai trouvé suspendue cette nouvelle table, même sur les places publiques.

Brisez, ô mes frères, brisez même cette *nouvelle* table ! Les gens fatigués du monde l'ont suspendue, les prêtres de la mort et les estafiers : car voici, c'est aussi un appel à la servilité ! –

Ils ont mal appris et ils n'ont pas appris les meilleures choses, tout trop tôt en tout trop vite : ils ont mal *mangé*, c'est ainsi qu'ils se sont gâté l'estomac, –

– car leur esprit est un estomac gâté : c'est lui qui conseille la mort ! Car, en vérité, mes frères, l'esprit *est* un estomac !

La vie est une source de joie : mais pour celui qui laisse parler son estomac gâté, le père de la tristesse, toutes les sources sont empoisonnées.

Connaître : c'est une *joie* pour celui qui a la volonté du lion. Mais celui qui est fatigué est sous l'empire d'une volonté étrangère, toutes les vagues jouent avec lui.

Et c'est ainsi que font tous les hommes faibles : ils se perdent sur leurs chemins. Et leur lassitude finit par demander : « Pourquoi avons-nous jamais suivi ce chemin ? Tout est égal ! »

C'est à *eux* qu'il est agréable d'entendre prêcher : « Rien ne vaut la peine ! Vous ne devez pas vouloir ! » Ceci cependant est un appel à la servilité.

Ô mes frères ! Zarathoustra arrive comme un coup de vent frais pour tous ceux qui sont fatigués de leur chemin ; bien des nez éternueront à cause de lui !

Mon haleine souffle aussi à travers les murs dans les prisons et dans les esprits prisonniers !

La volonté délivre : car la volonté est créatrice ; c'est là ce que j'enseigne. Et ce n'est *que* pour créer qu'il vous faut apprendre !

Et c'est aussi de moi seulement qu'il vous faut apprendre à apprendre, à bien apprendre ! – Que celui qui a des oreilles entende.

17.

La barque est prête, – elle vogue vers là-bas, peut-être vers le grand néant. – Mais qui veut s'embarquer vers ce « peut-être » ?

Personne de vous ne veut s'embarquer sur la barque de mort ! Pourquoi voulez-vous alors être *fatigués du monde* !

Fatigués du monde ! Avant d'être ravis à la terre. Je vous ai toujours trouvés désireux de la terre, amoureux de votre propre fatigue de la terre !

Ce n'est pas en vain que vous avez la lèvre pendante : un petit souhait terrestre lui pèse encore ! Et ne flotte-t-il dans votre regard pas un petit nuage de joie terrestre que vous n'avez pas encore oubliée ?

Il y a sur terre beaucoup de bonnes inventions, les unes utiles, les autres agréables : c'est pourquoi il faut aimer la terre.

Et quelques inventions sont si bonnes qu'elles sont comme le sein de la femme, à la fois utiles et agréables.

Mais vous autres qui êtes fatigués du monde et paresseux ! Il faut vous caresser de verges ! à coups de verges il faut vous rendre les jambes alertes.

Car si vous n'êtes pas des malades et des créatures usées, dont la terre est fatiguée, vous êtes de rusés paresseux ou bien des jouisseurs, des chats gourmands et sournois. Et si vous ne voulez pas recommencer à *courir* joyeusement, vous devez – disparaître !

Il ne faut pas vouloir être le médecin des incurables : ainsi enseigne Zarathoustra : disparaissez donc !

Mais il faut plus de *courage* pour faire une fin, qu'un vers nouveau : c'est ce que savent tous les médecins et tous les poètes. –

18.

Ô mes frères, il y a des tables créées par la fatigue et des tables créées par la paresse, la paresse pourrie : quoiqu'elles parlent de la même façon, elles veulent être écoutées de façons différentes. –

Voyez cet homme langoureux ! Il n'est plus éloigné de son but que d'un empan, mais, à cause de sa fatigue, il s'est couché, boudeur, dans le sable : ce brave !

Il bâille de fatigue, fatigué de son chemin, de la terre, de son but et de lui-même : il ne veut pas faire un pas de plus, – ce brave !

Maintenant le soleil darde ses rayons sur lui, et les chiens voudraient lécher sa sueur : mais il est couché là dans son entêtement et préfère se consumer : –

– se consumer à un empan de son but ! En vérité, il faudra vous le tiriez par les cheveux vers son ciel, – ce héros !

En vérité, il vaut mieux que vous le laissiez là où il s'est couché, pour que le sommeil lui vienne, le sommeil consolateur, avec un bruissement de pluie rafraîchissante :

Laissez-le coucher jusqu'à ce qu'il se réveille de lui-même, – jusqu'à ce qu'il réfute de lui-même toute fatigue et tout ce qui en lui enseigne la fatigue !

Mais chassez loin de lui, mes frères, les chiens, les paresseux sournois, et toute cette vermine grouillante : –

– toute la vermine grouillante des gens « cultivés » qui se nourrit de la sueur des héros ! –

19.

Je trace des cercles autour de moi et de saintes frontières ; il y en a toujours moins qui montent avec moi sur des montagnes toujours plus hautes : j'élève une chaîne de montagnes toujours plus saintes. –

Mais où que vous vouliez monter avec moi, mes frères : veillez à ce qu'il n'y ait pas de *parasites* qui montent avec vous !

Un parasite : c'est un ver rampant et insinuant, qui veut s'engraisser de tous vos recoins malades et blessés.

Et *ceci* est son art de deviner où les âmes qui montent sont fatiguées : c'est dans votre affliction et dans votre mécontentement, dans votre fragile pudeur, qu'il construit son nid répugnant.

Là où le fort est faible, là où le noble est trop indulgent, – c'est là qu'il construit son nid répugnant : le parasite habite où le grand a de petits recoins malades.

Quelle est la plus haute espèce chez l'être et quelle est l'espèce la plus basse ? Le parasite est la plus basse espèce, mais celui qui est la plus haute espèce nourrit le plus de parasites.

Car l'âme qui a la plus longue échelle et qui peut descendre le plus bas : comment ne porterait-elle pas sur elle le plus de parasites ? –

– l'âme la plus vaste qui peut courir, au milieu d'elle-même s'égarer et errer le plus loin, celle qui est la plus nécessaire, qui se précipite par plaisir dans le hasard : –

– l'âme qui est, qui plonge dans le devenir ; l'âme qui possède, qui *veut* entrer dans le vouloir et dans le désir : –

– l'âme qui se fuit elle-même et qui se rejoint elle-même dans le plus large cercle ; l'âme la plus sage que la folie invite le plus doucement : –

– l'âme qui s'aime le plus elle-même, en qui toutes choses ont leur montée et leur descente, leur flux et leur reflux : – ô comment la plus *haute âme* n'aurait-elle pas les pires parasites ?

20.

Ô mes frères, suis-je donc cruel ? Mais je vous dis : ce qui tombe, il faut encore le pousser !

Tout ce qui est d'aujourd'hui – tombe et se décompose ; qui donc voudrait le retenir ? Mais moi – moi je veux encore le pousser !

Connaissez-vous la volupté qui précipite les roches dans les profondeurs à pic ! – Ces hommes d'aujourd'hui : regardez donc comme ils roulent dans mes profondeurs !

Je suis un prélude pour de meilleurs joueurs, ô mes frères ! un exemple ! *Faites* selon mon exemple !

Et s'il y a quelqu'un à qui vous n'appreniez pas à voler, apprenez-lui du moins – à *tomber plus vite* ! –

21.

J'aime les braves : mais il ne suffit pas d'être bon sabreur, – il faut aussi savoir *qui* l'on frappe !

Et souvent il y a plus de bravoure à s'abstenir et à passer : *afin de* se réserver pour un ennemi plus digne !

Vous ne devez avoir que des ennemis dignes de haine, mais point d'ennemis dignes de mépris : il faut que vous soyez fiers de votre ennemi : c'est ce que j'ai enseigné une fois déjà.

Il faut vous réserver pour un ennemi plus digne, ô mes amis : c'est pourquoi il y en a beaucoup devant lesquels il faut passer, –

– surtout devant la canaille nombreuse qui vous fait du tapage à l'oreille en vous parlant du peuple et des nations.

Gardez vos yeux de leur « pour » et de leur « contre » ! Il y a là beaucoup de justice et d'injustice : celui qui est spectateur se fâche.

Être spectateur et frapper dans la masse – c'est l'œuvre d'un instant : c'est pourquoi allez-vous-en dans les forêts et laissez reposer votre épée !

Suivez vos chemins ! Et laissez les peuples et les nations suivre les leurs ! – des chemins obscurs, en vérité, où nul espoir ne scintille plus !

Que l'épicier règne, là où tout ce qui brille – n'est plus qu'or d'épicier ! Ce n'est plus le temps des rois : ce qui aujourd'hui s'appelle peuple ne mérite pas de roi.

Regardez donc comme ces nations imitent maintenant elles-mêmes les épiciers : elles ramassent les plus petits avantages dans toutes les balayures !

Elles s'épient, elles s'imitent, – c'est ce qu'elles appellent « bon voisinage ». Ô bienheureux temps, temps lointain où un peuple se disait : c'est sur d'autres peuples que je veux être – *maître* ! »

Car, ô mes frères, ce qu'il y a de meilleur doit régner, ce qu'il y a de meilleur *veut* aussi régner ! Et où il y a une autre doctrine, ce qu'il a de meilleur – *fait défaut*.

22.

Si *ceux-ci* – avaient le pain gratuit, malheur à eux ! Après quoi crieraient-ils ? De quoi s'entretiendraient-ils si ce n'était de leur entretien ? et il faut qu'ils aient la vie dure !

Ce sont des bêtes de proie : dans leur « travail » – il y a aussi du rapt ; dans leur gain – il y a aussi de la ruse ! C'est pourquoi il faut qu'ils aient la vie dure !

Il faut donc qu'ils deviennent de meilleures bêtes de proie, plus fines et plus rusées, des bêtes *plus semblables à l'homme* : car l'homme est la meilleure bête de proie.

L'homme a déjà pris leurs vertus à toutes les bêtes, c'est pourquoi, de tous les animaux, l'homme a eu la vie la plus dure.

Seuls les oiseaux sont encore au-dessus de lui. Et si l'homme apprenait aussi à voler, malheur à lui ! *à quelle hauteur* – sa rapacité volerait-elle !

23.

C'est ainsi que je veux l'homme et la femme : l'un apte à la guerre, l'autre apte à engendrer, mais tous deux aptes à danser avec la tête et les jambes.

Et que chaque jour où l'on n'a pas dansé une fois au moins soit perdu pour nous ! Et que toute vérité qui n'amène pas au moins une hilarité nous semble fausse !

24.

Veillez à la façon dont vous concluez vos mariages, veillez à ce que ce ne soit pas une mauvaise *conclusion* ! Vous avez conclu trop tôt : il s'en suit donc – une rupture !

Et il vaut mieux encore rompre le mariage que de se courber et de mentir ! – Voilà ce qu'une femme m'a dit : « Il est vrai que j'ai brisé les liens du mariage, mais les liens du mariage m'avaient d'abord brisée – moi ! »

J'ai toujours trouvé que ceux qui étaient mal assortis étaient altérés de la pire vengeance : ils se vengent sur tout le monde de ce qu'ils ne peuvent plus marcher séparément.

C'est pourquoi je veux que ceux qui sont de bonne foi disent : « Nous nous aimons : *veillons* à nous garder en affection ! Ou bien notre promesse serait-elle une méprise ! »

– « Donnez-nous un délai, une petite union pour que nous voyions si nous sommes capables d'une longue union ! C'est une grande chose que d'être toujours à deux ! »

C'est ainsi que je conseille à tous ceux qui sont de bonne foi ; et que serait donc mon amour du Surhomme et de tout ce qui doit venir si je conseillais et si je parlais autrement !

Il ne faut pas seulement vous multiplier, mais vous *élever* – ô mes frères, que vous soyez aidés en cela par le jardin du mariage.

25.

Celui qui a acquis l'expérience des anciennes origines finira par chercher les sources de l'avenir et des origines nouvelles. –

Ô mes frères, il ne se passera plus beaucoup de temps jusqu'à ce que jaillissent de *nouveaux peuples*, jusqu'à ce que de nouvelles sources mugissent dans leurs profondeurs.

Car le tremblement de terre – c'est lui qui enfouit bien des fontaines et qui crée beaucoup de soif : il élève aussi à la lumière les forces intérieures et les mystères.

Le tremblement de terre révèle des sources nouvelles. Dans le cataclysme de peuples anciens, des sources nouvelles font irruption.

Et celui qui s'écrie : « Regardez donc, voici *une* fontaine pour beaucoup d'altérés, *un* cœur pour beaucoup de langoureux, une volonté pour beaucoup d'instruments » : – c'est autour de lui que s'assemble un peuple, c'est-à-dire beaucoup d'hommes qui essayent.

Qui sait commander et qui doit obéir – *c'est ce que l'on essaie là.* Hélas ! avec combien de recherches, de divinations, de conseils, d'expériences et de tentatives nouvelles !

La société humaine est une tentative, voilà ce que j'enseigne, – une longue recherche ; mais elle cherche celui qui commande !

– une tentative, ô mes frères ! et *non* un « contrat » ! Brisez, brisez-moi de telles paroles qui sont des paroles de cœurs lâches et des demi-mesures !

26.

Ô mes frères ! où est le plus grand danger de tout avenir humain ? N'est-ce pas chez les bons et les justes ! –

– chez ceux qui parlent et qui sentent dans leur cœur : « Nous savons déjà ce qui est bon et juste, nous le possédons aussi ; malheur à ceux qui veulent encore chercher sur ce domaine ! »

Et quel que soit le mal que puissent faire les méchants : le mal que font les bons est le plus nuisible des maux !

Et quel que soit le mal que puissent faire les calomniateurs du monde ; le mal que font les bons est le plus nuisible des maux !

Ô mes frères, un jour quelqu'un a regardé dans le cœur des bons et des justes et il a dit : « Ce sont les pharisiens. » Mais on ne le comprit point.

Les bons et les justes eux-mêmes ne devaient pas le comprendre : leur esprit est prisonnier de leur bonne conscience. La bêtise des bons est une sagesse insondable.

Mais ceci est la vérité : il *faut* que les bons soient des pharisiens, – ils n'ont pas de choix !

Il *faut* que les bons crucifient celui qui s'invente sa propre vertu ! Ceci est la vérité !

Un autre cependant qui découvrit leur pays, – le pays, le cœur et le terrain des bons et des justes : ce fut celui qui demanda : « Qui haïssent-ils le plus ? »

C'est le *créateur* qu'ils haïssent le plus : celui qui brise des tables et de vieilles valeurs, le briseur, – c'est lui qu'ils appellent criminel.

Car les bons ne *peuvent* pas créer : ils sont toujours le commencement de la fin : –

– ils crucifient celui qui écrit des valeurs nouvelles sur des tables nouvelles, ils sacrifient l'avenir pour *eux-mêmes*, ils crucifient tout l'avenir des hommes !

Les bons – furent toujours le commencement de la fin. –

27.

Ô mes frères, avez-vous aussi compris cette parole ? Et ce que j'ai dit un jour du « dernier homme » ? –

Chez qui y a-t-il les plus grands dangers pour l'avenir des hommes ? N'est-ce pas chez les bons et les justes ?

Brisez, brisez-moi les bons et les justes ! Ô mes frères, avez-vous aussi compris cette parole ?

28.

Vous fuyez devant moi ? Vous êtes effrayés ? Vous tremblez devant cette parole ?

Ô mes frères, ce n'est que lorsque vous ai dit de briser les bons et les tables des bons, que j'ai embarqué l'homme sur la pleine mer.

Et c'est maintenant seulement que lui vient la grande terreur, le grand regard circulaire, la grande maladie, le grand dégoût, le grand mal de mer.

Les bons vous ont montré des côtes trompeuses et de fausses sécurités ; vous étiez nés dans les mensonges des bons et vous vous y êtes abrités. Les bons ont faussé et dénaturé toutes choses jusqu'à la racine.

Mais celui qui découvrit le pays « homme », découvrit en même temps le pays « l'avenir des hommes ». Maintenant vous devez être pour moi des matelots braves et patients !

Marchez droit, à temps, ô mes frères, apprenez à marcher droit ! La mer est houleuse : il y en a beaucoup qui ont besoin de vous pour se redresser.

La mer est houleuse : tout est dans la mer. Eh bien ! allez, vieux cœurs de matelots !

Qu'importe la patrie ! Nous voulons faire voile vers *là-bas*, vers le *pays de nos enfants* ! au large. Là-bas, plus fougueux que la mer, bouillonne notre grand désir.

29.

« Pourquoi si dur ? – dit un jour au diamant le charbon de cuisine ; ne sommes-nous pas proches parents ? – »

Pourquoi si mous ? Ô mes frères, je vous le demande : n'êtes-vous donc pas – mes frères ?

Pourquoi si mous, si fléchissants, si mollissants ? Pourquoi y a-t-il tant de reniement, tant d'abnégation dans votre cœur ? Si peu de destinée dans votre regard ?

Et si vous ne voulez pas être des destinées, des inexorables : comment pourriez-vous un jour *vaincre* avec moi ?

Et si votre dureté ne veut pas étinceler, et trancher, et inciser : comment pourriez-vous un jour *créer* avec moi ?

Car les créateurs sont durs. Et cela doit vous sembler béatitude d'empreindre votre main en des siècles, comme en de la cire molle, – béatitude d'écrire sur la volonté des millénaires, comme sur de l'airain, – plus dur que de l'airain, plus noble que l'airain. Le plus dur seul est le plus noble.

Ô mes frères, je place au-dessus de vous cette table nouvelle : DEVENEZ DURS !

30.

Ô toi ma volonté ! Trêve de toute misère, toi ma nécessité ! Garde-moi de toutes les petites victoires !

Hasard de mon âme que j'appelle destinée ! Toi qui es en moi et au-dessus de moi ! Garde-moi et réserve-moi pour *une* grande destinée !

Et ta dernière grandeur, ma volonté, conserve-la pour la fin, – pour que tu sois implacable *dans* ta victoire ! Hélas ! qui ne succombe pas à sa victoire !

Hélas ! Quel œil ne s'est pas obscurci dans cette ivresse de crépuscule ? Hélas ! quel pied n'a pas trébuché et n'a pas désappris la marche dans la victoire ! –

– Pour qu'un jour je sois prêt et mûr lors du grand Midi : prêt et mûr comme l'airain chauffé à blanc, comme le nuage gros d'éclairs et le pis gonflé de lait : –

– prêt à moi-même et à ma volonté la plus cachée : un arc qui brûle de connaître sa flèche, une flèche qui brûle de connaître son étoile : –

– une étoile prête et mûre dans son midi, ardente et transpercée, bienheureuse de la flèche céleste qui la détruit : –

– soleil elle-même et implacable volonté de soleil, prête à détruire dans la victoire !

Ô volonté ! trêve de toute misère, toi *ma* nécessité ! Réserve-moi pour *une* grande victoire ! –

Ainsi parlait Zarathoustra.

Le convalescent

1.

Un matin, peu de temps après son retour dans sa caverne, Zarathoustra s'élança de sa couche comme un fou, se mit à crier d'une voix formidable, gesticulant comme s'il y avait sur sa couche un Autre que lui et qui ne voulait pas se lever ; et la voix de Zarathoustra retentissait de si terrible manière que ses animaux effrayés s'approchèrent de lui et que de toutes les grottes et de toutes les fissures qui avoisinaient la caverne de Zarathoustra, tous les animaux s'enfuirent, – volant, voltigeant, rampant et sautant, selon qu'ils avaient des pieds ou des ailes. Mais Zarathoustra prononça ces paroles :

Debout, pensée vertigineuse, surgis du plus profond de mon être ! Je suis ton chant du coq et ton aube matinale, dragon endormi ; lève-toi ! Ma voix finira bien par te réveiller !

Arrache les tampons de tes oreilles : écoute ! Car je veux que tu parles ! Lève-toi ! Il y a assez de tonnerre ici pour que même les tombes apprennent à entendre !

Frotte tes yeux, afin d'en chasser le sommeil, toute myopie et tout aveuglement. Écoute-moi aussi avec tes yeux : ma voix est un remède, même pour ceux qui sont nés aveugles.

Et quand une fois tu serras éveillé, tu le resteras à jamais. Ce n'est pas *mon* habitude de tirer de leur sommeil d'antiques aïeules, pour leur dire – de se rendormir !

Tu bouges, tu t'étires et tu râles ? Debout ! Debout ! Ce n'est point râler – mais parler qu'il te faut ! Zarathoustra t'appelle, Zarathoustra l'impie !

Moi Zarathoustra, l'affirmateur de la vie, l'affirmateur de la douleur, l'affirmateur du cercle éternel – c'est toi que j'appelle, toi la plus profonde de mes pensées !

Ô joie ! Tu viens, – je t'entends ! Mon abîme parle. J'ai retourné vers la lumière ma dernière profondeur !

Ô joie ! Viens ici ! Donne-moi la main – – Ah ! Laisse ! Ah ! Ah – – dégoût ! Dégoût ! Dégoût ! – – – Malheur à moi !

2.

Mais à peine Zarathoustra avait-il dit ces mots qu'il s'effondra à terre tel un mort, et il resta longtemps comme mort. Lorsqu'il revint à lui, il était pâle et tremblant, et il resta couché et longtemps il ne voulut ni manger ni boire. Il reste en cet état pendant sept jours ; ses animaux cependant ne le quittèrent ni le jour ni la nuit, si ce n'est que l'aigle prenait parfois son vol pour chercher de la nourriture. Et il déposait sur la couche de Zarathoustra tout ce qu'il ramenait dans ses serres : en sorte que Zarathoustra finit par être couché sur un lit de baies jaunes et rouges, de grappes, de pommes d'api, d'herbes odorantes et de pommes de pins. Mais à ses pieds, deux brebis que l'aigle avait dérobées à grand'peine à leurs bergers étaient étendues.

Enfin, après sept jours, Zarathoustra se redressa sur sa couche, prit une pomme d'api dans la main, se mit à la flairer et trouva son odeur agréable. Alors les animaux crurent que l'heure était venue de lui parler.

« Ô Zarathoustra, dirent-ils, voici sept jours que tu gis ainsi les yeux appesantis : ne veux-tu pas enfin te remettre sur tes jambes ?

Sors de ta caverne : le monde t'attend comme un jardin. Le vent se joue des lourds parfums qui veulent venir à toi ; et tous les ruisseaux voudraient courir à toi.

Toutes les choses soupirent après toi, alors que toi tu es resté seul pendant sept jours, – sors de ta caverne ! Toutes les choses veulent être médecins !

Une nouvelle certitude est-elle venue vers toi, lourde et chargée de ferment ? Tu t'es couché là comme une pâte qui lève, ton âme se gonflait et débordait de tous ses bords. – »

– Ô mes animaux, répondit Zarathoustra, continuez à babiller ainsi et laissez-moi écouter ! Votre babillage me réconforte : où l'on babille, le monde me semble étendu devant moi comme un jardin.

Quelle douceur n'y a-t-il pas dans les mots et les sons ! Les mots et les sons ne sont-ils pas les arcs-en-ciel et des ponts illusoires jetés entre des êtres à jamais séparés ?

À chaque âme appartient un autre monde, pour chaque âme toute autre âme est un arrière-monde.

C'est entre les choses les plus semblables que mentent les plus beaux mirages ; car les abîmes les plus étroits sont plus les difficiles à franchir.

Pour moi – comment y aurait-il quelque chose en dehors de moi ? Il n'y pas de non-moi ! Mais tous les sons nous font oublier cela ; comme il est doux que nous puissions l'oublier !

Les noms et les sons n'ont-ils pas été donnés aux choses, pour que l'homme s'en réconforte ? N'est-ce pas une douce folie que le langage : en parlant l'homme danse sur toutes les choses.

Comme toute parole est douce, comme tous les mensonges des sons paraissent doux ! Les sons font danser notre amour sur des arcs-en-ciel diaprés. » –

– « Ô Zarathoustra, dirent alors les animaux, pour ceux qui pensent comme nous, ce sont les choses elles-mêmes qui dansent : tout vient et se tend la main, et rit, et s'enfuit – et revient.

Tout va, tout revient, la roue de l'existence tourne éternellement. Tout meurt, tout refleurit, le cycle de l'existence se poursuit éternellement.

Tout se brise, tout s'assemble à nouveau ; éternellement se bâtit le même édifice de l'existence. Tout se sépare, tout se salue de nouveau ; l'anneau de l'existence se reste éternellement fidèle à lui-même.

À chaque moment commence l'existence ; autour de chaque ici se déploie la sphère *là-bas*. Le centre est partout. Le sentier de l'éternité est tortueux. » –

– « Ô espiègles que vous êtes, ô serinettes ! Répondit Zarathoustra en souriant de nouveau, comme vous saviez bien ce qui devait s'accomplir en sept jours : – et comme ce monstre s'est glissé au fond de ma gorge pour m'étouffer ! Mais d'un coup de dent je lui ai coupé la tête et je l'ai crachée loin de moi.

Et vous, – vous en avez déjà fait une rengaine ! Mais maintenant je suis couché là, fatigué d'avoir mordu et d'avoir craché, malade encore de ma propre délivrance.

Et vous avez été spectateurs de tout cela ? Ô mes animaux, êtes-vous donc cruels, vous aussi ? Avez-vous voulu contempler ma grande douleur comme font les hommes ? Car l'homme est le plus cruel de tous les animaux.

C'est en assistant à des tragédies, à des combats de taureaux et à des crucifixions que, jusqu'à présent, il s'est senti plus à l'aise sur la terre ; et lorsqu'il s'inventa l'enfer, ce fut, en vérité, son paradis sur la terre.

Quand le grand homme crie : – aussitôt le petit accourt à ses côtés ; et l'envie lui fait pendre la langue hors de la bouche. Mais il appelle cela sa « compassion ».

Voyez le petit homme, le poète surtout – avec combien d'ardeur ses paroles accusent-elles la vie ! Écoutez-le, mais n'oubliez pas d'entendre le plaisir qu'il y a dans toute accusation !

Ces accusateurs de la vie : la vie, d'une œillade, en a raison. « Tu m'aimes ? dit-elle, l'effrontée ; attends un peu, je n'ai pas encore le temps pour toi. »

L'homme est envers lui-même l'animal le plus cruel ; et, chez tous ceux qui s'appellent pécheurs », « porteurs de croix » et « pénitents », n'oubliez pas d'entendre la volupté qui se mêle à leurs plaintes et à leurs accusations !

Et moi-même – est-ce que je veux être par là l'accusateur de l'homme ? Hélas ! mes animaux, le plus grand mal est nécessaire pour le plus grand bien de l'homme, c'est la seule chose que j'ai apprise jusqu'à présent, –

– le plus grand mal est la meilleure part de la *force* de l'homme, la pierre la plus dure pour le créateur suprême ; il faut que l'homme devienne meilleur *et* plus méchant : –

Je n'ai pas été attaché à *cette* croix, qui est de savoir que l'homme est méchant, mais j'ai crié comme personne encore n'a crié :

« Hélas ! Pourquoi sa pire méchanceté est-elle si petite ! Hélas ! pourquoi sa meilleure bonté est-elle si petite ! »

Le grand dégoût de l'homme – c'est ce *dégoût* qui m'a étouffé et qui m'était entré dans le gosier ; et aussi ce qu'avait prédit le devin : « Tout est égal rien ne vaut la peine, le savoir étouffe ! »

Un long crépuscule se traînait en boitant devant moi, une tristesse fatiguée et ivre jusqu'à la mort, qui disait d'une voix coupée de bâillements :

217

« Il reviendra éternellement, l'homme dont tu es fatigué, l'homme petit » – ainsi bâillait ma tristesse, traînant la jambe sans pouvoir s'endormir.

La terre humaine se transformait pour moi en caverne, son sein se creusait, tout ce qui était vivant devenait pour moi pourriture, ossements humains et passé en ruines.

Mes soupirs se penchaient sur toutes les tombes humaines et ne pouvaient plus les quitter ; mes soupirs et mes questions coassaient, étouffaient, rongeaient et se plaignaient jour et nuit :

– « Hélas ! L'homme reviendra éternellement ! L'homme petit reviendra éternellement ! » –

Je les ai vus nus jadis, le plus grand et le plus petit des hommes : trop semblables l'un à l'autre, – trop humains, même le plus grand !

Trop petit le plus grand ! – Ce fut là ma lassitude de l'homme ! Et l'éternel retour, même du plus petit ! – Ce fut là ma lassitude de toute existence !

Hélas ! Dégoût ! Dégoût ! Dégoût ! » – Ainsi parlait Zarathoustra, soupirant et frissonnant, car il se souvenait de sa maladie. Mais alors ses animaux ne le laissèrent pas continuer.

« Cesse de parler, convalescent ! – ainsi lui répondirent ses animaux, mais sors d'ici, va où t'attend le monde, semblable à un jardin.

Va auprès des rosiers, des abeilles et des essaims de colombes ! Va surtout auprès des oiseaux chanteurs : afin d'apprendre leur *chant* !

Car le chant convient aux convalescents ; celui qui se porte bien parle plutôt. Et si celui qui se porte bien veut des chants, c'en seront d'autres cependant que ceux du convalescent. »

– « Ô espiègles que vous êtes, ô serinettes, taisez-vous donc ! – répondit Zarathoustra en riant de ses animaux. Comme vous savez bien quelle consolation je me suis inventée pour moi-même en sept jours !

Qu'il me faille chanter de nouveau, c'est là la consolation que j'ai inventée pour moi, c'est là la guérison. Voulez-vous donc aussi faire de cela une rengaine ? »

– « Cesse de parler, lui répondirent derechef ses animaux ; toi qui es convalescent, apprête-toi plutôt une lyre, une lyre nouvelle !

Car vois donc, Zarathoustra ! Pour tes chants nouveaux, il faut une lyre nouvelle.

Chante, ô Zarathoustra et que tes chants retentissent comme une tempête, guéris ton âme avec des chants nouveaux : afin que tu puisses porter ta grande destinée qui ne fut encore la destinée de personne !

Car tes animaux savent bien qui tu es, Zarathoustra, et ce que tu dois devenir : voici, *tu es le prophète de l'éternel retour des choses*, – ceci est maintenant ta destinée !

Qu'il faille que tu enseignes le premier cette doctrine, – comment cette grande destinée ne serait-elle pas aussi ton plus grand danger et ta pire maladie !

Vois, nous savons ce que tu enseignes : que toutes les choses reviennent éternellement et que nous revenons nous-mêmes avec elles, que nous avons déjà été là une infinité de fois et que toutes choses ont été avec nous.

Tu enseignes qu'il y a une grande année du devenir, un monstre de grande année : il faut que, semblable à un sablier, elle se retourne sans cesse à nouveau, pour s'écouler et se vider à nouveau : – en sorte que toutes ces années se ressemblent entre elles, en grand et aussi en petit, – en sorte que nous sommes nous-mêmes semblables à nous-mêmes, dans cette grande année, en grand et aussi en petit.

Et si tu voulais mourir à présent, ô Zarathoustra : voici, nous savons aussi comment tu te parlerais à toi-même : – mais tes animaux te supplient de ne pas mourir encore !

Tu parlerais sans trembler et tu pousserais plutôt un soupir d'allégresse : car un grand poids et une grande angoisse seraient enlevés de toi, de toi qui es le plus patient ! –

« Maintenant je meurs et je disparais, dirais-tu, et dans un instant je ne serai plus rien. Les âmes sont aussi mortelles que les corps.

Mais un jour reviendra le réseau des causes où je suis enserré, – il me recréera ! Je fais moi-même partie des causes de l'éternel retour des choses.

Je reviendrai avec ce soleil, avec cette terre, avec cet aigle, avec ce serpent – *non pas* pour une vie nouvelle, ni pour une vie meilleure ou semblable :

– je reviendrai éternellement pour cette même vie, identiquement pareille, en grand et aussi en petit, afin d'enseigner de nouveau l'éternel retour de toutes choses, –

– afin de proclamer à nouveau la parole du grand Midi de la terre et des hommes, afin d'enseigner de nouveau aux hommes le venue du Surhomme.

J'ai dit ma parole, ma parole me brise : ainsi le veut ma destinée éternelle, – je disparais en annonciateur !

L'heure est venue maintenant, l'heure où celui qui disparaît se bénit lui-même. Ainsi – *finit* le déclin de Zarathoustra. » –

Lorsque les animaux eurent prononcé ces paroles, ils se turent et attendirent que Zarathoustra leur dit quelque chose : mais Zarathoustra n'entendait pas qu'ils se taisaient. Il était étendu tranquille, les yeux fermés, comme s'il dormait, quoiqu'il ne fût pas endormi : car il s'entretenait avec son âme. Le serpent cependant et l'aigle, lorsqu'ils le trouvèrent ainsi silencieux, respectèrent le grand silence qui l'entourait et se retirèrent   avec   précaution.

Du grand désir

Ô mon âme, je t'ai appris à dire « aujourd'hui », comme « autrefois » et « jadis », et à danser ta ronde par-dessus tout ce qui était ici, là et là-bas.

Ô mon âme, je t'ai délivrée de tous les recoins, j'ai éloigné de toi la poussière, les araignées et le demi-jour.

Ô mon âme, j'ai lavé de toit toute petite pudeur et la vertu des recoins et je t'ai persuadé d'être nue devant les yeux du soleil.

Avec la tempête qui s'appelle « esprit », j'ai soufflé sur ta mer houleuse ; j'en ai chassé tous les nuages et j'ai même étranglé l'égorgeur qui s'appelle « péché ».

Ô mon âme, je t'ai donné le droit de dire « non », comme la tempête, et de dire « oui » comme dit « oui » le ciel ouvert : tu es maintenant calme comme la lumière et tu passes à travers les tempêtes négatrices.

Ô mon âme, je t'ai rendu la liberté sur ce qui est créé et sur ce qui est incréé : et qui connaît comme toi la volupté de l'avenir ?

Ô mon âme, je t'ai enseigné le mépris qui ne vient pas comme la vermoulure, le grand mépris aimant qui aime le plus où il méprise le plus.

Ô mon âme, je t'ai appris à persuader de telle sorte que les causes mêmes se rendent à ton avis : semblable au soleil qui persuade même la mer à monter à sa hauteur.

Ô mon âme, j'ai enlevé de toi toute obéissance, toute génuflexion et toute servilité ; je t'ai donné moi-même le nom de « trêve de misère » et de « destinée ».

Ô mon âme, je t'ai donné des noms nouveaux et des jouets multicolores, je t'ai appelée « destinée », et « circonférence des circonférences », et « nombril du temps », et « cloche d'azur ».

Ô mon âme, j'ai donné toute la sagesse à boire à ton domaine terrestre, tous les vins nouveaux et aussi les vins de la sagesse, les vins qui étaient forts de temps immémorial.

Ô mon âme, j'ai versé sur toi toutes les clartés et toutes les obscurités, tous les silences et tous les désirs : – alors tu as grandi pour moi comme un cep de vigne.

Ô mon âme, tu es là maintenant, lourde et pleine d'abondance, un cep de vigne aux mamelles gonflées, chargé de grappes de raisin pleines et d'un brun doré : – pleine et écrasée de ton bonheur, dans l'attente et dans l'abondance, honteuse encore dans ton attente.

Ô mon âme, il n'y a maintenant plus nulle part d'âme qui soit plus aimante, plus enveloppante et plus large ! Où donc l'avenir et le passé seraient-ils plus près l'un de l'autre que chez toi ?

Ô mon âme, je t'ai tout donné et toutes mes mains se sont dépouillées pour toi : – et maintenant ! Maintenant tu me dis en souriant, pleine de mélancolie : « Qui de nous deux doit dire merci ? –

– n'est-ce pas au donateur de remercier celui qui a accepté d'avoir bien voulu prendre ? N'est-ce pas un besoin de donner ? N'est-ce pas – pitié de prendre ? » –

Ô mon âme, je comprends le sourire de ta mélancolie : ton abondance tend maintenant elle-même les mains, pleines de désirs !

Ta plénitude jette ses regards sur les mers mugissantes, elle cherche et attend ; le désir infini de la plénitude jette un regard à travers le ciel souriant de tes yeux !

Et, en vérité, ô mon âme ! Qui donc verrait ton sourire sans fondre en larmes ? Les anges eux-mêmes fondent en larmes à cause de la trop grande bonté de ton sourire.

C'est ta bonté, ta trop grande bonté, qui ne veut ni se lamenter, ni pleurer : et pourtant, ô mon âme, ton sourire désire les larmes, et ta bouche tremblante les sanglots.

« Toute larme n'est-elle pas une plainte ? Et toute plainte une accusation ? » C'est ainsi que tu te parles à toi-même et c'est pourquoi tu préfères sourire, ô mon âme, sourire que de répandre ta peine – répandre en des flots de larmes toute la peine que te cause ta plénitude et toute l'anxiété de la vigne qui la fait soupirer après le vigneron et la serpe du vigneron !

Mais si tu ne veux pas pleurer, pleurer jusqu'à l'épuisement ta mélancolie de pourpre, il faudra que tu *chantes*, ô mon âme ! – Vois-tu, je souris moi-même, moi qui t'ai prédit cela : – chanter d'une voix mugissante, jusqu'à ce que toutes les mers deviennent silencieuses, pour ton grand désir, –

– jusqu'à ce que, sur les mers silencieuses et ardentes, plane la barque, la merveille dorée, dont l'or s'entoure du sautillement de toutes les choses bonnes, malignes et singulières : –

– et de beaucoup d'animaux, grands et petits, et de tout ce qui a des jambes légères et singulières, pour pouvoir courir sur des sentiers de violettes, –

– vers la merveille dorée, vers la barque volontaire et vers son maître : mais c'est lui qui est le vigneron qui attend avec sa serpe de diamant, –

– ton grand libérateur, ô mon âme, l'ineffable – pour qui seuls les chants de l'avenir sauront trouver des noms ! Et, en vérité, déjà ton haleine a le parfum des chants de l'avenir, –

– déjà tu brûles et tu rêves, déjà ta soif boit à tous les puits consolateurs aux échos graves, déjà ta mélancolie se repose dans la béatitude des chants de l'avenir ! – –

Ô mon âme, je t'ai tout donné, et même ce qui était mon dernier bien, et toutes mes mains se sont dépouillées pour toi : – *que je t'aie dit de chanter*, voici, ce fut mon dernier don !

Que je t'aie dit de chanter, parle donc, parle : *qui* de nous deux maintenant doit dire – merci ? – Mieux encore : chante pour moi, chante mon âme ! Et laisse-moi te remercier ! –

Ainsi   parlait   Zarathoustra.

L'autre chant de la danse

1.

« Je viens de regarder dans tes yeux, ô vie : j'ai vu scintiller de l'or dans tes yeux nocturnes, – cette volupté a fait cesser les battements de mon cœur.

– j'ai vu une barque d'or scintiller sur des eaux nocturnes, un berceau doré qui enfonçait, tirait de l'eau et faisait signe !

Tu jetais un regard vers mon pied fou de danse, un regard berceur, fondant, riant et interrogateur : deux fois seulement, de tes petites mains, tu remuas ta crécelle – et déjà mon pied se dandinait, ivre de danse. –

Mes talons se cambraient, mes orteils écoutaient pour te comprendre : le danseur ne porte-t-il pas son oreille – dans ses orteils !

C'est vers toi que j'ai sauté : alors tu t'es reculée devant mon élan ; et c'est vers moi que sifflaient les languettes de tes cheveux fuyants et volants !

D'un bond je me suis reculé de toi et de tes serpents : tu te dressais déjà à demi détournée, les yeux pleins de désirs.

Avec des regards louches – tu m'enseignes des voies détournées ; sur des voies détournées mon pied apprend – des ruses !

Je te crains quand tu es près de moi, je t'aime quand tu es loin de moi ; ta fuite m'attire, tes recherches m'arrêtent : – je souffre, mais, pour toi, que ne souffrirais-je pas volontiers !

Toi, dont la froideur allume, dont la haine séduit, dont la fuite attache, dont les moqueries – émeuvent :

– qui ne te haïrait pas, grande lieuse, enveloppeuse, séduisante, chercheuse qui trouve ! Qui ne t'aimerait pas, innocente, impatiente, hâtive pécheresse aux veux d'enfant !

Où m'entraînes-tu maintenant, enfant modèle, enfant mutin ? Et te voilà qui me fuis de nouveau, doux étourdi, jeune ingrat !

Je te suis en dansant, même sur une piste incertaine. Où es-tu ? Donne-moi la main ! Ou bien un doigt seulement !

Il y a là des cavernes et des fourrés : nous allons nous égarer ! – Halte ! Arrête-toi ! Ne vois-tu pas voltiger des hiboux et des chauves-souris ?

Toi, hibou que tu es ! Chauve-souris ! Tu veux me narguer ? Où sommes-nous ? C'est des chiens que tu as appris à hurler et à glapir.

Aimablement tu claquais devant moi de tes petites dents blanches, tes yeux méchants pétillent vers moi à travers ta petite crinière bouclée !

Quelle danse par monts et par vaux ! je suis le chasseur : – veux-tu être mon chien ou mon chamois ?

À côté de moi maintenant ! Et plus vite que cela, méchante sauteuse ! Maintenant en haut ! Et de l'autre côté ! – Malheur à moi ! En sautant je suis tombé moi-même !

Ah ! Regarde comme je suis étendu ! regarde, pétulante, comme j'implore ta grâce ! J'aimerais bien à suivre avec toi – des sentiers plus agréables !

– les sentiers de l'amour, à travers de silencieux buissons multicolores ! Ou bien là-bas, ceux qui longent le lac : des poissons dorés y nagent et y dansent !

Tu es fatiguée maintenant ? Il y a là-bas des brebis et des couchers de soleil : n'est-il pas beau de dormir quand les bergers jouent de la flûte ?

Tu es si fatiguée ? Je vais t'y porter, laisse seulement flotter tes bras ! As-tu peut-être soif ? – j'aurais bien quelque chose, mais ta bouche n'en veut pas !

Ô ce maudit serpent, cette sorcière glissante, brusque et agile ! Où t'es-tu fourrée ? Mais sur mon visage je sens deux marques de ta main, deux taches rouges !

Je suis vraiment fatigué d'être toujours ton berger moutonnier ! Sorcière ! j'ai chanté pour toi jusqu'à présent, maintenant pour *moi* tu dois – crier !

Tu dois danser et crier au rythme de mon fouet ! Je n'ai pourtant pas oublié le fouet ? – Non ! » –

2.

Voilà ce que me répondit alors la vie, en se bouchant ses délicates oreilles :

« Ô Zarathoustra ! Ne claque donc pas si épouvantablement de ton fouet ! Tu le sais bien : le bruit assassine les pensées, – et voilà que me viennent de si tendres pensées.

Nous sommes tous les deux de vrais propres à rien, de vrais fainéants. C'est par delà le bien et mal que nous avons trouvé notre île et notre verte prairie – nous les avons trouvées tout seuls à nous deux ! C'est pourquoi il faut que nous nous aimions l'un l'autre !

Et si même nous ne nous aimons pas du fond du cœur, – faut-il donc s'en vouloir, quand on ne s'aime pas du fond du cœur ?

Et que je t'aime, que je t'aime souvent de trop, tu sais cela : et la raison en est que je suis jaloux de ta sagesse. Ah ! cette vieille folle sagesse !

Si ta sagesse se sauvait une fois de toi, hélas ! vite mon amour, lui aussi, se sauverait de toi. » –

Alors la vie regarda pensive derrière elle et autour d'elle et elle dit à voix basse : « Ô Zarathoustra, tu ne m'es pas assez fidèle !

Il s'en faut de beaucoup que tu ne m'aimes autant que tu le dis ; je sais que tu songes à me quitter bientôt.

Il y a un vieux bourdon, lourd, très lourd : il sonne la nuit là-haut, jusque dans ta caverne : – quand tu entends cette cloche sonner les heures à minuit, tu songes à me quitter entre une heure et minuit : – tu y songes, ô Zarathoustra, je sais que tu veux bientôt m'abandonner ! » –

« Oui, répondis-je en hésitant, mais tu le sais aussi – » Et je lui dis quelque chose à l'oreille, en plein dans ses touffes de cheveux embrouillées, dans ses touffes jaunes et folles.

« Tu sais cela, ô Zarathoustra ? Personne ne sait cela – »

Et nous nous sommes regardés, nous avons jeté nos regards sur la verte prairie, où passait la fraîcheur du soir, et nous avons pleuré ensemble. – Mais alors la vie m'était plus chère que ne m'a jamais été toute ma sagesse. –

Ainsi parlait Zarathoustra.

3.

Un !

Ô homme prends garde !

Deux !

Que dit minuit profond ?

Trois !

« J'ai dormi, j'ai dormi –,

Quatre !
« D'un rêve profond je me suis éveillé : –
Cinq !
« Le monde est profond,
Six !
« Et plus profond que ne pensait le jour.
Sept !
« Profonde est sa douleur –,
Huit !
« La joie – plus profonde que l'affliction.
Neuf !
« La douleur dit : Passe et finis !
Dix !
« Mais toute joie veut l'éternité –
Onze !
« – veut la profonde éternité ! »
Douze !

Les sept sceaux (ou : Le chant de L'Alpha et de L'Oméga)

1.

Si je suis un devin et plein de cet esprit divinatoire qui chemine sur une haute crête entre deux mers, –

qui chemine entre le passé et l'avenir, comme un lourd nuage, – ennemi de tous les étouffants bas-fonds, de tout ce qui est fatigué et qui ne peut ni mourir ni vivre :

prêt à l'éclair dans le sein obscur, prêt au rayon de clarté rédempteur, gonflé d'éclairs affirmateurs ! qui se rient de leur affirmation ! prêt à des foudres divinatrices :

– mais bienheureux celui qui est ainsi gonflé ! Et, en vérité, il faut qu'il soit longtemps suspendu au sommet, comme un lourd orage, celui qui doit un jour allumer la lumière de l'avenir ! –

Ô, comment ne serais-je pas ardent de l'éternité, ardent du nuptial anneau des anneaux, – l'anneau du devenir et du retour ?

Jamais encore je n'ai trouvé la femme de qui je voudrais avoir des enfants, si ce n'est cette femme que j'aime : car je t'aime, ô éternité !

Car je t'aime, ô Éternité !

2.

Si jamais ma colère a violé des tombes, reculé des bornes frontières et jeté de vieilles tables brisées dans des profondeurs à pic :

Si jamais ma moquerie a éparpillé des paroles décrépites, si je suis venu comme un balai pour les araignées, et comme un vent purificateur pour les cavernes mortuaires, vieilles et moisies :

Si je me suis jamais assis plein d'allégresse, à l'endroit où sont enterrés des dieux anciens, bénissant et aimant le monde, à côté des monuments d'anciens calomniateurs du monde : –

– car j'aimerai même les églises et les tombeaux des dieux, quand le ciel regardera d'un œil clair à travers leurs voûtes brisées ; j'aime à être assis sur les églises détruites, semblable à l'herbe et au rouge pavot –

Ô comment ne serais-je pas ardent de l'éternité, ardent du nuptial anneau des anneaux – l'anneau du devenir et du retour ?

Jamais encore je n'ai trouvé la femme de qui je voudrais avoir des enfants, si ce n'est cette femme que j'aime : car je t'aime, ô éternité !

Car je t'aime, ô Éternité !

3.

Si jamais un souffle est venu vers moi, un souffle de ce souffle créateur, de cette nécessité divine qui force même les hasards à danser les danses d'étoiles :

Si jamais j'ai ri du rire de l'éclair créateur que suit en grondant, mais avec obéissance, le long tonnerre de l'action :

Si jamais j'ai joué aux dés avec des dieux, à la table divine de la terre, en sorte que la terre tremblait et se brisait, soufflant en l'air des fleuves de flammes : –

– car la terre est une table divine, tremblante de nouvelles paroles créatrices et d'un bruit de dés divins : –

Ô comment ne serais-je pas ardent de l'éternité, ardent du nuptial anneau des anneaux, – l'anneau du devenir et du retour ?

Jamais encore je n'ai trouvé la femme de qui je voudrais avoir des enfants, si ce n'est cette femme que j'aime : car je t'aime, ô éternité !

Car je t'aime, ô Éternité !

4.

Si jamais j'ai bu d'un long trait à cette cruche écumante d'épices et de mixtures, où toutes choses sont bien mélangées :

Si jamais ma main a mêlé le plus lointain au plus proche, le feu à l'esprit, la joie à la peine et les pires choses aux meilleures :

Si je suis moi-même un grain de ce sable rédempteur, qui fait que toutes choses se mêlent bien dans la cruche des mixtures :

– car il existe un sel qui lie le bien au mal ; et le mal lui-même est digne de servir d'épice et de faire déborder l'écume de la cruche : –

Ô comment ne serais-je pas ardent de l'éternité, ardent du nuptial anneau des anneaux, – l'anneau du devenir et du retour ?

Jamais encore je n'ai trouvé la femme de qui je voudrais avoir des enfants, si ce n'est cette femme que j'aime : car je t'aime, ô éternité !

Car je t'aime, ô Éternité !

5.

Si j'aime la mer et tout ce qui ressemble à la mer et le plus encore quand fougueuse elle me contredit :

Si je porte en moi cette joie du chercheur, cette joie qui pousse la voile vers l'inconnu, s'il y a dans ma joie une joie de navigateur :

Si jamais mon allégresse s'écria : « Les côtes ont disparu – maintenant ma dernière chaîne est tombée –

– l'immensité sans bornes bouillonne autour de moi, bien loin de moi scintillent le temps et l'espace, allons ! en route ! Vieux cœur ! » –

Ô comment ne serais-je pas ardent de l'éternité, ardent du nuptial anneau des anneaux, – l'anneau du devenir et du retour ?

Jamais encore je n'ai trouvé la femme de qui je voudrais avoir des enfants, si ce n'est cette femme que j'aime : car je t'aime, ô éternité !

Car je t'aime, ô Éternité !

6.

Si ma vertu est une vertu de danseur, si souvent des deux pieds j'ai sauté dans des ravissements d'or et d'émeraude :

Si ma méchanceté est une méchanceté riante qui se sent chez elle sous des branches de roses et des haies de lys :

– car dans le rire tout ce qui est méchant se trouve ensemble, mais sanctifié et affranchi par sa propre béatitude :

Et ceci est mon alpha et mon oméga, que tout ce qui est lourd devienne léger, que tout corps devienne danseur, tout esprit oiseau : et, en vérité, ceci est mon alpha et mon oméga ! –

Ô comment ne serais-je pas ardent de l'éternité, ardent du nuptial anneau des anneaux, l'anneau du devenir et du retour ?

Jamais encore je n'ai trouvé la femme de qui je voudrais avoir des enfants, si ce n'est cette femme que j'aime : car je t'aime, ô éternité !

Car je t'aime, ô Éternité !

7.

Si jamais j'ai déployé des ciels tranquilles au-dessus de moi, volant de mes propres ailes dans mon propre ciel :

Si j'ai nagé en me jouant dans de profonds lointains de lumière, si la sagesse d'oiseau de ma liberté est venue : –

– car ainsi parle la sagesse de l'oiseau : « Voici il n'y a pas d'en haut, il n'y a pas d'en bas ! Jette-toi çà et là, en avant, en arrière, toi qui es léger ! Chante ! ne parle plus ! »

– « toutes les paroles ne sont-elles pas faites pour ceux qui sont lourds ? Toutes les paroles ne mentent-elles pas à celui qui est léger ? Chante ! ne parle plus ! » –

Ô comment ne serais-je pas ardent de l'éternité, ardent du nuptial anneau des anneaux, l'anneau du devenir et du retour ?

Jamais encore je n'ai trouvé la femme de qui je voudrais avoir des enfants, si ce n'est cette femme que j'aime : car je t'aime, ô éternité !

Car   je   t'aime,   ô   Éternité !

231

Partie 4

Hélas, où fit-on sur la terre plus de folies que parmi les miséricordieux, et qu'est-ce qui fit plus de mal sur la terre que la folie des miséricordieux ?

Malheur à tous ceux qui aiment sans avoir une hauteur qui est au-dessus de leur pitié !

Ainsi me dit un jour le diable : « Dieu aussi a son enfer : c'est son amour des hommes. »

Et dernièrement je l'ai entendu dire ces mots : « Dieu est mort ; c'est sa pitié des hommes qui a tué Dieu. »

Zarathoustra, II,
Des miséricordieux.

L'offrande du miel

– Et de nouveau des mois et des années passèrent sur l'âme de Zarathoustra et il ne s'en apercevait pas ; ses cheveux cependant devenaient blancs. Un jour qu'il était assis sur une pierre devant sa caverne, regardant en silence dans le lointain – car de ce point on voyait la mer, bien loin par-dessus des abîmes tortueux, – ses animaux pensifs tournèrent autour de lui et finirent par se placer devant lui.

« Ô Zarathoustra, dirent-ils, cherches-tu des yeux ton bonheur ? – Qu'importe le bonheur, répondit-il, il y a longtemps que je n'aspire plus au bonheur, j'aspire à mon œuvre. – Ô Zarathoustra, reprirent derechef les animaux, tu dis cela comme quelqu'un qui est saturé de bien. N'es-tu pas couché dans un lac de bonheur teinté d'azur ? – Petits espiègles, répondit Zarathoustra en souriant, comme vous avez bien choisi la parabole ! Mais vous savez aussi que mon bonheur est lourd et qu'il n'est pas comme une vague mobile : il me pousse et il ne veut pas s'en aller de moi, adhérent comme de la poix fondue. » –

Alors ses animaux pensifs tournèrent derechef autour de lui, et de nouveau ils se placèrent devant lui. « Ô Zarathoustra, dirent-ils, c'est donc à cause de cela que tu deviens toujours plus jaune et plus foncé, quoique tes cheveux se donnent des airs d'être blancs et faits de chanvre ? Vois donc, tu es assis dans ta poix et dans ton malheur ! – Que dites-vous là, mes animaux, s'écria Zarathoustra en riant, en vérité j'ai blasphémé en parlant de poix. Ce qui m'arrive, arrive à tous les fruits qui mûrissent. C'est le *miel* dans mes veines qui rend mon sang plus épais et aussi mon âme plus silencieuse. – Il doit en être ainsi, ô Zarathoustra, reprirent les animaux, en se pressant contre lui ; mais ne veux-tu pas aujourd'hui monter sur une haute montagne ? L'air est pur et aujourd'hui, mieux que jamais, on peut vivre dans le monde. – Oui, mes animaux, repartit Zarathoustra, vous conseillez à merveille et tout à fait selon mon cœur : je veux monter aujourd'hui sur une haute montagne ! Mais veillez à ce que j'y trouve du miel à ma portée, du miel des ruches dorées, du miel jaune et blanc et bon et d'une fraîcheur glaciale. Car sachez que là-haut je veux présenter l'offrande du miel. » –

Cependant, lorsque Zarathoustra fut arrivé au sommet, il renvoya les animaux qui l'avaient accompagné, et il s'aperçut qu'il était seul : – alors il rit de tout cœur, regarda autour de lui et parla ainsi :

J'ai parlé d'offrandes et d'offrandes de miel ; mais ce n'était là qu'une ruse de mon discours et, en vérité, une folie utile ! Déjà je puis parler plus librement là-haut que devant les retraites des ermites et les animaux domestiques des ermites.

Que parlais-je de sacrifier ? Je gaspille ce que l'on me donne, moi le gaspilleur aux mille bras : comment oserais-je encore appeler cela – sacrifier !

Et lorsque j'ai demandé du miel, c'était une amorce que je demandais, des ruches dorées et douces et farouches dont les ours grognons et les oiseaux singuliers sont friands : – je demandais la meilleure amorce, l'amorce dont les chasseurs et les pêcheurs ont besoin. Car si le monde est comme une sombre forêt peuplée de bêtes, jardin des délices pour tous les chasseurs sauvages, il me semble ressembler plutôt encore à une mer abondante et sans fond, – une mer pleine de poissons multicolores et de crabes dont les dieux mêmes seraient friands, en sorte qu'à cause de la mer ils deviendraient pêcheurs et jetteraient leurs filets : tant le monde est riche en prodiges grands et petits !

Surtout le monde des hommes, la mer des hommes : – c'est vers *elle* que je jette ma ligne dorée en disant : ouvre-toi, abîme humain !

Ouvre-toi et jette-moi tes poissons et tes crabes scintillants ! Avec ma meilleure amorce j'attrape aujourd'hui pour moi les plus prodigieux poissons humains !

C'est mon bonheur que je jette au loin, je le disperse dans tous les lointains, entre l'orient, le midi et l'occident, pour voir si beaucoup de poissons humains n'apprendront pas à mordre et à se débattre au bout de mon bonheur.

Jusqu'à ce que victimes de mon hameçon pointu et caché, il leur faille monter jusqu'à *ma* hauteur, les plus multicolores goujons des profondeurs auprès du plus méchant des pêcheurs de poissons humains.

Car je suis cela dès l'origine et jusqu'au fond du cœur, tirant, attirant, soulevant et élevant, un tireur, un dresseur et un éducateur, qui jadis ne s'est pas dit en vain : « Deviens qui tu es ! »

Donc, que les hommes *montent* maintenant auprès de moi ; car j'attends encore les signes qui me disent que le moment de ma descente est venu ; je ne descends pas encore moi-même parmi les hommes, comme je le dois.

C'est pourquoi j'attends ici, rusé et moqueur, sur les hautes montagnes, sans être ni impatient ni patient, mais plutôt comme quelqu'un qui a désappris la patience, – puisqu'il ne « pâtit » plus.

Car ma destinée me laisse du temps : m'aurait-elle oublié ? Ou bien, assise à l'ombre derrière une grosse pierre, attraperait-elle des mouches ?

Et en vérité je suis reconnaissant à ma destinée éternelle de ne point me pourchasser ni me pousser et de me laisser du temps pour faire des farces et des méchancetés : en sorte qu'aujourd'hui j'ai pu gravir cette haute montagne pour y prendre du poisson.

Un homme a-t-il jamais pris du poisson sur de hautes montagnes ! Et quand même ce que je veux là-haut est une folie : mieux vaut faire une folie que de devenir solennel et vert et jaune à force d'attendre dans les profondeurs – bouffi de colère à force d'attendre comme le hurlement d'une sainte tempête qui vient des montagnes, comme un impatient qui crie vers les vallées : « Écoutez ou je vous frappe avec les verges de Dieu ! »

Non que j'en veuille pour cela à de pareils indignés : je les estime juste assez pour que j'en rie ! Je comprends qu'ils soient impatients, ces grands tambours bruyants qui auront la parole aujourd'hui ou jamais !

Mais moi et ma destinée – nous ne parlons pas à « l'aujourd'hui », nous ne parlons pas non plus à « jamais » : nous avons de la patience pour parler, nous en avons le temps, largement le temps. Car il faudra pourtant qu'il vienne un jour et il n'aura pas le droit de passer.

Qui devra venir un jour et n'aura pas le droit de passer ? Notre grand hasard, c'est-à-dire notre grand et lointain Règne de l'Homme, le règne de Zarathoustra qui dure mille ans. –

Si ce « lointain » est lointain encore, que m'importe ! Il n'en est pas moins solide pour moi, – plein de confiance je suis debout des deux pieds sur cette base, – sur une base éternelle, sur de dures roches primitives, sur ces monts anciens, les plus hauts et les plus durs, de qui s'approchent tous les vents, comme d'une limite météorologique, s'informant des destinations et des lieux d'origine.

Ris donc, ris, ma claire et bien portante méchanceté ! Jette du haut des hautes montagnes ton scintillant rire moqueur ! Amorce avec ton scintillement les plus beaux poissons humains !

Et tout ce qui, dans toutes les mers, m'appartient à *moi*, ma chose à moi dans toutes les choses – prends *cela* pour moi, amène-moi cela là-haut : c'est ce qu'attend le plus méchant de tous les pêcheurs.

Au large, au large, mon hameçon ! Descends, va au fond, amorce de mon bonheur ! Égoutte ta plus douce rosée, miel de mon cœur ! Mords, hameçon, mords au ventre toutes les noires afflictions.

Au large, au large, mon œil ! Ô que de mers autour de moi, quels avenirs humains s'élèvent à l'aurore ! Et au-dessus de moi – quel silence rosé ! Quel silence sans nuages !

Le cri de détresse

Le lendemain Zarathoustra était de nouveau assis sur sa pierre devant la caverne, tandis que ses animaux erraient de par le monde, afin de rapporter des nourritures nouvelles, – et aussi du miel nouveau : car Zarathoustra avait gaspillé et dissipé le vieux miel jusqu'à la dernière parcelle.

Mais, tandis qu'il était assis là, un bâton dans la main, suivant le tracé que l'ombre de son corps faisait sur la terre, plongé dans une profonde méditation, et, en vérité ! ni sur lui-même, ni sur son ombre – il tressaillit soudain et fut saisi de frayeur : car il avait vu une autre ombre à côté de la sienne. Et, virant sur lui-même en se levant rapidement, il vit le devin debout à côté de lui, le même qu'il avait une fois nourri et désaltéré à sa table, le proclamateur de la grande lassitude qui enseignait : « Tout est égal, rien ne vaut la peine, le monde n'a pas de sens, le savoir étrangle. » Mais depuis lors son visage s'était transformé ; et lorsque Zarathoustra le regarda en face, son cœur fut effrayé derechef : tant les prédictions funestes et les foudres consumées passaient sur ce visage.

Le devin qui avait compris ce qui se passait dans l'âme de Zarathoustra passa sa main sur son visage, comme s'il eût voulu en effacer des traces ; Zarathoustra fit de même de son côté. Lorsqu'ils se furent ainsi ressaisis et fortifiés tous deux, ils se donnèrent les mains pour montrer qu'ils voulaient se reconnaître.

« Sois le bienvenu, dit Zarathoustra, devin de la grande lassitude, tu ne dois pas avoir été vainement, jadis, mon hôte et mon commensal. Aujourd'hui aussi mange et bois dans ma demeure et pardonne qu'un vieillard joyeux soit assis à table avec toi ! – Un vieillard joyeux, répondit le devin en secouant la tête ; qui que tu sois ou qui que tu veuilles être, ô Zarathoustra, tu ne le seras plus longtemps là-haut, dans peu de temps ta barque ne sera plus à l'abri ! – Suis-je donc à l'abri ? » Demanda Zarathoustra en riant. – « Les vagues autour de ta montagne montent et montent sans cesse, répondit le devin, les vagues de l'immense misère et de l'affliction : elles finiront bientôt par soulever ta barque en par t'enlever avec elle. » –

Alors Zarathoustra se tut et s'étonna. – « N'entends-tu rien encore ? Continua le devin : n'est-ce pas un bruissement et un bourdonnement qui vient de l'abîme ? » – Zarathoustra se tut encore et écouta : alors il entendit un cri prolongé que les abîmes se jetaient et se renvoyaient, car aucun d'eux ne voulait le garder : tant il avait un son funeste.

« Fatal proclamateur, dit enfin Zarathoustra, c'est là le cri de détresse et l'appel d'un homme ; il sort probablement d'une mer noire. Mais que m'importe la détresse des hommes ! Le dernier péché qui m'a été réservé, – sais-tu quel est son nom ? »

« Pitié ! » répondit le devin d'un cœur débordant et en levant les deux mains : – « Ô Zarathoustra, je viens pour te faire commettre ton dernier péché ! » –

À peine ces paroles avaient-elles été prononcées que le cri retentit de nouveau, plus long et plus anxieux qu'auparavant et déjà beaucoup plus près. « Entends-tu, entends-tu, ô Zarathoustra ? s'écria le devin, c'est à toi que s'adresse le cri, c'est à toi qu'il appelle : viens, viens, viens, il est temps, il est grand temps ! » –

Mais Zarathoustra se taisait, troublé et ébranlé ; enfin il demanda comme quelqu'un qui hésite en lui-même : « Et qui est celui qui m'appelle là-bas ? »

« Tu le sais bien, répondit vivement le devin, pourquoi te caches-tu ? C'est *l'homme supérieur* qui t'appelle à son secours ! »

« L'homme supérieur, cria Zarathoustra, saisi d'horreur : Que veut-il ? Que veut-il ? L'homme supérieur ! Que veut-il ici ? » – et sa peau se couvrit de sueur.

Le devin cependant ne répondit pas à l'angoisse de Zarathoustra, il écoutait et écoutait encore, penché vers l'abîme. Mais comme le silence s'y prolongeait longtemps, il tourna son regard en arrière et il vit Zarathoustra debout et tremblant.

« Ô Zarathoustra, commença-t-il d'une voix attristée, tu n'as pas l'air de quelqu'un que son bonheur fait tourner : il te faudra danser pour ne pas tomber à la renverse !

Et si tu voulais même danser devant moi et faire toutes tes gambades : personne ne pourrait me dire : « Regarde, voici la danse du dernier homme joyeux ! »

Si quelqu'un qui cherche ici cet homme montait à cette hauteur il monterait en vain : il trouverait des cavernes et des grottes, des cachettes pour les gens cachés, mais ni puits de bonheur, ni trésors, ni nouveaux filons de bonheur.

Du bonheur – comment ferait-on pour trouver le bonheur chez de pareils ensevelis, chez de tels ermites ! Faut-il que je cherche encore le dernier bonheur sur les Îles Bienheureuses et au loin parmi les mers oubliées ?

Mais tout est égal, rien ne vaut la peine, en vain sont toutes les recherches, il n'y a plus d'Îles Bienheureuses ! » –

Ainsi soupira le devin ; mais à son dernier soupir Zarathoustra reprit sa sérénité et son assurance comme quelqu'un qui revient à la lumière, sortant d'un gouffre profond. « Non ! Non ! trois fois non, s'écria-t-il d'une voix forte, en se caressant la barbe – je sais cela bien mieux que toi ! Il y a encore des Îles Bienheureuses ! N'en parle pas, sac-à-tristesse, pleurard !

Cesse de glapir, nuage de pluie du matin ! Ne me vois-tu pas déjà mouillé de la tristesse et aspergé comme un chien ?

Maintenant je me secoue et je me sauve loin de toi, pour redevenir sec : ne t'en étonne pas ! N'ai-je pas l'air courtois ? Mais c'est ma cour qui est ici.

Pour ce qui en est de ton homme supérieur : Eh bien ! je vais vite le chercher dans ces forêts : c'est de *là* qu'est venu son cri. Peut-être une bête sauvage le met-elle en danger.

Il est dans *mon* domaine : je ne veux pas qu'il lui arrive malheur ici ! Et, en vérité, il y a chez moi beaucoup de bêtes sauvages. » –

À ces mots Zarathoustra s'apprêta à partir. Mais alors le devin se mit à dire : « Ô Zarathoustra, tu es un coquin !

Je le sais bien : tu veux te débarrasser de moi ! Tu préfères te sauver dans les forêts pour poursuivre les bêtes sauvages !

Mais à quoi cela te servira-t-il ? Le soir tu me trouveras pourtant de nouveau ; je serai assis dans ta propre caverne, patient et lourd comme une bûche – assis là à t'attendre ! »

« Qu'il en soit ainsi ! s'écria Zarathoustra en s'en allant : et ce qui m'appartient dans ma caverne, t'appartient aussi, à toi mon hôte !

Mais si tu y trouvais encore du miel, eh bien ! lèche-le jusqu'à ce qu'il n'y en ait plus, ours grognon, et adoucis ton âme ! Car se soir nous allons être joyeux tous deux.

– joyeux et contents que cette journée soit finie ! Et toi-même tu dois accompagner mes chants de tes danses, comme si tu étais mon ours savant.

Tu n'en crois rien, tu secoues la tête ? Eh bien ! Va ! Vieil ours ! Mais moi aussi – je suis un devin. »

Ainsi   parlait   Zarathoustra.

Entretien avec les rois

1.

Une heure ne s'était pas encore écoulée depuis que Zarathoustra s'était mis en route, dans ses montagnes et dans ses forêts, lorsqu'il vit tout à coup un singulier cortège. Au milieu du chemin qu'il voulait prendre s'avançaient deux rois, ornés de couronnes et de ceintures de pourpre, diaprés comme des flamants : ils poussaient devant eux un âne chargé. « Que veulent ces rois dans mon royaume ? » dit à son cœur Zarathoustra étonné, et il se cacha en hâte derrière un buisson. Mais lorsque les rois arrivèrent tout près de lui, il dit à mi-voix, comme quelqu'un qui se parle à lui-même : « Chose singulière ! Singulière ! Comment accorder cela ? Je vois deux rois – et seulement un âne ? »

Alors les deux rois s'arrêtèrent, se mirent à sourire et regardèrent du côté d'où venait la voix, puis ils se dévisagèrent réciproquement : « On pense bien aussi ces choses-là parmi nous, dit le roi de droite, mais on ne les exprime pas. »

Le roi de gauche cependant haussa les épaules et répondit : « Cela doit être un gardeur de chèvres, ou bien un ermite, qui a trop longtemps vécu parmi les rochers et les arbres. Car n'avoir point de société du tout gâte aussi les bonnes mœurs. »

« Les bonnes mœurs, repartit l'autre roi, d'un ton fâché et amer : à qui donc voulons-nous échapper, si ce n'est aux « bonnes mœurs », à notre « bonne société » ?

Plutôt, vraiment, vivre parmi les ermites et les gardeurs de chèvres qu'avec notre populace dorée, fausse et fardée – bien qu'elle se nomme la « bonne société ».

– bien qu'elle se nomme « noblesse ». Mais là tout est faux et pourri, avant tout le sang, grâce à de vieilles et de mauvaises maladies et à de plus mauvais guérisseurs.

Celui que je préfère est aujourd'hui le meilleur, c'est le paysan bien portant ; il est grossier, rusé, opiniâtre et endurant ; c'est aujourd'hui l'espèce la plus noble.

Le paysan est le meilleur aujourd'hui ; et l'espèce paysanne devrait être maître ! Cependant c'est le règne de la populace, –

je ne me laisse plus éblouir. Mais populace veut dire : pêle-mêle.

Pêle-mêle populacier : là tout se mêle à tout, le saint et le filou, le hobereau et le juif, et toutes les bêtes de l'arche de Noé.

Les bonnes mœurs ! Chez nous tout est faux et pourri. Personne ne sait plus vénérer ; c'est à cela précisément que nous voulons échapper. Ce sont des chiens friands et importuns, ils dorent les feuilles des palmiers.

Le dégoût qui m'étouffe, parce que nous autres rois nous sommes devenus faux nous-mêmes, drapés et déguisés par le faste vieilli de nos ancêtres, médailles d'apparat pour les plus bêtes et les plus rusés et pour tous ceux qui font aujourd'hui de l'usure avec la puissance !

Nous ne *sommes* pas les premiers et il faut que nous *signifiions* les premiers : nous avons fini par être fatigués et rassasiés de cette tricherie.

C'est de la populace que nous nous sommes détournés, de tous ces braillards et de toutes ces mouches écrivassières, pour échapper à la puanteur des boutiquiers, aux impuissants efforts de l'ambition et à l'haleine fétide – : fi de vivre au milieu de la populace, – fi de signifier le premier au milieu de la populace ! Ah, dégoût ! Dégoût ! Dégoût ! Qu'importe encore de nous autres rois ! » –

« Ta vieille maladie te reprend, dit en cet endroit le roi de gauche, le dégoût te reprend, mon pauvre frère. Mais tu le sais bien, il y a quelqu'un qui nous écoute. »

Aussitôt Zarathoustra, qui avait été tout œil et toute oreille à ces discours, se leva de sa cachette, se dirigea du côté des rois et commença :

« Celui qui vous écoute, celui qui aime à vous écouter, vous qui êtes les rois, celui-là s'appelle Zarathoustra.

Je suis Zarathoustra qui a dit un jour : « Qu'importe encore des rois ! Pardonnez-moi, si je me suis réjoui lorsque vous vous êtes dit l'un à l'autre : « Qu'importe encore de nous autres rois ! »

Mais vous êtes ici dans *mon* royaume et sous ma domination : que pouvez-vous bien chercher dans mon royaume ? Peut-être cependant avez-vous *trouvé* en chemin ce que *je* cherche : je cherche l'homme supérieur. »

Lorsque les rois entendirent cela, ils se frappèrent la poitrine et dirent d'un commun accord : « Nous sommes reconnus !

Avec le glaive de cette parole tu tranches la plus profonde obscurité de nos cœurs. Tu as découvert notre détresse. Car voici ! nous sommes en route pour trouver l'homme supérieur – l'homme qui nous est supérieur : bien que nous soyons des rois. C'est à lui que nous amenons cet âne. Car l'homme le plus haut doit être aussi sur la terre le maître le plus haut.

Il n'y a pas de plus dure calamité, dans toutes les destinées humaines, que lorsque les puissants de la terre ne sont pas en même temps les premiers hommes. C'est alors que tout devient faux et monstrueux, que tout va de travers.

Et quand ils sont les derniers même, et plutôt des animaux que des hommes : alors la populace monte et monte en valeur, et enfin la vertu populacière finit par dire : « Voici, c'est moi seule qui suis la vertu ! » –

« Qu'est-ce que je viens d'entendre ? répondit Zarathoustra ; quelle sagesse chez des rois ! Je suis ravi, et, vraiment, déjà j'ai envie de faire un couplet là-dessus : – mon couplet ne sera peut-être pas pour les oreilles de tout le monde. Il y a longtemps que j'ai désappris d'avoir de l'égard pour les longues oreilles. Allons ! En avant !

(Mais à ce moment il arriva que l'âne, lui aussi, prit la parole : il prononça distinctement et avec mauvaise intention I-A.)

Autrefois – je crois que c'était en l'an un –

La sibylle dit, ivre sans avoir bu de vin :

« Malheur, maintenant cela va mal !

« Déclin ! Déclin ! Jamais le monde n'est tombé si bas !

Rome s'est abaissée à la fille, à la maison publique,

Le César de Rome s'est abaissé à la bête,

Dieu lui-même s'est fait juif ! »

2.

Les rois se délectèrent de ce couplet de Zarathoustra ; cependant le roi de droite se prit à dire : « Ô Zarathoustra, comme nous avons bien fait de nous mettre en route pour te voir !

Car tes ennemis nous ont montré ton image dans leur miroir : tu y avais la grimace d'un démon au rire sarcastique : en sorte que nous avons eu peur de toi.

Mais qu'importe ! Toujours à nouveau tu pénétrais dans nos oreilles et dans nos cœurs avec tes maximes. Alors nous avons fini par dire : qu'importe le visage qu'il a !

Il faut que nous l'entendions, celui qui enseigne : « Vous devez aimer la paix, comme un moyen de guerres nouvelles, et la courte paix plus que la longue ! »

Jamais personne n'a prononcé de paroles aussi guerrières : « Qu'est-ce qui est bien ? Être braves voilà qui est bien. C'est la bonne guerre qui sanctifie toute cause. »

Ô Zarathoustra, à ces paroles le sang de nos pères s'est retourné dans nos corps : cela a été comme la parole du printemps à de vieux tonneaux de vin.

Quand les glaives se croisaient, semblables à des serpents tachetés de sang, alors nos pères se sentaient portés vers la vie ; le soleil de la paix leur semblait flou et tiède, mais la longue paix leur faisait honte.

Comme ils soupiraient, nos pères, lorsqu'ils voyaient au mur des glaives polis et inutiles ! Semblables à ces glaives ils avaient soif de la guerre. Car un glaive veut boire du sang, un glaive scintille de désir. » –

– Tandis que les rois parlaient et babillaient ainsi, avec feu, de la félicité de leurs pères, Zarathoustra fut pris d'une grande envie de se moquer de leur ardeur : car c'étaient évidemment des rois très paisibles qu'il voyait devant lui, des rois aux visages vieux et fins. Mais il se surmonta. « Allons ! En route ! dit-il, vous voici sur le chemin, là-haut est la caverne de Zarathoustra ; et ce jour doit avoir une longue soirée ! Mais maintenant un cri de détresse pressant m'appelle loin de vous.

Ma caverne sera honorée, si des rois y prennent place pour attendre : mais il est vrai qu'il faudra que vous attendiez longtemps !

Eh bien ! Qu'importe ! Où apprend-on mieux à attendre aujourd'hui que dans les cours ? Et de toutes les vertus des rois, la seule qui leur soit restée, – ne s'appelle-t-elle pas aujourd'hui : *savoir* attendre ? »

Ainsi   parlait   Zarathoustra.

La sangsue

Et Zarathoustra pensif continua sa route, descendant toujours plus bas, traversant des forêts et passant devant des marécages ; mais, comme il arrive à tous ceux qui réfléchissent à des choses difficiles, il butta par mégarde sur un homme. Et voici, d'un seul coup, un cri de douleur, deux jurons et vingt injures graves jaillirent à sa face : en sorte que, dans sa frayeur, il leva sa canne pour frapper encore celui qu'il venait de heurter. Pourtant, au même instant, il reprit sa raison ; et son cœur se mit à rire de la folie qu'il venait de faire.

« Pardonne-moi, dit-il à l'homme, sur lequel il avait butté, et qui venait de se lever avec colère, pour s» asseoir aussitôt, pardonne-moi et écoute avant tout une parabole.

Comme un voyageur qui rêve de choses lointaines, sur une route solitaire, se heurte par mégarde à un chien qui sommeille, à un chien qui est couché au soleil : – comme tous deux se lèvent et s'abordent brusquement, semblables à des ennemis mortels, tous deux effrayés à mort : ainsi il en a été de nous.

Et pourtant ! Et pourtant ! – combien il s'en est fallu de peu qu'ils ne se caressent, ce chien et ce solitaire ! Ne sont-ils pas tous deux – solitaires ? »

– « Qui que tu sois, répondit, toujours avec colère, celui que Zarathoustra venait de heurter, tu t'approches encore trop de moi, non seulement avec ton pied, mais encore avec ta parabole !

Regarde, suis-je donc un chien ? » – et, tout en disant cela, celui qui était assis se leva en retirant son bras nu du marécage. Car il avait commencé par être couché par terre tout de son long, caché et méconnaissable, comme quelqu'un qui guette un gibier des marécages.

« Mais que fais-tu donc ? » s'écria Zarathoustra effrayé, car il voyait que beaucoup de sang coulait sur le bras nu. – « Que t'est-il arrivé ? Une bête malfaisante t'a-t-elle mordu, malheureux ? »

Celui qui saignait ricanait toujours avec colère. « En quoi cela te regarde-t-il ? s'écria l'homme, et il voulut continuer sa route. Ici je suis chez moi et dans mon domaine. M'interroge qui voudra : je ne répondrai pas à un maladroit. »

« Tu te trompes, dit Zarathoustra plein de pitié, en le retenant, tu te trompes : tu n'es pas ici dans ton royaume, mais dans le mien, et ici il ne doit arriver malheur à personne.

Appelle-moi toujours comme tu voudras, – je suis celui qu'il faut que je sois. Je me nomme moi-même Zarathoustra.

Allons ! C'est là-haut qu'est le chemin qui mène à la caverne de Zarathoustra : elle n'est pas bien loin, – ne veux-tu pas venir chez moi pour soigner tes blessures ?

Tu n'as pas eu de chance dans ce monde, malheureux : d'abord la bête t'a mordu, puis – l'homme a marché sur toi ! »

Mais lorsque l'homme entendit le nom de Zarathoustra, il se transforma. « Que m'arrive-t-il donc ? s'écria-t-il, quelle autre préoccupation ai-je encore dans la vie, si ce n'est la préoccupation de cet homme unique qui est Zarathoustra, et cette bête unique qui vit du sang, la sangsue ?

C'est à cause de la sangsue que j'étais couché là, au bord du marécage, semblable à un pêcheur, et déjà mon bras étendu avait été mordu dix fois, lorsqu'une bête plus belle se mit à mordre mon sang, Zarathoustra lui-même !

Ô bonheur ! Ô miracle ! Béni soit ce jour qui m'a attiré dans ce marécage ! Bénie soit la meilleure ventouse, la plus vivante d'entre celles qui vivent aujourd'hui, bénie soit la grande sangsue des consciences, Zarathoustra ! »

Ainsi parlait celui que Zarathoustra avait heurté ; et Zarathoustra se réjouit de ses paroles et de leur allure fine et respectueuse. « Qui es-tu ? Demanda-t-il en lui tendant la main, entre nous il reste beaucoup de choses à éclaircir et à rasséréner : mais il me semble déjà que le jour se lève clair et pur. »

« *Je suis le consciencieux de l'esprit*, répondit celui qui était interrogé, et, dans les choses de l'esprit, il est difficile que quelqu'un s'y prenne d'une façon plus sévère, plus étroite et plus dure que moi, excepté celui de qui je l'ai appris, Zarathoustra lui-même.

Plutôt ne rien savoir que de savoir beaucoup de choses à moitié ! Plutôt être un fou pour son propre compte qu'un sage dans l'opinion des autres ! Moi – je vais au fond : – qu'importe qu'il soit petit ou grand ? Qu'il s'appelle marécage ou bien ciel ? Un morceau de terre large comme la main me suffit : pourvu que ce soit vraiment de la terre solide !

– Un morceau de terre large comme la main : on peut s'y tenir debout. Dans la vraie science consciencieuse il n'y a rien de grand et rien de petit. »

« Alors tu es peut-être celui qui cherche à connaître la sangsue ? demanda Zarathoustra ; tu poursuis la sangsue jusqu'à ses causes les plus profondes, toi qui es consciencieux ? »

« Ô Zarathoustra, répondit celui que Zarathoustra avait heurté, ce serait une monstruosité, comment oserais-je m'aviser d'une pareille chose !

Mais ce dont je suis maître et connaisseur, c'est du *cerveau* de la sangsue : – c'est là *mon* univers à moi !

Et cela est aussi un univers ! Mais pardonne qu'ici mon orgueil se manifeste, car sur ce domaine je n'ai pas mon pareil. C'est pourquoi j'ai dit : « C'est ici mon domaine ».

Combien il y a de temps que je poursuis cette chose unique, le cerveau de la sangsue, afin que la vérité subtile ne m'échappe plus ! C'est ici *mon* royaume.

– C'est pourquoi j'ai été tout le reste, c'est pourquoi tout le reste m'est devenu indifférent ; et tout près de ma science s'étend ma noire ignorance.

Ma conscience de l'esprit exige de moi que je sache une chose et que j'ignore tout le reste : je suis dégoûté de toutes les demi-mesures de l'esprit, de tous ceux qui ont l'esprit nuageux, flottant et exalté.

Où cesse ma probité commence mon aveuglement, et je veux être aveugle. Où je veux savoir cependant, je veux aussi être probe, c'est-à-dire dur, sévère, étroit, cruel, implacable.

Que tu aies dit un jour, ô Zarathoustra : « L'esprit, c'est la vie qui incise elle-même la vie, » c'est ce qui m'a conduit et éconduit à ta doctrine. Et, en vérité, avec mon propre sang, j'ai augmenté ma propre science. »

– « Comme le prouve l'évidence, » interrompit Zarathoustra ; et le sang continuait à couler du bras nu du consciencieux. Car dix sangsues s'y étaient accrochées.

« Ô singulier personnage, combien d'enseignements contient cette évidence, c'est-à-dire toi-même ! Et je n'oserais peut-être pas verser tous les enseignements dans tes oreilles sévères.

Allons ! Séparons-nous donc ici ! Mais j'aimerais bien te retrouver. Là-haut est le chemin qui mène à ma caverne. Tu dois y être cette nuit le bienvenu parmi mes hôtes.

Je voudrais aussi réparer sur ton corps l'outrage que t'a fait Zarathoustra en te foulant aux pieds : c'est ce à quoi je réfléchis. Mais maintenant un cri de détresse pressant m'appelle loin de toi. »

Ainsi   parlait   Zarathoustra.

L'enchanteur

1.

Mais en contournant un rocher, Zarathoustra vit, non loin de là, au-dessus de lui, sur le même chemin, un homme qui gesticulait des membres, comme un fou furieux et qui finit par se précipiter à terre à plat ventre. « Halte ! dit alors Zarathoustra à son cœur, celui-là doit être l'homme supérieur, c'est de lui qu'est venu ce sinistre cri de détresse, – je veux voir si je puis le secourir. » Mais lorsqu'il accourut à l'endroit où l'homme était couché par terre, il trouva un vieillard tremblant, aux yeux fixes ; et malgré toute la peine que se donna Zarathoustra pour le redresser et le remettre sur les jambes, ses efforts demeurèrent vains. Aussi le malheureux ne sembla-t-il pas s'apercevoir qu'il y avait quelqu'un auprès de lui ; au contraire, il ne cessait de regarder de ci de là en faisant des gestes touchants, comme quelqu'un qui est abandonné et isolé du monde entier. Pourtant à la fin, après beaucoup de tremblements, de sursauts et de reploiements sur soi-même, il commença à se lamenter ainsi :

Qui me réchauffe, qui m'aime encore ?
Donnez des mains chaudes !
Donnez des cœurs-réchauds !
Étendu, frissonnant,
un moribond à qui l'on chauffe les pieds –
secoué, hélas ! de fièvres inconnues,
tremblant devant les glaçons aigus des frimas,
chassé par toi, pensée !
Innommable ! Voilée ! Effrayante !
Chasseur derrière les nuages !
Foudroyé par toi,
œil moqueur qui me regarde dans l'obscurité
– ainsi je suis couché,
je me courbe et je me tords, tourmenté
par tous les martyres éternels,
frappé
par toi, chasseur le plus cruel,
toi, le *dieu* – inconnu…

Frappe plus fort !
Frappe encore une fois !
Transperce, brise ce cœur !
Pourquoi me tourmenter
de flèches épointées ?
Que regardes-tu encore,
toi que ne fatigue point la souffrance humaine,
avec un éclair divin dans tes yeux narquois ?
Tu ne veux pas tuer, martyriser seulement, martyriser ?
Pourquoi – *me* martyriser ?
Dieu narquois, inconnu ? –
Ah ! Ah !
Tu t'approches en rampant
au milieu de cette nuit ?…
Que veux-tu !
Parle !
Tu me pousses et me presses –
Ah ! tu es déjà trop près !
Ôte-toi ! Ôte-toi !
Tu m'entends respirer,
Tu épies mon cœur,
Jaloux que tu es !
– de quoi donc es-tu jaloux ?
Ôte-toi ! Ôte-toi !
Pourquoi cette échelle ?
Veux-tu *entrer*,
t'introduire dans mon cœur,
t'introduire dans mes pensées
les plus secrètes ?
Impudent ! Inconnu ! – Voleur !
Que veux-tu voler ?
Que veux-tu écouter ?
Que veux-tu extorquer,
toi qui tortures !
Toi – le dieu-bourreau !
Ou bien, dois-je, pareil au chien,
me rouler devant toi ?
M'abandonnant, ivre et hors de moi,
t'offrir mon amour – en rampant !

En vain !

Frappe encore !

toi le plus cruel des aiguillons ! Non.

Je ne suis pas un chien – je ne suis que ton gibier,

toi le plus cruel des chasseurs !

ton prisonnier le plus fier,

brigand derrière les nuages… Parle enfin,

toi qui te caches derrière les éclairs ! Inconnu ! parle !

Que veux-tu, toi qui guettes sur les chemins, que veux-tu, –
de moi ?…

Comment ?

Une rançon !

Que veux-tu comme rançon ?

Demande beaucoup – ma fierté te le conseille !

et parle brièvement – c'est le conseil de mon autre fierté !

Ah ! Ah !

C'est moi – moi que tu veux ?

moi – tout entier ?…

Ah ! Ah !

Et tu me martyrises, fou que tu es,

tu tortures ma fierté ?

Donne-moi de l'*amour*,

– Qui me chauffe encore ?

qui m'aime encore ? –

Donne des mains chaudes,

donne des cœurs-réchauds,

donne-moi, à moi le plus solitaire,

que la glace, hélas ! la glace fait

sept fois languir après des ennemis,

après des ennemis même,

donne, oui abandonne-

toi – à moi,

toi le plus cruel ennemi ! –

Parti !

Il a fui lui-même,

mon seul compagnon,

mon grand ennemi,

mon inconnu,

mon dieu-bourreau !…

– Non !

Reviens !

avec tous les supplices !

Ô reviens

au dernier de tous les solitaires !

Toutes mes larmes prennent

vers toi leur cours !

Et la dernière flamme de mon cœur –

s'éveille pour *toi* !

Ô, reviens,

Mon dieu inconnu ! ma *douleur* !

mon dernier bonheur !

2.

– Mais en cet endroit Zarathoustra ne put se contenir plus longtemps, il prit sa canne et frappa de toutes ses forces sur celui qui se lamentait. « Arrête-toi ! lui cria-t-il, avec un rire courroucé, arrête-toi, histrion ! Faux monnayeur ! Menteur incarné ! Je te reconnais bien !

Je veux te mettre le feu aux jambes, sinistre enchanteur, je sais trop bien en faire cuire à ceux de ton espèce ! »

– « Cesse, dit le vieillard en se levant d'un bond, ne me frappe plus, ô Zarathoustra ! Tout cela n'a été qu'un jeu !

Ces choses-là font partie de mon art ; j'ai voulu te mettre à l'épreuve, en te donnant cette preuve ! Et, en vérité, tu as bien pénétré mes pensées !

Mais toi aussi – ce n'est pas une petite preuve que tu m'as donnée de toi-même. Tu es *dur*, sage Zarathoustra ! Tu frappes durement avec tes « vérités », ton bâton noueux me force à confesser – cette vérité ! »

– « Ne me flatte point, répondit Zarathoustra, toujours irrité et le visage sombre, histrion dans l'âme ! Tu es un faux-semblant : pourquoi parles-tu – de vérité ?

Toi le paon des paons, mer de vanité, qu'est-ce que tu jouais devant moi, sinistre enchanteur ? *En qui* devais-je croire lorsque tu te lamentais ainsi ? »

« C'est *l'expiateur de l'esprit* que je représentais, répondit le vieillard : tu as toi-même inventé ce mot jadis – le poëte, l'enchanteur qui finit par tourner son esprit contre lui-même, celui qui est transformé et que glace sa mauvaise science et sa mauvaise conscience.

Et avoue-le franchement : tu as pris du temps, ô Zarathoustra, pour découvrir mes artifices et mes mensonges ! Tu croyais à ma misère, lorsque tu me tenais la tête des deux mains, – je t'ai entendu gémir : « On l'a trop peu aimé, trop peu aimé ! » Que je t'aie trompé jusque-là, c'est ce qui faisait intérieurement jubiler ma méchanceté. »

« Tu dois en avoir trompé de plus fins que moi, répondit durement Zarathoustra. Je ne suis pas sur mes gardes devant les trompeurs, il faut que je m'abstienne de prendre des précautions : ainsi le veut mon sort.

Mais toi – il *faut* que tu trompes : je te connais assez pour le savoir ! Il faut toujours que tes mots aient un double, un triple, un quadruple sens. Même ce que tu viens de me confesser maintenant n'était ni assez vrai, ni assez faux pour moi !

Méchant faux monnayeur, comment saurais-tu faire autrement ! Tu farderais même ta maladie, si tu te montrais nu devant ton médecin.

C'est ainsi que tu viens de farder devant moi ton mensonge, lorsque tu disais : « Je ne l'ai fait *que* par jeu ! » Il y avait aussi du sérieux là-dedans, tu es quelque chose comme un expiateur de l'esprit !

Je te devine bien : tu es devenu l'enchanteur de tout le monde, mais à l'égard de toi-même il ne te reste plus ni mensonge ni ruse, – pour toi-même tu es désenchanté !

Tu as moissonné le dégoût comme ta seule vérité. Aucune parole n'est plus vraie chez toi, mais ta bouche est encore vraie : c'est-à-dire le dégoût qui colle à ta bouche. » –

– « Qui es-tu donc ! s'écria en cet endroit le vieil enchanteur d'une voix hautaine. Qui a le droit de *me* parler ainsi, à moi qui suis le plus grand des vivants d'aujourd'hui ? » – et un regard vert fondit de ses yeux sur Zarathoustra. Mais aussitôt il se transforma et il dit tristement :

« Ô Zarathoustra, je suis fatigué de tout cela, mes arts me dégoûtent, je ne suis pas *grand*, que sert-il de feindre ! Mais tu le sais bien – j'ai cherché la grandeur !

Je voulais représenter un grand homme et il y en a beaucoup que j'ai convaincus : mais ce mensonge a dépassé ma force. C'est contre lui que je me brise.

Ô Zarathoustra, chez moi tout est mensonge ; mais que je me brise – cela est vrai chez moi ! » –

« C'est à ton honneur, reprit Zarathoustra, l'air sombre et le regard détourné vers le sol, c'est à ton honneur d'avoir cherché la grandeur, mais cela te trahit aussi. Tu n'es pas grand.

Vieil enchanteur sinistre, ce que tu as de meilleur et de plus honnête, ce que j'honore en toi c'est que tu te sois fatigué de toi-même et que tu te sois écrié : « Je ne suis pas grand. »

C'est en *cela* que je t'honore comme un expiateur de l'esprit : si même cela n'a été que pour un clin d'œil, dans ce moment tu as été – vrai.

Mais, dis-moi, que cherches-tu ici dans mes forêts et parmi mes rochers. Et si c'est pour *moi* que tu t'es couché dans mon chemin, quelle preuve voulais-tu de moi ?

– en quoi voulais-tu *me* tenter ? »

Ainsi parlait Zarathoustra et ses yeux étincelaient. Le vieil enchanteur fit une pause, puis il dit : « Est-ce que je t'ai tenté ? Je ne fais que – chercher.

Ô Zarathoustra, je cherche quelqu'un de vrai, de droit, de simple, quelqu'un qui soit sans feinte, un homme de toute probité, un vase de sagesse, un saint de la connaissance, un grand homme !

Ne le sais-tu donc pas, ô Zarathoustra ? *Je cherche Zarathoustra.* »

Alors il y eut un long silence entre les deux ; Zarathoustra, cependant, tomba dans une profonde méditation, en sorte qu'il ferma les yeux. Puis, revenant à son interlocuteur, il saisit la main de l'enchanteur et dit plein de politesse et de ruse :

« Eh bien ! Là-haut est le chemin qui mène à la caverne de Zarathoustra. C'est dans ma caverne que tu peux chercher celui que tu désirerais trouver.

Et demande conseil à mes animaux, mon aigle et mon serpent : ils doivent t'aider à chercher. Ma caverne cependant est grande.

Il est vrai que moi-même – je n'ai pas encore vu de grand homme. Pour ce qui est grand, l'œil du plus subtil est encore trop grossier aujourd'hui. C'est le règne de la populace.

J'en ai déjà tant trouvé qui s'étiraient et qui se gonflaient, tandis que le peuple criait : « Voyez donc, voici un grand homme ! » Mais à quoi servent tous les soufflets de forge ! Le vent finit toujours par en sortir.

La grenouille finit toujours par éclater, la grenouille qui s'est trop gonflée : alors le vent en sort. Enfoncer une pointe dans le ventre d'un enflé, c'est ce que j'appelle un sage divertissement. Écoutez cela, mes enfants !

Notre aujourd'hui appartient à la populace : qui peut encore savoir ce qui est grand ou petit ? Qui chercherait encore la grandeur avec succès ! Un fou tout au plus : et les fous réussissent.

Tu cherches les grands hommes, singulier fou ! Qui donc t'a enseigné à les chercher ? Est-ce aujourd'hui le temps opportun pour cela ? Ô chercheur malin, pourquoi – me tentes-tu ? » –

Ainsi parlait Zarathoustra, le cœur consolé, et, en riant, il continua son chemin.

Hors de service

Peu de temps cependant après que Zarathoustra se fut débarrassé de l'enchanteur, il vit de nouveau quelqu'un qui était assis au bord du chemin qu'il suivait, un homme grand et noir avec un visage maigre et pâle. L'aspect de cet homme le contraria énormément. Malheur à moi, dit-il à son cœur, je vois de l'affliction masquée, ce visage me semble appartenir à la prêtraille ; que veulent ces gens dans mon royaume ?

Comment ! J'ai à peine échappé à cet enchanteur : et déjà un autre nécromant passe sur mon chemin, – un magicien quelconque qui impose les mains, un sombre faiseur de miracles par la grâce de Dieu, un onctueux diffamateur du monde : que le diable l'emporte !

Mais le diable n'est jamais là quand on aurait besoin de lui : toujours il arrive trop tard, ce maudit nain, ce maudit pied-bot ! » –

Ainsi sacrait Zarathoustra, impatient dans son cœur, et il songea comment il pourrait faire pour passer devant l'homme noir, en détournant le regard : mais voici il en fut autrement. Car, au même moment, celui qui était assis en face de lui s'aperçut de sa présence ; et, semblable quelque peu à quelqu'un à qui arrive un bonheur imprévu, il sauta sur ses jambes et se dirigea vers Zarathoustra.

« Qui que tu sois, voyageur errant, dit-il, aide à un égaré qui cherche, à un vieillard à qui il pourrait bien arriver malheur ici !

Ce monde est étranger et lointain pour moi, j'ai aussi entendu hurler les bêtes sauvages ; et celui qui aurait pu me donner asile a lui-même disparu.

J'ai cherché le dernier homme pieux, un saint et un ermite, qui, seul dans sa forêt, n'avait pas encore entendu dire ce que tout le monde sait aujourd'hui. »

« Qu'est-ce que tout le monde sait aujourd'hui ? Demanda Zarathoustra. Ceci, peut-être, que le Dieu ancien ne vit plus, le Dieu en qui tout le monde croyait jadis ? » « Tu l'as dit, répondit le vieillard attristé. Et j'ai servi ce Dieu ancien jusqu'à sa dernière heure.

Mais maintenant je suis hors de service, je suis sans maître et malgré cela je ne suis pas libre ; aussi ne suis-je plus jamais joyeux, si ce n'est en souvenir.

C'est pourquoi je suis monté dans ces montagnes pour célébrer de nouveau une fête, comme il convient à un vieux pape et à un vieux père de l'église : car sache que je suis le dernier pape ! – un fête de souvenir pieux et de culte divin.

Mais maintenant il est mort lui-même, le plus pieux des hommes, ce saint de la forêt qui sans cesse rendait grâce à Dieu, par des chants et des murmures.

Je ne l'ai plus trouvé lui-même lorsque j'ai découvert sa chaumière – mais j'y ai vu deux loups qui hurlaient à cause de sa mort – car tous les animaux l'aimaient. Alors je me suis enfui.

Suis-je donc venu en vain dans ces forêts et dans ces montagnes ? Mais mon cœur s'est décidé à en chercher un autre, le plus pieux de tous ceux qui ne croient pas en Dieu, – à chercher Zarathoustra ! »

Ainsi parlait le vieillard et il regardait d'un œil perçant celui qui était debout devant lui ; Zarathoustra cependant saisit la main du vieux pape et la contempla longtemps avec admiration.

« Vois donc, vénérable, dit-il alors, quelle belle main effilée ! Ceci est la main de quelqu'un qui a toujours donné la bénédiction. Mais maintenant elle tient celui que tu cherches, moi Zarathoustra.

Je suis Zarathoustra, l'impie, qui dit : qui est-ce qui est plus impie que moi, afin que je me réjouisse de son enseignement ? »

Ainsi parlait Zarathoustra, pénétrant de son regard les pensées et les arrière-pensées du vieux pape. Enfin celui-ci commença :

« Celui qui l'aimait et le possédait le plus, c'est celui qui l'a aussi le plus perdu : – regarde, je crois que de nous deux, c'est moi maintenant le plus impie ? Mais qui donc saurait s'en réjouir ! »

– « Tu l'as servi jusqu'à la fin ? demanda Zarathoustra pensif, après un long et profond silence, tu sais *comment* il est mort ? Est-ce vrai, ce que l'on raconte, que c'est la pitié qui l'a étranglé ?

– la pitié de voir *l'homme* suspendu à la croix, sans pouvoir supporter que l'amour pour les hommes devînt son enfer et enfin sa mort ? » –

Le vieux pape cependant ne répondit pas, mais il regarda de côté, avec un air farouche et une expression douloureuse et sombre sur le visage.

« Laisse-le aller, reprit Zarathoustra après une longue réflexion, en regardant toujours le vieillard dans le blanc des yeux.

Laisse-le aller, il est perdu. Et quoique cela t'honore de ne dire que du bien de ce mort, tu sais aussi bien que moi, qui il était : et qu'il suivait des chemins singuliers. »

« Pour parler entre trois yeux, dit le vieux pape rasséréné (car il était aveugle d'un œil), sur les choses de Dieu je suis plus éclairé que Zarathoustra lui-même – et j'ai le droit de l'être.

Mon amour a servi Dieu pendant de longues années, ma volonté suivait partout sa volonté. Mais un bon serviteur sait tout et aussi certaines choses que son maître se cache à lui-même.

C'était un Dieu caché, plein de mystères. En vérité, son fils lui-même ne lui est venu que par des chemins détournés. À la porte de sa croyance il y a l'adultère.

Celui qui le loue comme le Dieu d'amour ne se fait pas une idée assez élevée sur l'amour même. Ce Dieu ne voulait-il pas aussi être juge ? Mais celui qui aime, aime au delà du châtiment et de la récompense.

Lorsqu'il était jeune, ce Dieu d'Orient, il était dur et altéré de vengeance, il s'édifia un enfer pour divertir ses favoris.

Mais il finit par devenir vieux et mou et tendre et compatissant, ressemblant plus à un grand-père qu'à un père, mais ressemblant davantage encore à une vieille grand'mère chancelante.

Le visage ridé, il était assis au coin du feu, se faisant des soucis à cause de la faiblesse de ses jambes, fatigué du monde, fatigué de vouloir, et il finit par étouffer un jour de sa trop grande pitié. » –

« Vieux pape, interrompit alors Zarathoustra, as-tu vu *cela* de tes propres yeux ? Il se peut bien que cela se soit passé ainsi :

259

ainsi, et aussi autrement. Quand les dieux meurent, ils meurent toujours de plusieurs sortes de morts.

Eh bien ! De telle ou de telle façon, de telle et de telle façon – il n'est plus ! Il répugnait à mes yeux et à mes oreilles, je ne voudrais rien lui reprocher de pire.

J'aime tout ce qui a le regard clair et qui parle franchement. Mais lui – tu le sais bien, vieux prêtre, il avait quelque chose de ton genre, du genre des prêtres – il était équivoque.

Il avait aussi l'esprit confus. Que ne nous en a-t-il pas voulu, ce coléreux, de ce que nous l'ayons mal compris. Mais pourquoi ne parlait-il pas plus clairement ?

Et si c'était la faute à nos oreilles, pourquoi nous donnait-il des oreilles qui l'entendaient mal ? S'il y avait de la bourbe dans nos oreilles, eh bien ! qui donc l'y avait mise ?

Il y avait trop de chose qu'il ne réussissait pas, ce potier qui n'avait pas fini son apprentissage. Mais qu'il se soit vengé sur ses pots et sur ses créatures, parce qu'il les avait mal réussie ; – cela fut un péché contre le *bon goût*.

Il y a aussi un bon goût dans la pitié : ce bon goût a fini par dire : « Enlevez-nous un *pareil* Dieu. Plutôt encore pas de Dieu du tout, plutôt encore organiser les destinées à sa tête, plutôt être fou, plutôt être soi-même Dieu ! »

– « Qu'entends-je ! dit en cet endroit le vieux pape en dressant l'oreille ; ô Zarathoustra tu es plus pieux que tu ne le crois, avec une telle incrédulité. Il a dû y avoir un Dieu quelconque qui t'a converti à ton impiété.

N'est-ce pas ta piété même qui t'empêche de croire à un Dieu ? Et ta trop grande loyauté finira par te conduire par delà le bien et le mal !

Vois donc, ce qui a été réservé pour toi ? Tu as des yeux, une main et une bouche, qui sont prédestinés à bénir de toute éternité. On ne bénit pas seulement avec la main.

Auprès de toi, quoique tu veuilles être le plus impie, je sens une odeur secrète de longues bénédictions : je la sens pour moi, à la fois bienfaisante et douloureuse.

Laisse-moi être ton hôte, ô Zarathoustra, pour une seule nuit ! Nulle par sur la terre je ne me sentirai mieux qu'auprès de toi ! » –

« Amen ! Ainsi soit-il ! s'écria Zarathoustra avec un grand étonnement, c'est là-haut qu'est le chemin, qui mène à la caverne de Zarathoustra.

En vérité, j'aimerais bien t'y conduire moi-même, vénérable, car j'aime tous les hommes pieux. Mais maintenant un cri de détresse m'appelle en hâte loin de toi.

Dans mon domaine il ne doit arriver malheur à personne : ma caverne est un bon port. Et j'aimerais bien à remettre sur terre ferme et sur des jambes solides tous ceux qui sont tristes.

Mais qui donc t'enlèverait *ta* mélancolie des épaules ? Je suis trop faible pour cela. En vérité, nous pourrions attendre longtemps jusqu'à ce que quelqu'un te ressuscite ton Dieu.

Car ce Dieu ancien ne vit plus : il est foncièrement mort, celui-là. »

Ainsi   parlait   Zarathoustra.

Le plus laid des hommes

– Et de nouveau Zarathoustra erra par les monts et les forêts et ses yeux cherchaient sans cesse, mais nulle part ne se montrait celui qu'il voulait voir, le désespéré à qui la grande douleur arrachait ces cris de détresse. Tout le long de la route cependant, il jubilait dans son cœur et était plein de reconnaissance. « Que de bonnes choses m'a données cette journée, disait-il, pour me dédommager de l'avoir si mal commencée ! Quels singuliers interlocuteurs j'ai trouvés !

Je vais à présent remâcher longtemps leurs paroles, comme si elles étaient de bons grains ; ma dent les broiera, les moudra et les remoudra sans cesse, jusqu'à ce qu'elles coulent comme du lait en l'âme ! » –

Mais à un tournant de route que dominait un rocher, soudain le paysage changea, et Zarathoustra entra dans le royaume de la mort. Là se dressaient de noirs et de rouges récifs : et il n'y avait ni herbe, ni arbre, ni chant d'oiseau. Car c'était une vallée que tous les animaux fuyaient, même les bêtes fauves ; seule une espèce de gros serpents verts, horrible à voir, venait y mourir lorsqu'elle devenait vieille. C'est pourquoi les pâtres appelaient cette vallée : Mort-des-Serpents.

Zarathoustra, cependant, s'enfonça en de noirs souvenirs, car il lui semblait s'être déjà trouvé dans cette vallée. Et un lourd accablement s'appesantit sur son esprit : en sorte qu'il se mit à marcher lentement et toujours plus lentement, jusqu'à ce qu'il finit par s'arrêter. Mais alors, comme il ouvrait les yeux, il vit quelque chose qui était assis au bord du chemin, quelque chose qui avait figure humaine et qui pourtant n'avait presque rien d'humain – quelque chose d'innommable. Et tout d'un coup Zarathoustra fut saisi d'une grande honte d'avoir vu de ses yeux pareille chose : rougissant jusqu'à la racine de ses cheveux blancs, il détourna son regard, et déjà se remettait en marche, afin de quitter cet endroit néfaste. Mais soudain un son s'éleva dans le morne désert : du sol il monta une sorte de glouglou et un gargouillement, comme quand l'eau gargouille et fait glouglou la nuit dans une conduite bouchée ; et ce bruit finit par devenir une voix humaine et une parole humaine : – cette voix disait :

« Zarathoustra, Zarathoustra ! Devine mon énigme ! Parle, parle ! Quelle est la *vengeance contre le témoin* ?

Arrête et reviens en arrière, là il y a du verglas ! Prends garde, prends garde que ton orgueil ne se casse les jambes ici !

Tu te crois sage, ô fier Zarathoustra ! Devine donc l'énigme, toi qui brises les noix les plus dures, – devine l'énigme que je suis ! Parle donc : qui suis-*je* ? »

– Mais lorsque Zarathoustra eut entendu ces paroles, – que pensez-vous qu'il se passa en son âme ? *Il fut pris de compassion* ; et il s'affaissa tout d'un coup comme un chêne qui, ayant longtemps résisté à la cognée des bûcherons, – s'affaisse soudain lourdement, effrayant ceux-là même qui voulaient l'abattre. Mais déjà il s'était relevé de terre et son visage se faisait dur.

« Je te reconnais bien, dit-il d'une voix d'airain : *tu es le meurtrier de Dieu*. Laisse-moi m'en aller.

Tu n'as pas *supporté* celui qui *te* voyait, – qui te voyait constamment, dans toute ton horreur, toi, le plus laid des hommes ! Tu t'es vengé de ce témoin ! »

Ainsi parlait Zarathoustra et il se disposait à passer son chemin : mais l'être innommable saisit un pan de son vêtement et commença à gargouiller de nouveau et à chercher ses mots. « Reste ! » dit-il enfin –

– « Reste ! Ne passe pas ton chemin ! J'ai deviné quelle était la cognée qui t'a abattu, sois loué, ô Zarathoustra de ce que tu es de nouveau debout !

Tu as deviné, je le sais bien, ce que ressent en son âme celui qui a tué Dieu, – le meurtrier de Dieu : Reste ! Assieds-toi là auprès de moi, ce ne sera pas en vain.

Vers qui irais-je si ce n'est vers toi ? Reste, assieds-toi. Mais ne me regarde pas ! Honore ainsi – ma laideur !

Ils me persécutent : maintenant tu es mon suprême refuge. Non qu'ils me poursuivent de leur haine ou de leurs gendarmes : – oh ! je me moquerais de pareilles persécutions, j'en serais fier et joyeux !

Les plus beaux succès ne furent-ils pas jusqu'ici pour ceux qui furent le mieux persécutés ? Et celui qui poursuit bien apprend aisément à suivre : – aussi bien n'est-il pas déjà – par derrière ! Mais c'est leur *compassion* –

– c'est leur compassion que je fuis et c'est contre elle que je cherche un refuge chez toi. Ô Zarathoustra, protège-moi, toi mon suprême refuge, toi le seul qui m'aies deviné :

– tu as deviné ce que ressent en son âme celui qui a tué Dieu. Reste ! Et si tu veux t'en aller, voyageur impatient : ne prends pas le chemin par lequel je suis venu. *Ce* chemin est mauvais.

M'en veux-tu de ce que, depuis trop longtemps, j'écorche ainsi mes mots ? De ce que déjà je te donne des conseils ? Mais sache-le, c'est moi, le plus laid des hommes, – celui qui a les pieds les plus grands et les plus lourds. Partout où moi j'ai passé, le chemin est mauvais. Je défonce et je détruis tous les chemins.

Mais j'ai bien vu que tu voulais passer en silence près de moi, et j'ai vu ta rougeur : c'est par là que j'ai reconnu que tu étais Zarathoustra.

Tout autre m'eût jeté son aumône, sa compassion, du regard et de la parole. Mais pour accepter l'aumône je ne suis pas assez mendiant, tu l'as deviné.

Je suis trop *riche*, riche en choses grandes et formidables, les plus laides et les plus innommables ! Ta honte, ô Zarathoustra, m'a fait *honneur* !

À grand peine j'ai échappé à la cohue des miséricordieux, afin de trouver le seul qui, entre tous, enseigne aujourd'hui que « la compassion est importune » – c'est toi, ô Zarathoustra ! – que ce soit la pitié d'un Dieu ou la pitié des hommes : la compassion est une offense à la pudeur. Et le refus d'aider peut être plus noble que cette vertu trop empressée à secourir.

Mais c'est cette vertu que les petites gens tiennent aujourd'hui pour la vertu par excellence, la compassion : ils n'ont point de respect de la grande infortune, de la grande laideur, de la grande difformité.

Mon regard passe au-dessus de tous ceux-là, comme le regard du chien domine les dos des grouillants troupeaux de brebis. Ce sont des êtres petits, gris et laineux, pleins de bonne volonté et d'esprit moutonnier.

Comme un héron qui, la tête rejetée en arrière, fait planer avec mépris son regard sur de plats marécages : ainsi je jette un coup d'œil dédaigneux sur le gris fourmillement des petites vagues, des petites volontés et des petites âmes.

Trop longtemps on leur a donné raison, à ces petites gens : et c'est *ainsi* que l'on a fini par leur donner la puissance – maintenant ils enseignent : « Rien n'est bon que ce que les petites gens appellent bon. »

Et ce que l'on nomme aujourd'hui « vérité », c'est ce qu'enseigne ce prédicateur qui sortait lui-même de leurs rangs, ce saint bizarre, cet avocat des petites gens qui témoignait de lui-même « je – suis la vérité ».

C'est ce présomptueux qui est cause que depuis longtemps déjà les petites gens se dressent sur leurs ergots – lui qui, en enseignant « je suis la vérité », a enseigné une lourde erreur.

Fit-on jamais réponse plus courtoise à pareil présomptueux ? Cependant, ô Zarathoustra, tu passas devant lui en disant : « Non ! Non ! Trois fois non ! »

Tu as mis les hommes en garde contre son erreur, tu fus le premier à mettre en garde contre la pitié – parlant non pas pour tout le monde ni pour personne, mais pour toi et ton espèce.

Tu as honte de la honte des grandes souffrances ; et, en vérité, quand tu dis : « C'est de la compassion que s'élève un grand nuage, prenez garde, ô humains ! »

– quand tu enseignes : « Tous les créateurs sont durs, tout grand amour est supérieur à sa pitié » : ô Zarathoustra, comme tu me sembles bien connaître les signes du temps !

Mais toi-même – garde-toi de ta *propre* pitié ! Car il y en a beaucoup qui sont en route vers toi, beaucoup de ceux qui se noient et qui gèlent. –

Je te mets aussi en garde contre moi-même. Tu as deviné ma meilleure et ma pire énigme, – qui j'étais et ce que j'ai fait. Je connais la cognée qui peut t'abattre.

Cependant – il *fallut* qu'il mourût : il voyait avec des yeux qui voyaient *tout*, – il voyait les profondeurs et les abîmes de l'homme, toutes ses hontes et ses laideurs cachées.

Sa pitié ne connaissait pas de pudeur : il fouillait les replis les plus immondes de mon être. Il fallut que mourût ce curieux, entre tous les curieux, cet indiscret, ce miséricordieux.

Il me voyait sans cesse *moi* ; il fallut me venger d'un pareil témoin – si non cesser de vivre moi-même.

Le Dieu qui voyait tout, *même l'homme* : ce Dieu devait mourir ! L'homme ne *supporte* pas qu'un pareil témoin vive. »

Ainsi parlait le plus laid des hommes. Mais Zarathoustra se leva et s'apprêtait à partir : car il était glacé jusque dans les entrailles.

« Être innommable, dit-il, tu m'as détourné de suivre ton chemin. Pour te récompenser, je te recommande le mien. Regarde, c'est là-haut qu'est la caverne de Zarathoustra.

Ma caverne est grande et profonde et elle a beaucoup de recoins ; le plus caché y trouve sa cachette. Et près de là il y a cent crevasses et cent réduits pour les animaux qui rampent, qui voltigent et qui sautent.

Ô banni qui t'es bannis toi-même, tu ne veux plus vivre au milieu des hommes et de la pitié des hommes ? Eh bien ! fais comme moi ! Ainsi tu apprendras aussi de moi ; seul celui qui agit apprend.

Commence tout d'abord par t'entretenir avec mes animaux ! L'animal le plus fier et l'animal le plus rusé – qu'ils soient pour nous deux les véritables conseillers ! » –

Ainsi parlait Zarathoustra et il continua son chemin, plus pensif qu'auparavant et plus lentement, car il se demandait beaucoup de choses et ne trouvait pas aisément de réponses.

« Comme l'homme est misérable ! pensait-il en son cœur, comme il est laid, gonflé de fiel et plein de honte cachée !

On me dit que l'homme s'aime soi-même : hélas, combien doit être grand cet amour de soi ! Combien de mépris n'a-t-il pas à vaincre !

Celui-là aussi s'aimait en se méprisant, – il est pour moi un grand amoureux et un grand mépriseur.

Je n'ai jamais rencontré personne qui se méprisât plus profondément : *cela* aussi est de la hauteur. Hélas ! *celui-là* était-il peut-être l'homme supérieur, dont j'ai entendu le cri de détresse ?

J'aime les hommes du grand mépris. L'homme cependant est quelque chose qui doit être surmonté. » –

Le mendiant volontaire

Lorsque Zarathoustra eut quitté le plus laid des hommes, il se sentit glacé et solitaire : car bien des pensées glaciales solitaires lui passèrent par l'esprit, en sorte que ses membres, à cause de cela, devinrent froids eux aussi. Mais comme il grimpait toujours plus loin, par monts et par vaux, tantôt le long de verts pâturages, parfois aussi sur de ravins pierreux et sauvages, dont un torrent impétueux avait jadis fait son lit : son cœur finit par se réchauffer et par se réconforter.

« Que m'est-il donc arrivé ? se demanda-t-il, quelque chose de chaud et de vivant me réconforte, il faut que ce soit dans mon voisinage.

Déjà je suis moins seul ; je pressens des compagnons, des frères inconnus qui rôdent autour de moi, leur chaude haleine émeut mon âme. »

Mais comme il regardait autour de lui cherchant des consolateurs de sa solitude : voici, il aperçut des vaches rassemblées sur une hauteur ; c'étaient elles dont le voisinage et l'odeur avaient réchauffé son cœur. Ces vaches cependant semblaient suivre avec attention un discours qu'on leur tenait et elles ne prenaient point garde au nouvel arrivant.

Mais quand Zarathoustra fur arrivé tout près d'elles, il entendit distinctement qu'une voix d'hommes s'élevait de leur milieu ; et il était visible qu'elles avaient toutes la tête tournée du côté de leur interlocuteur.

Alors Zarathoustra gravit en toute hâte la hauteur et il dispersa les animaux, car il craignait qu'il ne fût arrivé là quelque malheur que la compassion des vaches aurait difficilement pu réparer. Mais en cela il s'était trompé ; car, voici, un homme était assis par terre et semblait vouloir persuader aux bêtes de n'avoir point peur de lui. C'était un homme pacifique, un doux prédicateur de montagnes, dont les yeux prêchaient la bonté même. « Que cherches-tu ici ? » s'écria Zarathoustra avec stupéfaction.

« Ce que je cherche ici ? répondit-il : la même chose que toi, trouble-fête ! c'est-à-dire le bonheur sur la terre.

C'est pourquoi je voudrais que ces vaches m'enseignassent leur sagesse. Car, sache-le, voici bien une demie matinée que je leur parle et elles allaient me répondre. Pourquoi les troubles-tu ?

Si nous ne retournons en arrière et ne devenons comme les vaches, nous ne pouvons pas entrer dans le royaume des cieux. Car il y a une chose que nous devrions apprendre d'elles : c'est de ruminer.

Et, en vérité, quand bien même l'homme gagnerait le monde entier, s'il n'apprenait pas cette seule chose, je veux dire de ruminer, à quoi tout le reste lui servirait-il ! Car il ne se déferait point de sa grande affliction,

– de sa grande affliction qui s'appelle aujourd'hui *dégoût* : et qui donc n'a pas aujourd'hui du dégoût plein le cœur, plein la bouche, plein les yeux ? Toi aussi ! Toi aussi ! Mais vois donc ces vaches ! » –

Ainsi parla le prédicateur de la montagne, puis il tourna son regard vers Zarathoustra, – car jusqu'ici ses yeux étaient restés attachés avec amour sur les vaches : – mais soudain son visage changea. « Quel est celui à qui je parle ? s'écria-t-il effrayé en se levant soudain de terre.

C'est ici l'homme sans dégoût, c'est Zarathoustra lui-même, celui qui a surmonté le grand dégoût, c'est bien l'œil, c'est bien la bouche, c'est bien le cœur de Zarathoustra lui-même. »

Et, en parlant ainsi, il baisait les mains de celui à qui il s'adressait, et ses yeux débordaient de larmes, et il se comportait tout comme si un présent ou un trésor précieux lui fût soudain tombé du ciel. Les vaches cependant contemplaient tout cela avec étonnement.

« Ne parle pas de moi, homme singulier et charmant ! répondit Zarathoustra, en se défendant de ses caresses, parle-moi d'abord de toi ! N'est-tu pas le mendiant volontaire, qui jadis jeta loin de lui une grande richesse, –

– qui eut honte de la richesse et des riches, et qui s'enfuit chez les plus pauvres, afin de leur donner son abondance et son cœur ? Mais ils ne l'accueillirent point. »

« Ils ne m'accueillirent point, dit le mendiant volontaire, tu le sais bien. C'est pourquoi j'ai fini par aller auprès des animaux et auprès de ces vaches. »

« C'est là que tu as appris, interrompit Zarathoustra, combien il est plus difficile de bien donner que de bien prendre, que c'est un art de bien donner, que c'est la maîtrise dernière d'ingénieuse bonté. »

« Surtout de nos jours, répondit le mendiant volontaire : aujourd'hui où tout ce qui est bas s'est soulevé, farouche et orgueilleux de son espèce : l'espèce populacière.

Car, tu le sais bien, l'heure est venue pour la grande insurrection de la populace et des esclaves, l'insurrection funeste, longue et lente : elle grandit et grandit toujours !

Aujourd'hui les petits se révoltent contre tout ce qui est bienfait et aumône ; que ceux qui sont trop riches se tiennent donc sur leurs gardes !

Malheur à qui, tel un flacon ventru, s'égoutte lentement par un goulot trop étroit : – car c'est à ces flacons que l'on casse à présent volontiers le col.

Convoitise lubrique, envie fielleuse, âpre soif de vengeance, fierté populacière : tout cela m'a sauté au visage. Il n'est pas vrai que les pauvres soient bienheureux. Le royaume des cieux, cependant, est chez les vaches. »

« Et pourquoi n'est-il pas chez les riches ? » demanda Zarathoustra pour l'éprouver, tandis qu'il empêchait les vaches de flairer familièrement le pacifique apôtre.

« Pourquoi me tentes-tu ? Répondit celui-ci. Tu le sais encore mieux que moi. Qu'est-ce donc qui m'a poussé vers les plus pauvres, ô Zarathoustra ? N'était-ce pas le dégoût de nos plus riches ?

– de ces forçats de la richesse, qui, l'œil froid, le cœur dévoré de pensées de lucre, savent tirer profit de chaque tas d'ordure – de toute cette racaille dont l'ignominie crie vers le ciel,

– de cette populace dorée et falsifiée, dont les ancêtres avaient les doigts crochus, vautours ou chiffonniers, de cette gent complaisante aux femmes, lubrique et oublieuse : – car ils ne diffèrent guère des prostituées. –

Populace en haut ! Populace en bas ! Qu'importe aujourd'hui encore les « pauvres » et les « riches » ! J'ai désappris de faire cette distinction et je me suis enfui, bien loin, toujours plus loin, jusqu'à ce que je sois venu auprès de ces vaches. »

Ainsi parlait l'apôtre pacifique, et il soufflait et suait d'émotion à ses propres discours : en sorte que les vaches s'étonnèrent derechef. Mais Zarathoustra, tandis qu'il proférait ces dures paroles, le regardait toujours en face, avec un sourire, en secouant silencieusement la tête.

« Tu te fais violence, prédicateur de la montagne, en usant de mots si durs. Ta bouche et tes yeux ne sont pas nés pour de pareilles duretés.

Ni même ton estomac à ce qu'il me semble : car il n'est point fait pour tout ce qui est colère ou haine débordante. Ton estomac a besoin d'aliments plus doux : tu n'es pas un boucher.

Tu me sembles plutôt herbivore et végétarien. Peut-être mâchonnes-tu des grains. Tu n'es en tous les cas pas fait pour les joies carnivores et tu aimes le miel. »

« Tu m'as bien deviné, répondit le mendiant volontaire, le cœur allégé. J'aime le miel, et je mâchonne aussi des grains, car j'ai cherché ce qui a bon goût et rend l'haleine pure :

et aussi ce qui demande beaucoup de temps, et sert de passe-temps et de friandise aux doux paresseux et aux fainéants.

Ces vaches, à vrai dire, l'emportent sur tous en cet art : elles ont inventé de ruminer et de se coucher au soleil. Aussi s'abstiennent-elles de toutes les pensées lourdes et graves qui gonflent le cœur. »

– « Eh bien ! dit Zarathoustra : tu devrais voir aussi *mes* animaux, mon aigle et mon serpent, – ils n'ont pas aujourd'hui leur pareil sur la terre.

Regarde, voici le chemin qui conduit à ma caverne : sois son hôte pour cette nuit. Et parle, avec mes animaux, du bonheur des animaux, –

– jusqu'à ce que je rentre moi-même. Car à présent un cri de détresse m'appelle en hâte loin de toi. Tu trouves aussi chez moi du miel nouveau, du miel de ruches dorées d'une fraîcheur glaciale : mange-le !

Mais maintenant prends bien vite congé de tes vaches, homme singulier et charmant ! Quoi qu'il puisse t'en coûter. Car ce sont tes meilleurs amis et tes maîtres de sagesse ! » –

« – À l'exception d'un seul que je leur préfère encore, répondit le mendiant volontaire. Tu es bon toi-même et meilleur encore qu'une vache, ô Zarathoustra ! »

« Va-t’en, va-t’en ! Vilain flatteur ! s’écria Zarathoustra en colère, pourquoi veux-tu me corrompre par toutes ces louanges et le miel de ces flatteries ?

« Va-t’en, va-t’en loin de moi ! » s’écria-t-il encore une fois en levant sa canne sur le tendre mendiant : mais celui-ci se sauva en toute hâte.

L'ombre

Mais à peine le mendiant volontaire s'était-il sauvé, que Zarathoustra, étant de nouveau seul avec lui-même, entendit derrière lui une voix nouvelle qui criait : « Arrête-toi, Zarathoustra ! Attends-moi donc ! C'est moi, ô Zarathoustra, moi ton ombre ! » Mais Zarathoustra n'attendit pas, car un soudain dépit s'empara de lui, à cause de la grande foule qui se pressait dans ses montagnes. « Où s'en est allée ma solitude ? dit-il.

C'en est vraiment de trop ; ces montagnes fourmillent de gens, mon royaume n'est plus de ce monde, j'ai besoin de montagnes nouvelles.

Mon ombre m'appelle ! Qu'importe mon ombre ! Qu'elle me coure après ! Moi – je me sauve d'elle. »

Ainsi parlait Zarathoustra à son cœur en se sauvant. Mais celui qui était derrière lui le suivait : en sorte qu'ils étaient trois à courir l'un derrière l'autre, d'abord le mendiant volontaire, puis Zarathoustra et en troisième et dernier lieu son ombre. Mais ils ne couraient pas encore longtemps de la sorte que déjà Zarathoustra prenait conscience de sa folie, et d'un seul coup secouait loin de lui tout son dépit et tous son dégoût.

« Eh quoi ! s'écria-t-il, les choses les plus étranges n'arrivèrent-elles pas de tout temps chez nous autres vieux saints et solitaires ?

En vérité, ma folie a grandi dans les montagnes ! Voici que j'entends sonner, les unes derrière les autres, six vieilles jambes de fous !

Mais Zarathoustra a-t-il le droit d'avoir peur d'une ombre ? Aussi bien, je finis par croire qu'elle a de plus longues jambes que moi. »

Ainsi parlait Zarathoustra, riant des yeux et des entrailles. Il s'arrêta et se retourna brusquement – et voici, il faillit ainsi jeter à terre son ombre qui le poursuivait : tant elle le serrait de près et tant elle était faible. Car lorsqu'il l'examina des yeux, il s'effraya comme devant l'apparition soudaine d'un fantôme : tant celle qui était à ses trousses était maigre, noirâtre et usée, tant elle avait l'air d'avoir fait son temps.

« Qui es-tu ? Demanda impétueusement Zarathoustra. Que fais-tu ici ? Et pourquoi t'appelles-tu mon ombre ? Tu ne me plais pas. »

« Pardonne-moi, répondit l'ombre, que ce soit moi ; et si je ne te plais pas, eh bien, ô Zarathoustra ! je t'en félicite et je loue ton bon goût.

Je suis un voyageur, depuis longtemps déjà attaché à tes talons : toujours en route, mais sans but, et aussi sans demeure : en sorte qu'il ne me manque que peu de chose pour être l'éternel juif errant, si ce n'est que je ne suis ni juif, ni éternel.

Eh quoi ! Faut-il donc que je sois toujours en route ? Toujours instable, entraîné par le tourbillon de tous les vents ? Ô terre, tu devins pour moi trop ronde !

Je me suis posé déjà sur toutes les surface ; pareil à de la poussière fatiguée, je me suis endormi sur les glaces et les vitres. Tout me prend de ma substance, nul ne me donne rien, je me fais mince, – peu s'en faut que je ne sois comme une ombre.

Mais c'est toi, ô Zarathoustra, que j'ai le plus longtemps suivi et poursuivi, et, quoique je me sois caché de toi, je n'en étais pas moins ton ombre la plus fidèle : partout où tu te posais je me posais aussi.

À ta suite j'ai erré dans les mondes les plus lointains et les plus froids, semblable à un fantôme qui se plait à courir sur les toits blanchis par l'hiver et sur la neige.

À ta suite j'ai aspiré à tout ce qu'il y a de défendu, de mauvais et de plus lointain : et s'il est en moi quelque vertu, c'est que je n'ai jamais redouté aucune défense.

À ta suite j'ai bris ce que jamais mon cœur a adoré, j'ai renversé toutes les bornes et toutes les images, courant après les désirs les plus dangereux, – en vérité, j'ai passé une fois sur tous les crimes.

À ta suite j'ai perdu la foi en les mots, les valeurs consacrées et les grands noms ! Quand le diable change de peau, ne jette-t-il pas en même temps son nom ? Car ce nom aussi n'est qu'une peau. Le diable lui-même n'est peut-être – qu'une peau.

« Rien n'est vrai, tout est permis » : ainsi disais-je pour me stimuler. Je me suis jeté, cœur et tête, dans les eaux les plus glacées. Hélas ! Combien de fois suis-je sorti d'une pareille aventure nu, rouge comme une écrevisse !

Hélas ! qu'ai-je fait de toute bonté, de toute pudeur, et de toute fois en les bons ! Hélas ! où est cette innocence mensongère que je possédais jadis, l'innocence des bons et de leurs nobles mensonges !

Trop souvent, vraiment, j'ai suivi la vérité sur les talons : alors elle me frappait au visage. Quelquefois je croyais mentir, et voici, c'est alors seulement que je touchais – à la vérité.

Trop de choses sont à présent claires pour moi, c'est pourquoi rien ne m'est plus. Rien ne vit plus de ce que j'aime, – comment saurais-je m'aimer encore moi-même ?

« Vivre selon mon bon plaisir, ou ne pas vivre du tout » : c'est là ce que je veux, c'est ce que veut aussi le plus saint. Mais, hélas ! comment y aurait-il encore pour moi un plaisir ?

Y a-t-il encore pour moi – un but ? Un port où s'élance *ma* voile ?

Un bon vent ? Hélas ! Celui-là seul qui sait où il va, sait aussi quel est pour lui le bon vent, le vent propice.

Que m'est il resté ? Un cœur fatigué et impudent ; une volonté instable ; des ailes bonnes pour voleter ; une épine dorsale brisée.

Cette recherche de ma demeure : ô Zarathoustra, le sais-tu bien, cette recherche a été ma cruelle épreuve, elle me dévore.

« *Où* est *ma* demeure ? » C'est elle que je demande, que je cherche, que j'ai cherchée, elle que je n'ai pas trouvée. Ô éternel partout, ô éternel nulle part, ô éternel – en vain ! »

Ainsi parlait l'ombre ; et le visage de Zarathoustra s'allongeait à ses paroles. « Tu es mon ombre ! » dit-il enfin avec tristesse.

Ce n'est pas un mince péril que tu cours, esprit libre et voyageur ! Tu as un mauvais jour : prends garde à ce qu'il ne soit pas suivi d'un plus mauvais soir !

Des vagabonds comme toi finissent par se sentir bienheureux même dans une prison. As-tu jamais vu comment dorment les criminels en prison ? Ils dorment en paix, ils jouissent de leur sécurité nouvelle.

Garde-toi qu'une foi étroite ne finisse par s'emparer de toi, une illusion dur et sévère ! Car désormais tu es séduit et tenté par tout ce qui est étroit et solide.

Tu as perdu le but : hélas ! Comment pourrais-tu te désoler ou te consoler de cette perte ? N'as-tu pas ainsi perdu aussi – ton chemin ?

Pauvre ombre errante, esprit volage, papillon fatigué ! Veux-tu avoir ce soir un repos et un asile ? Monte vers ma caverne !

C'est là-haut que monte le chemin qui mène à ma caverne. Et maintenant je veux bien vite m'enfuir loin de toi. Déjà je sens comme une ombre peser sur moi.

Je veux courir seul, pour qu'il fasse de nouveau clair autour de moi. C'est pourquoi il me faut encore gaiement jouer des jambes. Pourtant ce soir – on dansera chez moi ! » –

Ainsi   parlait   Zarathoustra.

En plein midi

– Et Zarathoustra se remit à courir et à courir encore, mais il ne trouva plus personne. Il demeurait seul, et il ne faisait toujours que se trouver lui-même. Alors il jouit de sa solitude, il savoura sa solitude et il pensa à de bonnes choses – pendant des heures entières. À l'heure de midi cependant, lorsque le soleil se trouva tout juste au-dessus de la tête de Zarathoustra, il passa devant un vieil arbre chenu et noueux qui était entièrement embrassé par le riche amour d'un cep de vigne, de telle sorte que l'on n'en voyait pas le tronc : de cet arbre pendaient des raisins jaunes, s'offrant au voyageur en abondance. Alors Zarathoustra eut envie d'étancher sa soif légère en détachant une grappe de raisin, et comme il étendait déjà la main pour la saisir, un autre désir, plus violent encore, s'empara de lui : le désir de se coucher au pied de l'arbre, à l'heure du plein midi, pour dormir.

C'est ce que fit Zarathoustra ; et aussitôt qu'il fut étendu par terre, dans le silence et le secret de l'herbe multicolore, sa légère soif était déjà oubliée et il s'endormit. Car, comme dit le proverbe de Zarathoustra : « Une chose est plus nécessaire que l'autre. » Ses yeux cependant restèrent ouverts : – car il ne se fatiguait point de regarder et de louer l'arbre et l'amour du cep de vigne. Mais, en s'endormant, Zarathoustra parla ainsi à son cœur :

Silence ! Silence ! Le monde ne vient-il pas de s'accomplir ? Que m'arrive-t-il donc ?

Comme un vent délicieux danse invisiblement sur les scintillantes paillettes de la mer, léger, léger comme une plume : ainsi – le sommeil danse sur moi.

Il ne me ferme pas les yeux, il laisse mon âme en éveil. Il est léger, en vérité, léger comme une plume.

Il me persuade, je ne sais comment ? il me touche intérieurement d'une main caressante, il me fait violence. Oui, il me fait violence, en sorte que mon âme s'élargit :

– comme elle s'allonge fatiguée, mon âme singulière ! Le soir d'un septième jour est-il venu pour elle en plein midi ? A-t-elle erré trop longtemps déjà, bienheureuse, parmi les choses bonnes et mûres ?

Elle s'allonge, longuement, – dans toute sa longueur ! elle est couchée tranquille, mon âme singulière. Elle a goûté trop de bonnes choses déjà, cette tristesse dorée l'oppresse, elle fait la grimace.

– Comme une barque qui est entrée dans sa baie la plus calme :

– elle s'adosse maintenant à la terre, fatiguée des longs voyages et des mers incertaines. La terre n'est-elle pas plus fidèle que la mer ?

Comme une barque s'allonge et se presse contre la terre : – car alors il suffit qu'une araignée tisse son fil de la terre jusqu'à elle, sans qu'il soit besoin de corde plus forte.

Comme une barque fatiguée, dans la baie la plus calme : ainsi, moi aussi, je repose maintenant près de la terre fidèle, plein de confiance et dans l'attente, attaché à la terre par les fils les plus légers.

Ô bonheur ! Ô bonheur ! Que ne chantes-tu pas, ô mon âme ? Tu es couchée dans l'herbe. Mais voici l'heure secrète et solennelle, où nul berger je joue de la flûte.

Prends garde ! La chaleur du midi repose sur les prairies. Ne chante pas ! Garde le silence ! Le monde est accompli.

Ne chante pas, oiseau des prairies, ô mon âme ! Ne murmure même pas ! Regarde donc – silence ! Le vieux midi dort, il remue la bouche : ne boit-il pas en ce moment une goutte de bonheur – une vieille goutte brunie, de bonheur doré, de vin doré ? son riant bonheur se glisse furtivement vers lui. C'est ainsi – que rit un dieu. Silence ! –

– « Combien il faut peu de chose pour suffire au bonheur ! » Ainsi disais-je jadis, me croyant sage. Mais c'était là un blasphème : je l'ai appris depuis. Les fous sages parlent mieux que cela.

C'est ce qu'il y a de moindre, de plus silencieux, de plus léger, le bruissement d'un lézard dans l'herbe, un souffle, un chutt, un clin d'œil – c'est la *petite* quantité qui fait la qualité de meilleur bonheur. Silence !

– Que m'est-il arrivé : Écoute ! Le temps s'est-il donc enfui ? Ne suis-je pas en train de tomber ?… Ne suis-je pas tombé – écoute ! – dans le puits de l'éternité ?

– Que m'arrive-t-il ?... Silence ! Je suis frappé – hélas ! – au cœur ?... Au cœur ! Ô brise-toi, brise-toi, mon cœur, après un pareil bonheur, après un pareil coup !

– Comment ? Le monde ne vient-il pas de s'accomplir ? Rond et mûr ? Ô balle ronde et dorée – où va-t-elle s'envoler ? Est-ce que je lui cours après ! Chutt !

Silence – » (et en cet endroit Zarathoustra s'étira et il sentit qu'il dormait.)

« Lève-toi, se dit-il à lui-même, dormeur ! Paresseux ! Allons, ouf, vieilles jambes ! Il est temps, il est grand temps ! Il vous reste encore une bonne partie du chemin à parcourir. –

Vous vous êtes livrées au sommeil. Pendant combien de temps ? Pendant une demi-éternité ! Allons, lève-toi maintenant, mon vieux cœur ! Combien te faudra-t-il de temps, après un pareil sommeil – pour te réveiller ? »

(Mais déjà il s'endormait de nouveau, et son âme lui résistait et se défendait et se recouchait tout de son long) – « Laisse-moi donc ! Silence ! Le monde ne vient-il pas de s'accomplir ? Ô cette balle ronde et dorée ! » –

« Lève-toi, dit Zarathoustra, petite voleuse, petite paresseuse ! Comment ? Toujours s'étirer, bâiller, soupirer, tomber au fond des puits profonds ?

Qui es-tu donc ? Ô mon âme ! » (Et en ce moment, il s'effraya, car un rayon de soleil tombait du ciel sur son visage.)

« Ô ciel au-dessus de moi, dit il avec un soupir, en se mettant sur son séant, tu me regardes ? Tu écoutes mon âme singulière ?

Quand boiras-tu cette goutte de rosée qui est tombée sur toutes les choses de ce monde, – quand boiras-tu cette âme singulière – quand cela, puits de l'éternité ! joyeux abîme de midi qui fait frémir ! quand absorberas-tu mon âme en toi ?

Ainsi parlait Zarathoustra et il se leva de sa couche au pied de l'arbre, comme d'une ivresse étrange, et voici le soleil était encore au-dessus de sa tête. On pourrait en conclure, avec raison, que ce jour-là Zarathoustra n'avait pas dormi longtemps.

La salutation

Il était déjà très tard dans l'après-midi, lorsque Zarathoustra, après de longues recherches infructueuses et de vaines courses, revint à sa caverne. Mais lorsqu'il se trouva en face d'elle, à peine éloigné de vingt pas, il arriva ce à quoi il s'attendait le moins à ce moment : il entendit de nouveau le grand cri de détresse. Et, chose étrange ! à ce moment le cri venait de sa propre caverne. Mais c'était un long cri, singulier et multiple, et Zarathoustra distinguait parfaitement qu'il se composait de beaucoup de voix : quoique, à distance, il ressemblât au cri d'une seule bouche.

Alors Zarathoustra s'élança vers sa caverne et quel ne fut pas le spectacle qui l'attendait après ce concert ! Car ils étaient tous assis les uns près des autres, ceux auprès desquels il avait passé dans la journée : le roi de droite et le roi de gauche, le vieil enchanteur, le pape, le mendiant volontaire, l'ombre, le consciencieux de l'esprit, le triste devin et l'âne ; le plus laid des hommes cependant s'était mis une couronne sur la tête et avait ceint deux écharpes de pourpre, – car il aimait à se déguiser et à faire le beau, comme tous ceux qui sont laids. Mais au milieu de cette triste compagnie, l'aigle de Zarathoustra était debout, inquiet et les plumes hérissées, car il devait répondre à trop de choses auxquelles sa fierté n'avait pas de réponse ; et le serpent rusé s'était enlacé autour de son cou.

C'est avec un grand étonnement que Zarathoustra regarda tout cela ; puis il dévisagea l'un après l'autre chacun de ses hôtes, avec une curiosité bienveillante, lisant dans leurs âmes et s'étonnant derechef. Pendant ce temps, ceux qui étaient réunis s'étaient levés de leur siège, et ils attendaient avec respect que Zarathoustra prît la parole. Zarathoustra cependant parla ainsi :

« Vous qui désespérez, hommes singuliers ! C'est donc votre cri de détresse que j'ai entendu ? Et maintenant je sais aussi où il faut chercher celui que j'ai cherché en vain aujourd'hui : l'homme supérieur : – il est assis dans ma propre caverne, *l'homme supérieur* ! Mais pourquoi m'étonnerais-je ! N'est-ce pas moi-même qui l'ai attiré vers moi par des offrandes de miel et par la maligne tentation de mon bonheur ?

Il me semble pourtant que vous vous entendez très mal, vos cœurs se rendent moroses les uns les autres lorsque vous vous trouvez réunis ici, vous qui poussez des cris de détresse ? Il fallut d'abord qu'il vînt quelqu'un, – quelqu'un qui vous fît rire de nouveau, un bon jocrisse joyeux, un danseur, un ouragan, une girouette étourdie, quelque vieux fou : – que vous en semble ?

Pardonnez-moi donc, vous qui désespérez, que je parle devant vous avec des paroles aussi puériles, indignes, en vérité, de pareils hôtes ! Mais vous ne devinez pas ce qui rend mon cœur pétulant : – c'est vous-mêmes et le spectacle que vous m'offrez, pardonnez-moi ! Car en regardant un désespéré chacun reprend courage. Pour consoler un désespéré – chacun se croit assez fort.

C'est à moi-même que vous avez donné cette force, – un don précieux, ô mes hôtes illustres ! Un véritable présent d'hôtes ! Eh bien, ne soyez pas fâchés si je vous offre aussi de ce qui m'appartient.

Ceci est mon royaume et mon domaine : mais je vous l'offre pour ce soir et cette nuit. Que mes animaux vous servent : que ma caverne soit votre lieu de repos !

Hébergés par moi, aucun de vous ne doit s'adonner au désespoir, dans mon district je protège chacun contre ses bêtes sauvages. Sécurité : c'est là la première chose que je vous offre !

La seconde cependant, c'est mon petit doigt. Et si vous avez mon petit doigt, vous prendrez bientôt la main tout entière. Eh bien ! Je vous donne mon cœur en même temps ! Soyez les bien-venus ici, salut à vous, mes hôtes ! »

Ainsi parlait Zarathoustra et il riait d'amour et de méchanceté. Après cette salutation ses hôtes s'inclinèrent de nouveau, silencieusement et pleins de respect ; mais le roi de droite lui répondit au nom de tous.

« À la façon dont tu nous as présenté ta main et ton salut, ô Zarathoustra, nous reconnaissons que tu es Zarathoustra. Tu t'es abaissé devant nous ; un peu plus tu aurais blessé notre respect – :

– mais qui donc saurait comme toi s'abaisser avec une telle fierté ? *Ceci* nous redresse nous-mêmes, réconfortant nos yeux et nos cœurs.

Rien que pour en être spectateurs nous monterions volontiers sur des montagnes plus hautes que celle-ci. Car nous sommes venus, avides de spectacle, nous voulions voir ce qui rend clair des yeux troubles.

Et voici, déjà c'en est fini de tous nos cris de détresse. Déjà nos sens et nos cœurs s'épanouissent pleins de ravissement. Il ne s'en faudrait pas de beaucoup que notre courage ne se mette en rage.

Il n'y a rien de plus réjouissant sur la terre, ô Zarathoustra, qu'une volonté haute et forte. Une volonté haute et forte est la plus belle plante de la terre. Un paysage tout entier est réconforté par un pareil arbre.

Je le compare à un pin, ô Zarathoustra, celui qui grandit comme toi : élancé, silencieux, dur, solitaire, fait du meilleur bois et du bois le plus flexible, superbe, –

– voulant enfin, avec des branches fortes et vertes, toucher à sa *propre* domination, posant de fortes questions aux vents et aux tempêtes et à tout ce qui est familier des hauteurs,

– répondant plus fortement encore, ordonnateur, victorieux : ah ! qui ne monterait pas sur les hauteurs pour contempler de pareilles plantes ?

Tout ce qui est sombre et manqué se réconforte à la vue de ton arbre, ô Zarathoustra, ton aspect rassure l'instable et guérit le cœur de l'instable.

Et en vérité, beaucoup de regards se dirigent aujourd'hui vers ta montagne et ton arbre ; un grand désir s'est mis en route et il y en a beaucoup qui se sont pris à demander : qui est Zarathoustra ?

Et tous ceux à qui tu as jamais distillé dans l'oreille ton miel et ta chanson : tous ceux qui sont cachés, solitaires et solitaires à deux, ils ont tout à coup dit à leur cœur :

« Zarathoustra vit-il encore ? Il ne vaut plus la peine de vivre. Tout est égal, tout en vain : à moins que – nous ne vivions avec Zarathoustra ! »

« Pourquoi ne vient-il pas, celui qui s'est annoncé si longtemps ? ainsi demandent beaucoup de gens ; la solitude l'a-t-elle dévoré ? Ou bien est-ce nous qui devons venir auprès de lui ? »

Il arrive maintenant que la solitude elle-même s'attendrisse et se brise, semblable à une tombe qui s'ouvre et qui ne peut plus tenir ses morts. Partout on voit des ressuscités.

Maintenant, les vagues montent et montent autour de ta montagne, ô Zarathoustra. Et malgré l'élévation de ta hauteur, il faut que beaucoup montent auprès de toi ; ta barque ne doit plus rester longtemps à l'abri.

Et que nous nous soyons venus vers ta caserne, nous autres hommes qui désespérions et qui déjà ne désespérions plus : ce n'est qu'un signe et un présage qu'il y en a de meilleurs que nous en route, –

– car il est lui-même en route vers toi, le dernier reste de Dieu parmi les hommes ; c'est-à-dire : tous les hommes du grand désir, du grand dégoût, de la grande satiété,

– tous ceux qui ne veulent vivre sans qu'ils puissent de nouveau apprendre à *espérer* apprendre de toi, ô Zarathoustra, le grand espoir ! »

Ainsi parlait le roi de droite en saisissant la main de Zarathoustra pour l'embrasser ; mais Zarathoustra se défendit de sa vénération et se recula effrayé, silencieux, et fuyant soudain comme dans le lointain. Mais, après peu d'instants, il fut de nouveau de retour auprès de ses hôtes et, les regardant avec des yeux clairs et scrutateurs, il dit :

« Hommes supérieurs, vous qui êtes mes hôtes, je vais vous parler allemand et clairement. Ce n'est pas vous que j'attendais dans ces montagnes. »

(« Allemand et clairement ? » Que Dieu ait pitié ! dit alors à part lui le roi de gauche ; on voit qu'il ne connaît pas ces bons Allemands, ce sage d'Orient !

Mais il veut dire « allemand et grossièrement » – eh bien ! Ce n'est pas là ce qu'il y a de plus mauvais aujourd'hui !")

« Il se peut que vous soyez tous, les uns comme les autres, des hommes supérieurs, continua Zarathoustra : pour moi cependant – vous n'êtes ni assez grands ni assez forts.

Pour moi, je veux dire : pour la volonté inexorable qui se tait en moi, qui se tait, mais qui ne se taira pas toujours. Et si vous êtes miens, vous n'êtes cependant point mon bras droit.

Car celui qui comme vous marche sur des jambes malades et frêles, veut avant tout être *ménagé*, qu'il le sache ou qu'il se le cache.

Mais moi je ne ménage pas mes bras et mes jambes, *je ne ménage pas mes guerriers* : comment pourriez-vous être bons pour faire ma guerre ?

Avec vous je gâcherais même mes victoires. Et plus d'un parmi vous tomberait à la renverse au seul roulement de mes tambours.

Aussi bien n'êtes-vous pas assez beaux à mon gré, ni d'assez bonne race. J'ai besoin de miroirs purs et lisses pour recevoir ma doctrine ; reflétée par votre surface, ma propre image serait déformée.

Sur vos épaules pèsent maint fardeau, maint souvenir : et maint kobold méchant se tapit en vos recoins. En vous aussi il y a encore de la populace cachée. Bien que bons et de bonne race, vous êtes tors et difformes à maints égards, et il n'est pas de forgeron au monde qui pût vous rajuster et vous redresser.

Vous n'êtes que des ponts : puissent de meilleurs que vous passer de l'autre côté ! Vous représentez des degrés : ne vous irritez donc pas contre celui qui vous franchit pour escalader sa hauteur !

Il se peut que, de votre semence, il naisse un jour, pour moi, un fils véritable, un héritier parfait : mais ce temps est lointain. Vous n'êtes point ceux à qui appartiennent mon nom et mes biens de ce monde.

Ce n'est pas vous que j'attends ici dans ces montagnes, ce n'est pas avec vous que je descendrai vers les hommes une dernière fois. Vous n'êtes que des avant-coureurs, venus vers moi pour m'annoncer que d'autres, de plus grands, sont en route vers moi, – non point les hommes du grand désir, du grand dégoût, de la grande satiété, ni ce que vous avez appelé « ce qui reste de Dieu sur la terre ».

– Non, non ! Trois fois non ! J'en attends d'autres ici sur ces montagnes et je ne veux point, sans eux, porter mes pas loin d'ici,

– d'autres qui seront plus grands, plus forts, plus victorieux, des hommes plus joyeux, bâtis d'aplomb et carrés de la tête à la base : il faut qu'ils viennent, *les lions rieurs* !

Ô mes hôtes, hommes singuliers, – n'avez-vous pas encore entendu parler de mes enfants ? Et dire qu'ils sont en route pour venir vers moi ?

Parlez-moi donc de mes jardins, de mes Îles Bienheureuses, de ma belle et nouvelle espèce, – pourquoi ne m'en parlez-vous pas ?

J'implore votre amour de récompenser mon hospitalité en me parlant de mes enfants. C'est pour eux que je me suis fait riche, c'est pour eux que je me suis appauvri : que n'ai-je pas donné,

– que ne donnerais-je pour avoir *une* chose : ces enfants, ces plantations vivantes, ces arbres de la vie de mon plus haut espoir ! »

Ainsi parlait Zarathoustra et il s'arrêta soudain dans son discours : car il fut surpris par son désir, et il ferma les yeux et la bouche, tant était grand le mouvement de son cœur. Et tous ses hôtes, eux aussi, se turent, immobiles et accablés : si ce n'est que le vieux devin se mit à gesticuler des bras.

La cène

Car, en cet endroit, le devin interrompit la salutation de Zarathoustra et de ses hôtes : il se pressa en avant, comme quelqu'un qui n'a pas de temps à perdre, saisit la main de Zarathoustra et s'écria : « Mais, Zarathoustra !

Une chose est plus nécessaire que l'autre, c'est ainsi que tu parles toi-même : eh bien ! Il y a maintenant une chose qui m'est plus nécessaire que toutes les autres.

Je veux dire un mot au bon moment : ne m'as-tu pas invité à un repas ? Et il y en a ici beaucoup qui ont fait de longs chemins. Tu ne veux pourtant pas nous rassasier de paroles ?

Aussi avez-vous tous déjà trop parlé de mourir de froid, de se noyer, d'étouffer et d'autres misères du corps : mais personne ne s'est souvenu de ma misère *à moi* : la crainte de mourir de faim – »

(Ainsi parla le devin ; mais quand les animaux de Zarathoustra entendirent ces paroles, ils s'enfuirent de frayeur. Car ils voyaient que tout ce qu'ils avaient rapporté dans la journée ne suffirait pas à gorger le devin à lui tout seul.)

« Personne ne s'est souvenu de la crainte de mourir de soif, continua le devin. Et, bien que j'entende ruisseler l'eau, comme les discours de la sagesse, abondamment et infatigablement : moi, je – veux du vin !

Tout le monde n'est pas, comme Zarathoustra, buveur d'eau invétéré. L'eau n'est pas bonne non plus pour les gens fatigués et flétris : *nous* avons besoin de vin, – le vin seul amène une guérison subite et une santé improvisée ! »

À cette occasion, tandis que le devin demandait du vin, il arriva que le roi de gauche, le roi silencieux, prit, lui aussi, la parole. « Nous avons pris soin du vin, dit-il, moi et mon frère, le roi de droite : nous avons assez de vin, – toute une charge, il ne manque donc plus que de pain. »

« Du pain ? répliqua Zarathoustra en riant. C'est précisément du pain que n'ont point les solitaires. Mais l'homme ne vit pas seulement de pain, mais aussi de bonne viande d'agneau et j'ai ici deux agneaux.

Qu'on les dépèce vite et qu'on les apprête, aromatisés de sauge : c'est ainsi que j'aime la viande d'agneaux. Et nous ne manquons pas de racines et de fruits, qui suffiraient même pour les gourmands et les délicats, nous ne manquons pas non plus de noix ou d'autres énigmes à briser.

Nous allons donc bientôt faire un bon repas. Mais celui qui veut manger avec nous doit aussi mettre la main à la besogne et les rois tout comme les autres. Car, chez Zarathoustra, un roi même peut être cuisinier. »

Cette proposition était faite selon le cœur de chacun : seul le mendiant volontaire répugnait à la viande, au vin et aux épices.

« Écoutez-moi donc ce viveur de Zarathoustra ! dit-il en plaisantant : va-t-on dans les cavernes et sur les hautes montagnes pour faire un pareil festin ?

Maintenant, en vérité, je comprends ce qu'il nous enseigna jadis : « Bénie soit la petite pauvreté ! » Et je comprends aussi pourquoi il veut supprimer les mendiants. »

« Sois de bonne humeur, répondit Zarathoustra, comme je suis de bonne humeur. Garde tes habitudes, excellent homme ! mâchonne ton grain, bois ton eau, vante ta cuisine, pourvu qu'elle te rende joyeux !

Je ne suis pas une loi pour les miens, je ne suis pas une loi pour tout le monde. Mais celui qui est des miens doit avoir des os vigoureux et des jambes légères, – joyeux pour les guerres et les festins, ni sombre ni rêveur, prêt aux choses les plus difficiles, comme à sa fête, bien portant et sain.

Ce qu'il y a de meilleur appartient aux miens et à moi, et si on ne nous le donne pas, nous nous en emparons : – la meilleure nourriture, le ciel le plus clair, les pensées les plus fortes, les plus belles femmes ! » –

Ainsi parlait Zarathoustra ; mais le roi de droite répondit : « C'est singulier, a-t-on jamais entendu des choses aussi judicieuses de la bouche d'un sage ?

Et en vérité, c'est là pour un sage la chose la plus singulière, d'être avec tout cela intelligent et de ne point être un âne. »

Ainsi parla le roi de droite avec étonnement ; l'âne cependant conclut méchamment son discours par un I-A. Mais ceci fut le commencement de ce long repas qui est appelé « la Cène » dans les livres de l'histoire. Pendant ce repas il ne fut pas parlé d'autre chose que *de l'homme supérieur.*

De l'homme supérieur

1.

Lorsque je vins pour la première fois parmi les hommes, je fis la folie du solitaire, la grande folie : je me mis sur la place publique.

Et comme je parlais à tous, je ne parlais à personne. Mais le soir des danseurs de corde et des cadavres étaient mes compagnons ; et j'étais moi-même presque un cadavre.

Mais, avec le nouveau matin, une nouvelle vérité vint vers moi : alors j'appris à dire : « Que m'importe la place publique et la populace, le bruit de la populace et les longues oreilles de la populace ! »

Hommes supérieurs, apprenez de moi ceci : sur la place publique personne ne croit à l'homme supérieur. Et si vous voulez parler sur la place publique, à votre guise ! Mais la populace cligne de l'œil : « Nous sommes tous égaux. »

« Hommes supérieurs, – ainsi cligne de l'œil la populace, – il n'y pas d'hommes supérieurs, nous sommes tous égaux, un homme vaut un homme, devant Dieu – nous sommes tous égaux ! »

Devant Dieu ! – Mais maintenant ce Dieu est mort. Devant la populace, cependant, nous ne voulons pas être égaux. Hommes supérieurs, éloignez-vous de la place publique !

2.

Devant Dieu ! – Mais maintenant ce Dieu est mort ! Hommes supérieurs, ce Dieu a été votre plus grand danger.

Vous n'êtes ressuscité que depuis qu'il gît dans la tombe. C'est maintenant seulement que revient le grand midi, maintenant l'homme supérieur devient – maître !

Avez-vous compris cette parole, ô mes frères ? Vous êtes effrayés : votre cœur est-il pris de vertige ? L'abîme s'ouvre-t-il ici pour vous ? Le chien de l'enfer aboie-t-il contre vous ?

Eh bien ! Allons ! Hommes supérieurs ! Maintenant seulement la montagne de l'avenir humain va enfanter. Dieu est mort : maintenant *nous* voulons – que le Surhomme vive.

3.

Les plus soucieux demandent aujourd'hui : Comment l'homme se conserve-t-il ? » Mais Zarathoustra demande, ce qu'il est le seul et le premier à demander : « Comment l'homme sera-t-il *surmonté* ? »

Le Surhomme me tient au cœur, c'est *lui* qui est pour moi la chose unique, – et *non point* l'homme : non pas le prochain, non pas le plus pauvre, non pas le plus affligé, non pas le meilleur. –

Ô mes frères, ce que je puis aimer en l'homme, c'est qu'il est une transition et un déclin. Et, en vous aussi, il y a beaucoup de choses qui me font aimer et espérer.

Vous avez méprisé, ô hommes supérieurs, c'est ce qui me fait espérer. Car les grands méprisants sont aussi les grands vénérateurs.

Vous avez désespéré, c'est ce qu'il y a lieu d'honorer en vous. Car vous n'avez pas appris comment vous pourriez vous rendre, vous n'avez pas appris les petites prudences.

Aujourd'hui les petites gens sont devenus les maîtres, ils prêchent tous la résignation, et la modestie, et la prudence, et l'application, et les égards et le long ainsi-de-suite des petites vertus.

Ce qui ressemble à la femme et au valet, ce qui est de leur race, et surtout le micmac populacier : *cela* veut maintenant devenir maître de toutes les destinées humaines – ô dégoût ! dégoût ! dégoût !

Cela demande et redemande, et n'est pas fatigué de demander : « Comment l'homme se conserve-t-il le mieux, le plus longtemps, le plus agréablement ? » C'est ainsi – qu'ils sont les maîtres d'aujourd'hui.

Ces maîtres d'aujourd'hui, surmontez-les-moi, ô mes frères, – ces petites gens : c'est eux qui sont le plus grand danger du Surhomme !

Surmontez-moi, hommes supérieurs, les petites vertus, les petites prudences, les égards pour les grains de sable, le fourmillement des fourmis, le misérable contentement de soi, le « bonheur du plus grand nombre » – !

Et désespérez plutôt que de vous rendre. Et, en vérité, je vous aime, parce que vous ne savez pas vivre aujourd'hui, ô hommes supérieurs ! Car c'est ainsi que *vous* vivez – le mieux !

4.

Avez-vous du courage, ô mes frères ? Êtes-vous résolus ? Non pas du courage devant des témoins, mais du courage de solitaires, le courage des aigles dont aucun dieu n'est plus spectateur ?

Les âmes froides, les mulets, les aveugles, les hommes ivres n'ont pas ce que j'appelle du cœur. Celui-là a du cœur qui connaît la peur, mais qui *contraint* la peur ; celui qui voit l'abîme, mais avec *fierté*.

Celui qui voit l'abîme, mais avec des yeux d'aigle, – celui qui *saisit* l'abîme avec des serres d'aigle : celui-là a du courage.
– –

5.

« L'homme est méchant » – ainsi parlaient pour ma consolation tous les plus sages. Hélas ! si c'était encore vrai aujourd'hui ! Car le mal est la meilleure force de l'homme.

« L'homme doit devenir meilleur et plus méchant » – c'est ce que j'enseigne, *moi*. Le plus grand mal est nécessaire pour le plus grand bien du Surhomme.

Cela pouvait être bon pour ce prédicateur des petites gens de souffrir et de porter les péchés des hommes. Mais moi, je me réjouis du grand péché comme de ma grande *consolation*. –

Ces sortes de choses cependant ne sont point dites pour les longues oreilles : toute parole ne convient point à toute gueule. Ce sont là des choses subtiles et lointaines : les pattes de moutons ne doivent pas les saisir !

6.

Vous, les hommes supérieurs, croyez-vous que je sois là pour refaire bien ce que vous avez mal fait ?

Ou bien que je veuille dorénavant vous coucher plus commodément, vous qui souffrez ? Ou vous montrer, à vous qui êtes errants, égarés et perdus dans la montagne, des sentiers plus faciles ?

Non ! Non ! Trois fois non ! Il faut qu'il en périsse toujours plus et toujours des meilleurs de votre espèce, – car il faut que votre destinée soit de plus en plus mauvaise et de plus en plus dure. Car c'est ainsi seulement – ainsi seulement que l'homme grandit vers la hauteur, là où la foudre le frappe et le brise : assez haut pour la foudre !

Mon esprit et mon désir sont portés vers le petit nombre, vers les choses longues et lointaines : que m'importerait votre misère, petite, commune et brève !

Pour moi vous ne souffrez pas encore assez ! Car c'est de vous que vous souffrez, vous n'avez pas encore souffert de *l'homme*. Vous mentiriez si vous disiez le contraire ! Vous tous, vous ne souffrez pas de ce que j'ai souffert. – –

7.

Il ne me suffit pas que la foudre ne nuise plus. Je ne veux point la faire dévier, je veux qu'elle apprenne à travailler – pour *moi* –

Ma sagesse s'amasse depuis longtemps comme un nuage, elle devient toujours plus tranquille et plus sombre. Ainsi fait toute sagesse qui doit un jour engendrer la foudre. –

Pour ces hommes d'aujourd'hui je ne veux ni être *lumière*, ni être appelé lumière. *Ceux-là* – je veux les aveugler. Foudre de ma sagesse ! crève-leur les yeux !

8.

Ne veuillez rien au-dessus de vos forces : il y a une mauvaise fausseté chez eux qui veulent au-dessus de leurs forces.

Surtout lorsqu'ils veulent de grandes choses ! car ils éveillent la méfiance des grandes choses, ces subtils faux-monnayeurs, ces comédiens : –

– jusqu'à ce qu'enfin ils soient faux devant eux-mêmes, avec les yeux louches, bois vermoulus et revernis, attifés de grand mots et de vertus d'apparat, par un clinquant de fausses œuvres.

Soyez pleins de précautions à leur égard, ô hommes supérieurs ! Rien n'est pour moi plus précieux et plus rare aujourd'hui que la probité.

Cet aujourd'hui n'appartient-il pas à la populace ? La populace cependant ne sait pas ce qui est grand, ce qui est petit, ce qui est droit et honnête : elle est innocemment tortueuse, elle ment toujours.

9.

Ayez aujourd'hui une bonne méfiance, hommes supérieurs ! hommes courageux ! Hommes francs ! Et tenez secrètes vos raisons. Car cet aujourd'hui appartient à la populace.

Ce que la populace n'a pas appris à croire sans raison, qui pourrait le renverser auprès d'elle par des raisons ?

Sur la place publique on persuade par des gestes. Mais les raisons rendent la populace méfiante.

Et si la vérité a une fois remporté la victoire là-bas, demandez-vous alors avec une bonne méfiance : « Quelle grande erreur a combattu pour elle ? »

Gardez-vous aussi des savants ! Ils vous haïssent, car ils sont stériles ! Ils ont des yeux froids et secs, devant eux tout oiseau est déplumé.

Ceux-ci se vantent de ne pas mentir : mais l'incapacité de mentir est encore bien loin de l'amour de la vérité. Gardez-vous !

L'absence de fièvre est bien loin d'être de la connaissance ! Je ne crois pas aux esprits réfrigérés. Celui qui ne sait pas mentir, ne sait pas ce que c'est que la vérité.

10.

Si vous voulez monter haut, servez-vous de vos propres jambes ! Ne vous faites pas *porter* en haut, ne vous asseyez pas sur le dos et la tête d'autrui !

Mais toi, tu es monté à cheval ! Galopes-tu maintenant, avec une bonne allure vers ton but ? Eh bien, mon ami ! mais ton pied boiteux est aussi à cheval !

Quand tu seras arrivé à ton but, quand tu sauteras de ton cheval : c'est précisément sur ta *hauteur*, homme supérieur, – que tu trébucheras !

11.

Vous qui créez, hommes supérieurs ! Une femme n'est enceinte que son propre enfant.

Ne vous laissez point induire en erreur ! Qui donc est votre prochain ? Et agissez-vous aussi « pour le prochain », – vous ne créez pourtant pas pour lui !

Désapprenez donc ce « pour », vous qui créez : votre vertu précisément veut que vous ne fassiez nulle chose avec « pour », et « à cause de », et « parce que ». Il faut que vous vous bouchiez les oreilles contre ces petits mots faux.

Le « pour le prochain » n'est que la vertu des petites gens : chez eux on dit « égal et égal » et « une main lave l'autre » : – ils n'ont ni le droit, ni la force de *votre* égoïsme !

Dans votre égoïsme, vous qui créez, il y a la prévoyance et la précaution de la femme enceinte ! Ce que personne n'a encore vu des yeux, le fruit : c'est le fruit que protège, et conserve, et nourrit tout votre amour.

Là où il y a votre amour, chez votre enfant, là aussi il y a toute votre vertu ! Votre œuvre, votre volonté, c'est là *votre* « prochain » : ne vous laissez pas induire à de fausses valeurs !

12.

Vous qui créez, hommes supérieurs ! Quiconque doit enfanter est malade ; mais celui qui a enfanté est impur.

Demandez aux femmes : on n'enfante pas parce que cela fait plaisir. La douleur fait caqueter les poules et les poètes.

Vous qui créez, il y a en vous beaucoup d'impuretés. Car il vous fallut être mères.

Un nouvel enfant : ô combien de nouvelles impuretés sont venues au monde ! Écartez-vous ! Celui qui a enfanté doit laver son âme !

13.

Ne soyez pas vertueux au delà de vos forces ! Et n'exigez de vous-mêmes rien qui soit invraisemblable.

Marchez sur les traces où déjà la vertu de vos pères a marché. Comment voudriez-vous monter haut, si la volonté de vos pères ne montait pas avec vous ?

Mais celui qui veut être le premier, qu'il prenne bien garde à ne pas être le dernier ! Et là où sont les vices de vos pères, vous ne devez pas mettre de la sainteté !

Que serait-ce si celui-là exigeait de lui la chasteté, celui dont les pères fréquentèrent les femmes et aimèrent les vins forts et la chair du sanglier ?

Ce serait une folie ! Cela me semble beaucoup pour un pareil homme, s'il n'est l'homme que d'une seule femme, ou de deux, ou de trois.

Et s'il fondait des couvents et s'il écrivait au-dessus de la porte : « Ce chemin conduit à la sainteté », – je dirais quand même : À quoi bon ! c'est une nouvelle folie !

Il s'est fondé à son propre usage une maison de correction et un refuge : que bien lui en prenne ! Mais je n'y crois pas.

Dans la solitude grandit ce que chacun y apporte, même la bête intérieure. Aussi faut-il dissuader beaucoup de gens de la solitude.

Y a-t-il eu jusqu'à présent sur la terre quelque chose de plus impur qu'un saint du désert ? Autour de pareils êtres le diable n'était pas seul à être déchaîné, – mais aussi le cochon.

14.

Timide, honteux, maladroit, semblable à un tigre qui a mangé son bond : c'est ainsi, ô hommes supérieurs, que je vous ai souvent vus vous glisser à part. Vous aviez manqué un *coup de dé*.

Mais que vous importe, à vous autres joueurs de dés ! Vous n'avez pas appris à jouer et à narguer comme il faut jouer et narguer ! Ne sommes-nous pas toujours assis à une grande table de moquerie et de jeu ?

Et parce que vous avez manqué de grandes choses, est-ce une raison pour que vous soyez vous-mêmes – manqués ? Et si vous êtes vous-mêmes manqués, est-ce une raison pour que – l'homme soit manqué ? Mais si l'homme est manqué : eh bien ! Allons !

15.

Plus une chose est élevée dans son genre, plus est rare sa réussite. Vous autres hommes supérieurs qui vous trouvez ici, n'êtes-vous pas tous – manqués ?

Pourtant, ayez bon courage, qu'importe cela ! Combien de choses sont encore possibles ! Apprenez à rire de vous-mêmes, comme il faut rire !

Quoi d'étonnant aussi que vous soyez manqués, que vous ayez réussi à moitié, vous qui êtes à moitié brisés ! L'*avenir* de l'homme ne se presse et ne se pousse-t-il pas en vous ?

Ce que l'homme a de plus lointain, de plus profond, sa hauteur d'étoiles et sa force immense : tout cela ne se heurte-t-il pas en écumant dans votre marmite ?

Quoi d'étonnant si plus d'une marmite se casse ! Apprenez à rire de vous-mêmes comme il faut rire ! Ô hommes supérieurs, combien de choses sont encore possibles !

Et, en vérité, combien de choses ont déjà réussi ! Comme cette terre abonde en petites choses bonnes et parfaites et bien réussies !

Placez autour de vous de petites choses bonnes et parfaites, ô hommes supérieurs. Leur maturité dorée guérit le cœur. Les choses parfaites nous apprennent à espérer.

16.

Quel fut jusqu'à présent sur la terre le plus grand péché ? Ne fut-ce pas la parole de celui qui a dit : « Malheur à ceux qui rient ici-bas ! »

Ne trouvait-il pas de quoi rire sur la terre ? S'il en est ainsi, il a mal cherché. Un enfant même trouve de quoi rire.

Celui-là – n'aimait pas assez : autrement il nous aurait aussi aimés, nous autres rieurs ! Mais il nous haïssait et nous honnissait, nous promettant des gémissements et des grincements de dents.

Faut-il donc tout de suite maudire, quand on n'aime pas ? Cela – me paraît de mauvais goût. Mais c'est ce qu'il fit, cet intolérant. Il était issu de la populace.

Et lui-même n'aimait pas assez : autrement il aurait été moins courroucé qu'on ne l'aimât pas. Tout grand amour ne veut pas l'amour : il veut davantage.

Écartez-vous du chemin de tous ces intolérants ! C'est là une espèce pauvre et malade, une espèce populacière : elle jette un regard malin sur cette vie, elle a le mauvais œil pour cette terre.

Écartez-vous du chemin de tous ces intolérants ! Ils ont les pieds lourds et les cœurs pesants : ils ne savent pas danser. Comment pour de tels gens la terre pourrait-elle être légère !

17.

Toutes les bonnes choses s'approchent de leur but d'une façon tortueuse. Comme les chats elles font le gros dos, elles ronronnent intérieurement de leur bonheur prochain, – toutes les bonnes choses rient.

La démarche de quelqu'un laisse deviner s'il marche déjà dans sa propre voie. Regardez-moi donc marcher ! Mais celui qui s'approche de son but – celui-là danse.

Et, en vérité, je ne suis point devenu une statue, et je ne me tiens pas encore là engourdi, hébété, marmoréen comme une colonne ; j'aime la course rapide.

Et bien qu'il y ait sur la terre des marécages et une épaisse détresse : celui qui a les pieds légers court par-dessus la vase et danse comme sur de la glace balayée.

Élevez vos cœurs, mes frères, haut, plus haut ! Et n'oubliez pas non plus vos jambes ! Élevez aussi vos jambes, bons danseurs, et mieux que cela : vous vous tiendrez aussi sur la tête !

18.

Cette couronne du rieur, cette couronne de roses : c'est moi-même qui me la suis posé sur la tête, j'ai canonisé moi-même mon rire. Je n'ai trouvé personne d'assez fort pour cela aujourd'hui.

Zarathoustra le danseur, Zarathoustra le léger, celui qui agite ses ailes, prêt au vol, faisant signe à tous les oiseaux, prêt et agile, divinement léger : –

Zarathoustra le devin, Zarathoustra le rieur, ni impatient, ni intolérant, quelqu'un qui aime les sauts et les écarts ; je me suis moi-même placé cette couronne sur la tête !

19.

Élevez vos cœurs, mes frères, haut ! Plus haut ! Et n'oubliez pas non plus vos jambes ! Élevez aussi vos jambes, bons danseurs, et mieux que cela : vous vous tiendrez aussi sur la tête !

Il y a aussi dans le bonheur des animaux lourds, il y a des pieds-bots de naissance. Ils s'efforcent singulièrement, pareils à un éléphant qui s'efforcerait de se tenir sur la tête.

Il vaut mieux encore être fou de bonheur que fou de malheur, il vaut mieux danser lourdement que de marcher comme un boiteux. Apprenez donc de moi la sagesse : même la pire des choses a deux bons revers, –

– même la pire des choses a de bonnes jambes pour danser : apprenez donc vous-mêmes, ô hommes supérieurs, à vous placer droit sur vos jambes !

Désapprenez donc la mélancolie et toutes les tristesses de la populace ! Ô comme les arlequins populaires me paraissent tristes aujourd'hui ! Mais cet aujourd'hui appartient à la populace.

20.

Faites comme le vent quand il s'élance des cavernes de la montagne : il veut danser à sa propre manière. Les mers frémissent et sautillent quand il passe.

Celui qui donne des ailes aux ânes et qui trait les lionnes, qu'il soit loué, cet esprit bon et indomptable qui vient comme un ouragan, pour tout ce qui est aujourd'hui et pour toute la populace, – celui qui est l'ennemi de toutes les têtes de chardons, de toutes les têtes fêlées, et de toutes les feuilles fanées et de toute ivraie : loué soit cet esprit de tempête, cet esprit sauvage, bon et libre, qui danse sur les marécages et les tristesses comme sur des prairies !

Celui qui hait les chiens étiolés de la populace et toute cette engeance manquée et sombre : béni soit cet esprit de tous les esprits libres, la tempête riante qui souffle la poussière dans les yeux de tous ceux qui voient noir et qui sont ulcérés !

Ô hommes supérieurs, ce qu'il y a de plus mauvais en vous : c'est que tous vous n'avez pas appris à danser comme il faut danser, – à danser par-dessus vos têtes ! Qu'importe que vous n'ayez pas réussi !

Combien de choses sont encore possibles ! *Apprenez* donc à rire par-dessus vos têtes ! Élevez vos cœurs, haut, plus haut ! Et n'oubliez pas non plus le bon rire !

Cette couronne du rieur, cette couronne de roses à vous, mes frères, je jette cette couronne ! J'ai canonisé le rire ; hommes supérieurs, *apprenez* donc – à rire !

Le chant de la mélancolie

1.

Lorsque Zarathoustra prononça ces discours, il se trouvait à l'entrée de sa caverne ; mais après les dernières paroles, il s'échappa de ses hôtes et s'enfuit pour un moment en plein air.

« Ô odeurs pures autour de moi, s'écria-t-il, ô tranquillité bienheureuse autour de moi ! Mais où sont mes animaux ? Venez, venez, mon aigle et mon serpent !

Dites-moi donc, mes animaux : tous ces hommes supérieurs, – ne *sentent*-ils peut-être pas bon ? Ô odeurs pures autour de moi ! Maintenant je sais et je sens seulement combien je vous aime, mes animaux. »

– Et Zarathoustra dit encore une fois : « Je vous aime, mes animaux ! » L'aigle et le serpent cependant se pressèrent contre lui, tandis qu'il prononçait ces paroles et leurs regards s'élevèrent vers lui. Ainsi ils se tenaient ensemble tous les trois, silencieusement, aspirant le bon air les uns auprès des autres. Car là-dehors l'air était meilleur que chez les hommes supérieurs.

2.

Mais à peine Zarathoustra avait-il quitté la caverne, que le vieil enchanteur se leva et, regardant malicieusement autour de lui, il dit :

« Il est sorti !

Et déjà, ô homme supérieurs – permettez-moi de vous chatouiller de ce nom de louange et de flatterie, comme il fit lui-même – déjà mon esprit malin et trompeur, mon esprit d'enchanteur, s'empare de moi, mon démon de mélancolie,

– qui est, jusqu'au fond du cœur, l'adversaire de ce Zarathoustra : pardonnez-lui ! Maintenant il *veut* faire devant vous ses enchantements, c'est justement *son* heure ; je lutte en vain avec ce mauvais esprit.

À vous tous, quels que soient les honneurs que vous vouliez prêter, que vous vous appeliez les « esprits libres » ou bien « les véridiques », ou bien « les expiateurs de l'esprit », « les déchaînés », ou bien « ceux du grand désir » –

à vous tous qui souffrez comme moi du *grand dégoût*, pour qui le Dieu ancien est mort, sans qu'un Dieu nouveau soit encore au berceau, enveloppé de linges, – à vous tous, mon mauvais esprit, mon démon enchanteur, est favorable.

Je vous connais, ô hommes supérieurs, je le connais, – je le connais aussi, ce lutin que j'aime malgré moi, ce Zarathoustra : il me semble le plus souvent semblables à une belle larve de saint,

– semblable à un nouveau déguisement singulier, où se plaît mon esprit mauvais, le démon de mélancolie : – souvent il me semble que j'aime Zarathoustra à cause de mon mauvais esprit. –

Mais déjà *il* s'empare de moi et il me terrasse, ce mauvais esprit, cet esprit de mélancolie, ce démon du crépuscule : et en vérité, ô hommes supérieurs, il est pris d'une envie –

– ouvrez les yeux ! – il est pris d'une envie de venir nu, en homme ou en femme, je ne le sais pas encore : mais il vient, il me terrasse, malheur à moi ! ouvrez vos sens !

Le jour baisse, pour toutes choses le soir vient maintenant, même pour les meilleures choses ; écoutez donc et voyez, ô hommes supérieurs, quel démon, homme ou femme, est cet esprit de la mélancolie du soir ! »

Ainsi parlait le vieil enchanteur, puis il regarda malicieusement autour de lui et saisit sa harpe.

3.
Dans l'air clarifié,
quand déjà la consolation de la rosée
descend sur terre,
invisible, sans qu'on l'entende,
– car la rosée consolatrice porte
des chaussures fines, comme tous les doux consolateurs –
songes-tu alors, songes-tu, cœur chaud,
comme tu avais soif jadis,
soif de larmes divines, de gouttes de rosée,
altéré et fatigué, comme tu avais soif,
puisque dans l'herbe, sur des sentes jaunies,
des rayons du soleil couchant, méchamment,
au travers des arbres noirs, couraient autour de toi,

299

des rayons de soleil, ardents et éblouissants, malicieux.

« Le prétendant de la *vérité* ? toi ? – ainsi se moquaient-ils –
Non ! Poète seulement !

Une bête rusée, sauvage, rampante,
qui doit mentir :
qui doit mentir sciemment, volontairement,
envieuse de butin,
masquée de couleurs,
masque pour elle-même,
butin pour elle-même –
Ceci – le prétendant de la vérité !…
Non ! Fou seulement ! poète seulement !
parlant en images coloriées,
criant sous un masque multicolore de fou,
errant sur de mensongers ponts de paroles,
sur des arcs-en-ciel mensongers,
parmi de faux ciels
et de fausses terres
errant, planant çà et là,
– fou *seulement* ! poète *seulement* !…
Ceci – le prétendant de la vérité ?…
ni silencieux, ni rigide, lisse et froid,
changé en image,
en statue divine,
ni placé devant les temples,
gardien du seuil d'un Dieu :
non ! ennemi de tous ces monuments de la vertu,
plus familier de tous les déserts que de l'entrée des temples,
plein de chatteries téméraires,
sautant par toutes les fenêtres,
vlan ! Dans tous les hasards, reniflant dans toutes les forêts vierges,
reniflant d'envie et de désirs !
Ah ! toi qui cours dans les forêts vierges,
parmi les fauves bigarrés,
bien portant, colorié et beau comme le péché,
avec les lèvres lascives,
divinement moqueur, divinement infernal, divinement sanguinaire,

qui cours sauvage, rampeur, *menteur* : –
Ou bien, semblable à l'aigle, qui regarde longtemps,
longtemps, le regard fixé dans les abîmes,
dans *ses* abîmes : –
ô comme ils planent en cercle,
descendant toujours plus bas,
au fond de l'abîme toujours plus profond ! –
puis
soudain,
d'un trait droit,
les ailes ramenées,
fondant sur des *agneaux*,
d'un vol subit, affamé,
pris de l'envie de ces agneaux,
détestant toutes les âmes d'agneaux,
haineux de tout ce qui a le regard
vertueux, l'œil de la brebis, la laine frisée
et grise, avec la bienveillance de l'agneau !
Tels sont,
comme chez l'aigle et la panthère,
les désirs du poète,
tels sont *tes* désirs, entre mille masques,
toi qui es fou, toi qui es poète !...
Toi qui vis l'homme,
tel *Dieu*, comme un *agneau* – :
Déchirer Dieu dans l'homme,
comme l'agneau dans l'homme,
rire en le déchirant –
Ceci, ceci est ta félicité !
La félicité d'un aigle et d'une panthère,
la félicité d'un poète et d'un fou ! »...
Dans l'air clarifié,
quand déjà le croissant de la lune
glisse ses rayons verts,
envieusement, parmi la pourpre du couchant :
– ennemi du jour,
glissant à chaque pas, furtivement,
devant les bosquets de roses,
jusqu'à ce qu'ils s'effondrent

pâles dans la nuit : –
Ainsi je suis tombé moi-même jadis
de ma folie de vérité,
de mes désirs du jour,
fatigué du jour, malade de lumière,
– je suis tombé plus bas, vers le couchant et l'ombre :
par une vérité
brûlé et assoiffé :
– t'en souviens-tu, t'en souviens-tu, cœur chaud,
comme alors tu avais soif ? –
Que je sois banni
de toutes les vérités !
Fou   seulement,   poète   seulement !

De la science

Ainsi chantait l'enchanteur ; et tous ceux qui étaient assemblés furent pris comme des oiseaux, au filet de sa volupté rusée et mélancolique. Seul le consciencieux de l'esprit ne s'était pas laissé prendre : il enleva vite la harpe de la main de l'enchanteur et s'écria : « De l'air ! Faites entrer de bon air ! Faites entrer Zarathoustra ! Tu rends l'air de cette caverne lourd et empoisonné, vieil enchanteur malin !

Homme faux et raffiné, ta séduction conduit à des désirs et à des déserts inconnus. Et malheur à nous si des gens comme toi parlent de la *vérité* et lui donnent de l'importance !

Malheur à tous les esprits libres qui ne sont pas en garde contre *pareils* enchanteurs ! C'en sera fait de leur liberté : tu enseignes le retour dans les prisons et tu y ramènes, –

– vieux démon mélancolique, ta plainte contient un appel, tu ressembles à ceux dont l'éloge de la chasteté invite secrètement à des voluptés ! »

Ainsi parlait le consciencieux ; mais le vieil enchanteur regardait autour de lui, jouissant de sa victoire, ce qui faisait rentrer en lui le dépit que lui causait le consciencieux. « Tais-toi, dit-il d'une voix modeste, de bonnes chansons veulent avoir de bons échos ; après de bonnes chansons, il faut se taire longtemps.

C'est ainsi qu'ils font tous, ces hommes supérieurs. Mais toi tu n'as probablement pas compris grand'chose à mon poème ? En toi il n'y a rien moins qu'un esprit enchanteur. »

« Tu me loues, répartit le consciencieux, en me séparant de toi ; cela est très bien ! Mais vous autres, que vois-je ! Vous êtes encore assis là avec des regards de désir – :

Ô âmes libres, où donc s'en est allée votre liberté ? Il me semble presque que vous ressemblez à ceux qui ont longtemps regardé danser les filles perverses et nues : vos âmes mêmes se mettent à danser !

Il doit y avoir en vous, ô hommes supérieurs, beaucoup plus de ce que l'enchanteur appelle son mauvais esprit d'enchantement et de duperie : – il faut bien que nous soyons différents.

Et, en vérité, nous avons assez parlé et pensé ensemble, avant que Zarathoustra revînt à sa taverne, pour que je sache que nous *sommes* différents.

Nous *cherchons* des choses différentes, là-haut aussi, vous et moi. Car moi je cherche plus de *certitude*, c'est pourquoi je suis venu auprès de Zarathoustra. Car c'est lui qui est le rempart le plus solide et la volonté la plus dure –

– aujourd'hui que tout chancelle, que la terre tremble. Mais vous autres, quand je vois les yeux que vous faites, je croirais presque que vous cherchez *plus d'incertitude*,

– plus de frissons, plus de dangers, plus de tremblements de terre. Il me semble presque que vous ayez envie, pardonnez-moi ma présomption, ô hommes supérieurs –

– envie de la vie la plus inquiétante et la plus dangereuse, qui m'inspire le plus de crainte à *moi*, la vie des bêtes sauvages, envie de forêts, de cavernes, de montagnes abruptes et de labyrinthes.

Et ce ne sont pas ceux qui vous conduisent *hors* du danger qui vous plaisent le plus, ce sont ceux qui vous éconduisent, qui vous éloignent de tous les chemins, les séducteurs. Mais si de telles envies sont *véritables* en vous, elles me paraissent quand même *impossibles*.

Car la crainte – c'est le sentiment inné et primordial de l'homme ; par la crainte s'explique toute chose, le péché originel et la vertu originelle. *Ma* vertu, elle aussi, est née de la crainte, elle s'appelle : science.

Car la crainte des animaux sauvages – c'est cette crainte que l'homme connut le plus longtemps, y compris celle de l'animal que l'homme cache et craint en lui-même : – Zarathoustra l'appelle « la bête de troupeau intérieure ».

Cette longue et vieille crainte, enfin affinée et spiritualisée, – aujourd'hui il me semble qu'elle s'appelle *Science*. » –

Ainsi parlait le consciencieux ; mais Zarathoustra, qui rentrait au même instant dans sa caverne et qui avait entendu et deviné la dernière partie du discours, jeta une poignée de roses au consciencieux en riant de ses « vérités ». « Comment ! s'écria-t-il, qu'est-ce que je viens d'entendre ? En vérité, il me semble que tu es fou ou bien que je le suis moi-même : et je me hâte de placer ta « vérité » sur la tête d'un seul coup.

304

Car la *crainte* – est notre exception. Le courage cependant, l'esprit d'aventure et la joie de l'incertain, de ce qui n'a pas encore été hasardé, – le *courage*, voilà ce qui me semble toute l'histoire primitive de l'homme.

Il a eu envie de toutes les vertus des bêtes les plus sauvages et les plus courageuses, et il les leur a arrachées : ce n'est qu'ainsi qu'il est devenu homme.

Ce courage, enfin affiné, enfin spiritualisé, ce courage humain, avec les ailes de l'aigle et la ruse du serpent : ce courage, me semble-t-il, s'appelle aujourd'hui – »

« *Zarathoustra* ! » s'écrièrent tous ceux qui étaient réunis, comme d'une seule voix, en parlant d'un grand éclat de rire ; mais quelque chose s'éleva d'eux qui ressemblait à un nuage noir. L'enchanteur, lui aussi, se mit à rire et il dit d'un ton rusé : « Eh bien ! il s'en est allé mon mauvais esprit !

Et ne vous ai-je pas moi-même mis en défiance contre lui, lorsque je disais qu'il est un imposteur, un esprit de mensonge et de tromperie ?

Surtout quand il se montre nu. Mais que puis-je faire à ses malices, *moi* ! Est-ce *moi* qui l'ai créé et qui ai créé le monde ?

Eh bien ! Soyons de nouveau bons et de bonne humeur ! Et quoique Zarathoustra ait le regard sombre – regardez-le donc ! Il m'en veut – : – avant que la nuit soit venue il apprendra de nouveau à m'aimer et à me louer, il ne peut pas vivre longtemps sans faire de pareilles folies.

Celui-là – aime ses ennemis : c'est lui qui connaît le mieux cet art, parmi tous ceux que j'ai rencontrés. Mais il s'en venge – sur ses amis ! »

Ainsi parlait le vieil enchanteur, et les hommes supérieurs l'acclamèrent : en sorte que Zarathoustra se mit à circuler dans sa caverne, secouant les mains de ses amis avec méchanceté et amour, – comme quelqu'un qui a quelque chose à excuser et à réparer auprès de chacun. Mais lorsqu'il arriva à la porte de sa caverne, voici, il eut de nouveau envie du bon air qui régnait dehors et de ses animaux, – et il voulut se glisser dehors.

Parmi les filles du désert

1.

« Ne t'en vas pas ! dit alors le voyageur qui s'appelait l'ombre de Zarathoustra, reste auprès de nous, – autrement la vieille et lourde affliction pourrait de nouveau s'emparer de nous.

Déjà le vieil enchanteur nous a prodigué ce qu'il avait de plus mauvais, et, regarde donc, le vieux pape qui est si pieux a des larmes dans les yeux, et déjà il s'est de nouveau embarqué sur la mer de la mélancolie.

Il me semble pourtant que ces rois font bonne figure devant nous ; car, parmi nous tous, ce sont eux qui ont le mieux appris à faire bonne mine aujourd'hui. S'ils n'avaient pas de témoins, je parie que le mauvais jeu recommencerait, chez eux aussi –

– le mauvais jeu des nuages qui passent, de l'humide mélancolie, du ciel voilé, des vents d'automne qui hurlent : – le mauvais jeu de nos hurlements et de nos cris de détresse : reste auprès de nous, ô Zarathoustra ! Il y a ici beaucoup de misère cachée qui voudrait parler, beaucoup de soir, beaucoup de nuages, beaucoup d'air épais !

Tu nous as nourris de fortes nourritures humaines et de maximes fortifiantes : ne permets pas que, pour le dessert, les esprits de mollesse, les esprits efféminés nous surprennent de nouveau !

Toi seul, tu sais rendre autour de toi l'air fort et pur ! Ai-je jamais trouvé sur la terre un air aussi pur, que chez toi dans ta caverne ?

J'ai pourtant vu bien des pays, mon nez a appris à examiner et à évaluer des airs multiples : mais c'est auprès de toi que mes narines éprouvent leur plus grande joie !

Si ce n'est, – si ce n'est – ô pardonne-moi un vieux souvenir ! Pardonne-moi un vieux chant d'après dîner que j'ai jadis composé parmi les filles du désert.

Car, auprès d'elles, il y avait aussi de bon air clair d'Orient ; c'est là-bas que j'ai été le plus loin de la vieille Europe, nuageuse, humide et mélancolique !

306

Alors j'aimais ces filles d'Orient et d'autres royaumes des cieux azurés, sur qui ne planaient ni nuages ni pensées.

Vous ne vous doutez pas combien elles étaient charmantes, lorsqu'elles ne dansaient pas, assises avec des arts profonds, mais sans pensées, comme de petits secrets, comme des énigmes enrubannées, comme des noix d'après dîner –

– diaprées et étranges, en vérité ! Mais sans nuages : telles des énigmes qui se laissent deviner : c'est en l'honneur des ces petites filles qu'alors j'ai inventé mon psaume d'après dîner. »

Ainsi parlait le voyageur qui s'appelait l'ombre de Zarathoustra ; et, avant que quelqu'un ait eu le temps de répondre, il avait déjà saisi la harpe du vieil enchanteur, et il regardait autour de lui, calme et sage, en croisant les jambes : – mais de ses narines il absorbait l'air, lentement et comme pour interroger, comme quelqu'un qui, dans les pays nouveaux, goûte de l'air nouveau. Puis il commença à chanter avec une sorte de hurlement :

2.

Le désert grandit : malheur à celui qui recèle des déserts !
– Ah ! Solennel !
Un digne commencement !
D'une solennité africaine !
Digne d'un lion,
ou bien d'un hurleur moral...
– mais ce n'est rien pour vous,
mes délicieuses amies,
aux pieds de qui
il est donné de s'asseoir, sous des palmiers
à un Européen. Selah.
Singulier, en vérité !
Me voilà assis,
tout près du désert et pourtant
si loin déjà du désert,
et nullement ravagé encore :
dévoré
par la plus petite des oasis
– car justement elle ouvrait en bâillant
sa petite bouche charmante,

la plus parfumée de toutes les petites bouches :
et j'y suis tombé,
au fond, en passant au travers – parmi vous,
vous mes délicieuses amies ! Selah.
Gloire, gloire, à cette baleine,
si elle veilla ainsi au bien-être
de son hôte ! – vous comprenez
mon allusion savante ?...
Gloire à son ventre,
s'il fut de la sorte
un charmant ventre d'oasis,
tel celui-ci : mais je le mets en doute,
car je viens de l'Europe
qui est plus incrédule que toutes les épouses.
Que Dieu l'améliore !
Amen !
Me voilà donc assis,
dans cette plus petite de toutes les oasis,
semblable à une datte,
brun, édulcoré, doré,
ardent d'une bouche ronde de jeune fille,
plus encore de dents canines,
de dents féminines,
froides, blanches comme neige, tranchantes
car c'est après elle que languit
le cœur de toutes les chaudes dattes. Selah.
Semblable à ces fruits du midi,
trop semblable,
je suis couché là,
entouré de petits insectes ailés
qui jouent autour de moi,
et aussi d'idées et de désirs
plus petits encore, plus fous et plus méchants,
cerné par vous, petites chattes, jeunes filles,
muettes et pleines d'appréhensions,
Doudou et Souleika
– *ensphinxé*, si je mets dans *un* mot nouveau
beaucoup de sentiments
(que Dieu me pardonne

cette faute de langage !)
– je suis assis là, respirant le meilleur air,
de l'air de paradis, en vérité,
de l'air clair, léger et rayé d'or,
aussi bon qu'il en est jamais
tombé de la lune –
était-ce par hasard,
ou bien par présomption,
que cela est arrivé ?
comme content les vieux poètes.
Mais moi, le douteur, j'en doute,
c'est que je viens
de l'Europe
qui est plus incrédule que toutes les épouses.
Que Dieu l'améliore ! Amen !
Buvant l'air le plus beau,
les narines gonflées comme des gobelets,
sans avenir, sans souvenirs,
ainsi je suis assis là,
mes délicieuses amies,
et je regarde la palme
qui, comme une danseuse,
se courbe, se plie et se balance sur les hanches,
– on l'imite quand on la regarde longtemps !…
comme une danseuse qui, il me semble,
s'est tenue trop longtemps, dangereusement longtemps,
toujours et toujours sur *une* jambe ?
– elle en oublia, comme il me semble,
l'*autre* jambe !
Car c'est en vain que j'ai cherché
le trésor jumeau
– c'est-à-dire l'autre jambe –
dans le saint voisinage de leurs charmantes et mignonnes
jupes de chiffons, jupes flottantes en éventail.
Oui, si vous voulez me croire tout à fait,
mes belles amies :
je vous dirai qu'elle l'a *perdue* !…
Elle s'est allée
pour toujours

l'autre jambe !
Ô quel dommage pour l'autre jambe si gracieuse
Où – peut-elle s'arrêter, abandonnée, en deuil ?
Cette jambe solitaire ?
Craignant peut-être
un monstre méchant, un lion jaune
et bouclé d'or ? Ou bien déjà
rongé, grignoté – hélas ! hélas !
Misérablement grignoté ! Selah.
Ô ne pleurez pas,
cœurs tendres,
ne pleurez pas,
cœurs de dattes, seins de lait,
cœurs de réglisse !
Sois un homme, Souleika ! Courage ! Courage !
Ne pleure plus,
pâle Doudou !
– Ou bien faudrait-il
peut-être ici
quelque chose de fortifiant, fortifiant le cœur ?
Une maxime embaumée ?
Une maxime solennelle ? –
Ah ! Monte, dignité !
Vertueuse dignité ! européenne dignité !
Souffle, souffle de nouveau
Soufflet de la vertu !
Ah !
Hurler encore une fois,
hurler moralement !
En lion moral, hurler devant les filles du désert !
– Car les hurlements de la vertu,
délicieuses jeunes filles,
sont plus que toute chose
ardeur d'Européen, fringale d'Européen !
Et me voici déjà,
moi l'Européen,
je ne puis faire autrement, que Dieu m'aide !
Amen.
Le désert grandit : malheur à celui qui recèle le désert !

310

Le réveil

1.

Après le chant du voyageur et de l'ombre, la caverne s'emplit tout à coup de rires et de bruits ; et comme tous les hôtes réunis parlaient en même temps et que l'âne lui aussi, après un pareil encouragement, ne pouvait plus se tenir tranquille, Zarathoustra fut pris d'une petite aversion et d'un peu de raillerie contre ses visiteurs : bien qu'il se réjouît de leur joie. Car celle lui semblait un signe de guérison. Il se glissa donc dehors, en plein air, et il parla à ses animaux.

« Où s'en est maintenant allée leur détresse ? dit-il, et déjà il se remettait lui-même de son petit ennui – il me semble qu'ils ont désappris chez moi leurs cris de détresse !

– quoiqu'ils n'aient malheureusement pas encore désappris de crier. » Et Zarathoustra se boucha les oreilles, car à ce moment les I-A de l'âne se mêlaient singulièrement au bruit des jubilations de ces hommes supérieurs.

« Ils sont joyeux, se remit-il à dire, et, qui sait, peut-être aux dépens de leur hôte ; et s'ils ont appris à rire de moi, ce n'est cependant pas mon rire qu'ils ont appris.

Mais qu'importe ! Ce sont de vieilles gens : ils guérissent à leur manière, ils rient à leur manière ; mes oreilles ont supporté de pires choses sans en devenir moroses.

Cette journée est une victoire : il recule déjà, il fuit *l'esprit de la lourdeur*, mon vieil ennemi mortel ! Comme elle va bien finir cette journée qui a si mal et si malignement commencé !

Et elle *veut* finir. Déjà vient le soir : il passe à cheval sur la mer, le bon cavalier ! Comme il se balance, le bienheureux, qui revient sur sa selle de pourpre !

Le ciel regarde avec sérénité, le monde s'étend dans sa profondeur, ô vous tous, hommes singuliers qui êtes venus auprès de moi, il vaut la peine de vivre auprès de moi ! »

Ainsi parlait Zarathoustra. Et alors des cris et des rires des hommes supérieurs résonnèrent de nouveau de la caverne : or, Zarathoustra, commença derechef :

« Ils mordent, mon amorce fait de l'effet, chez eux aussi l'ennemi fuit : l'esprit de la lourdeur. Déjà ils apprennent à rire d'eux-mêmes : est-ce que j'entends bien ?

Ma nourriture d'homme fait de l'effet, mes maximes savoureuses et rigoureuses : et, en vérité, je ne les ai pas nourris avec des légumes qui gonflent. Mais avec une nourriture de guerriers, une nourriture de conquérants : j'ai éveillé de nouveaux désirs.

Il y a de nouveaux espoirs dans leurs bras et dans leurs jambes, leur cœur s'étire. Ils trouvent des mots nouveaux, bientôt leur esprit respirera la pétulance.

Je comprends que cette nourriture ne soit pas pour les enfants, ni pour les petites femmes langoureuses, jeunes et vieilles. Il faut d'autres moyens pour convaincre leurs intestins ; je ne suis pas leur médecin et leur maître.

Le *dégoût* quitte ces hommes supérieurs : eh bien ! cela est ma victoire. Dans mon royaume, ils se sentent en sécurité, toute honte bête s'enfuit, ils s'épanchent.

Ils épanchent leurs cœurs, des heures bonnes leur reviennent, ils chôment et ruminent de nouveau, – ils deviennent reconnaissants.

C'est ce que je considère comme le meilleur signe, ils deviennent reconnaissants. À peine un court espace de temps se sera-t-il écoulé qu'ils inventeront des fêtes et élèveront des monuments commémoratifs à leurs joies anciennes.

Ce sont des *convalescents* ! » Ainsi parlait Zarathoustra, joyeux dans son cœur et regardant au dehors ; ses animaux cependant se pressaient contre lui et faisaient honneur à son bonheur et à son silence.

2.

Mais soudain l'oreille de Zarathoustra s'effraya, car la caverne, qui avait été jusqu'à présent pleine de bruit et de rire, devint soudain d'un silence de mort ; le nez de Zarathoustra cependant sentit une odeur agréable de fumée et d'encens, comme si l'on brûlait des pommes de pin.

« Qu'arrive-t-il ? Que font-ils ? » se demanda Zarathoustra, en s'approchant de l'entrée pour regarder ses convives sans être vu. Mais, merveille des merveilles ! que vit-il alors de ses propres yeux !

« Ils sont tous redevenus *pieux*, ils *prient*, ils sont fous ! » – dit-il en s'étonnant au delà de toute mesure. Et, en vérité, tous ces hommes supérieurs, les deux rois, le pape hors de service, le sinistre enchanteur, le mendiant volontaire, le voyageur et l'ombre, le vieux devin, le consciencieux de l'esprit et le plus laid des hommes : ils étaient tous prosternés sur leurs genoux, comme les enfants et les vieilles femmes fidèles, ils étaient prosternés en adorant l'âne. Et déjà le plus laid des hommes commençait à gargouiller et à souffler, comme si quelque chose d'inexprimable voulait sortir de lui ; cependant lorsqu'il finit enfin par parler réellement, voici, ce qu'il psalmodiait était une singulière litanie pieuse, en l'honneur de l'âne adoré et encensé. Et voici quelle fut cette litanie :

Amen ! Honneur et gloire et sagesse et reconnaissance et louanges et forces soient à notre Dieu, d'éternité en éternité !

– Et l'âne de braire I-A.

Il porte nos fardeaux, il s'est fait serviteur, il est patient de cœur et ne dit jamais non ; et celui qui aime son Dieu le châtie bien.

– Et l'âne de braire I-A.

Il ne parle pas, si ce n'est pour dire toujours oui au monde qu'il a créé ; ainsi il chante la louange de son monde. C'est sa ruse qui le pousse à ne point parler : ainsi il a rarement tort.

– Et l'âne de braire I-A.

Insignifiant il passe dans le monde. La couleur de son corps, dont il enveloppe sa vertu, est grise. S'il a de l'esprit, il le cache ; mais chacun croit à ses longues oreilles.

– Et l'âne de braire I-A.

Quelle sagesse cachée est cela qu'il ait de longues oreilles et qu'il dise toujours oui, et jamais non ! N'a-t-il pas créé le monde à son image, c'est-à-dire aussi bête que possible ?

– Et l'âne de braire I-A.

Tu suis des chemins droits et des chemins détournés ; ce que les hommes appellent droit ou détourné t'importe peu. Ton royaume est par delà le bien et le mal. C'est ton innocence de ne point savoir ce que c'est que l'innocence.

– Et l'âne de braire I-A.

Vois donc comme tu ne repousses personne loin de toi, ni les mendiants, ni les rois. Tu laisses venir à toi les petits enfants et si les pécheurs veulent te séduire tu leur dis simplement I-A.

– Et l'âne de braire I-A.

Tu aimes les ânesses et les figues fraîches, tu n'es point difficile pour ta nourriture. Un chardon te chatouille le cœur lorsque tu as faim. C'est là qu'est ta sagesse de Dieu.

– Et l'âne de braire I-A.

La fête de l'âne

1.

En cet endroit de la litanie cependant, Zarathoustra ne put se maîtriser davantage. Il cria lui aussi : I-A à plus haute voix encore que l'âne et sauta au milieu de ses hôtes devenus fous. « Mais que faites-vous donc là – enfants des hommes ? S'écria-t-il en soulevant de terre ceux qui priaient. Malheur à vous, si quelqu'un d'autre que Zarathoustra vous regardait :

Chacun jugerait que vous êtes devenus, avec votre foi nouvelle, les pires des blasphémateurs, ou les plus insensées de toutes les vieilles femmes !

Et toi-même, vieux pape, comment es-tu d'accord avec toi-même en adorant ainsi un âne comme s'il était Dieu ? »

« Ô Zarathoustra, répondit le pape, pardonne-moi, mais dans les choses de Dieu je suis encore plus éclairé que toi. Et cela est juste ainsi.

Plutôt adorer Dieu sous cette forme que de ne point l'adorer du tout ! Réfléchis à cette parole, mon éminent ami : tu devineras vite que cette parole renferme de la sagesse.

Celui qui a dit : « Dieu est esprit » – a fait jusqu'à présent sur la terre le plus grand pas et le plus grand bond vers l'incrédulité : ce ne sont pas là des paroles faciles à réparer sur la terre !

Mon vieux cœur saute et bondit de ce qu'il y ait encore quelque chose à adorer sur la terre. Pardonne, ô Zarathoustra, à un vieux cœur de pape pieux ! » –

– « Et toi, dit Zarathoustra au voyageur et à l'ombre, tu t'appelles esprit libre, tu te figures être un esprit libre ? Et tu te livres ici à de pareilles idolâtries et à de pareilles momeries ?

En vérité, tu fais ici de pires choses que tu n'en faisais auprès des jeunes filles brunes et malignes, toi le croyant nouveau et malin ! »

« C'est triste, en effet, répondit le voyageur et l'ombre, tu as raison : mais qu'y puis-je ! Le Dieu ancien revit, ô Zarathoustra, tu diras ce que voudras.

C'est le plus laid des hommes qui est cause de tout : c'est lui qui l'a ressuscité. Et s'il dit qu'il l'a tué jadis : chez les Dieux la *mort* n'est toujours qu'un préjugé. »

« Et toi, reprit Zarathoustra, vieil enchanteur malin, qu'as-tu fait ? Qui donc croira encore en toi, en ces temps de liberté, si tu crois à de pareilles âneries divines ? »

Tu as fait une bêtise ; comment pouvais-tu, toi qui es rusé, faire une pareille bêtise ! »

« Ô Zarathoustra, répondit l'enchanteur rusé, tu as raison, c'était une bêtise, – il m'en a coûté assez cher. »

« Et toi aussi, dit Zarathoustra au consciencieux de l'esprit, réfléchis donc et mets ton doigt à ton nez ! En cela rien ne gêne-t-il donc ta conscience ? Ton esprit n'est-il pas trop propre pour de pareilles adorations et l'encens de pareils bigots ?

« Il y a quelque chose dans ce spectacle, répondit le consciencieux, et il mit le doigt à son nez, il y a quelque chose dans ce spectacle qui fait même du bien à ma conscience.

Peut-être n'ai-je pas le droit de croire en Dieu : mais il est certain que c'est sous cette forme que Dieu me semble le plus digne de foi.

Dieu doit être éternel, selon le témoignage des plus pieux : qui a du temps de reste s'accorde du bon temps. Aussi lentement et aussi bêtement que possible : *avec cela* il peut vraiment aller loin.

Et celui qui a trop d'esprit aimerait à s'enticher même de la bêtise et de la folie. Réfléchis sur toi-même, ô Zarathoustra !

Toi-même – en vérité ! Tu pourrais bien, par excès de sagesse, devenir un âne.

Un sage parfait n'aime-t-il pas suivre les chemins les plus tortueux ? L'apparence le prouve, ô Zarathoustra, – *ton* apparence ! »

– « Et toi-même enfin, dit Zarathoustra en s'adressant au plus laid des hommes qui était encore couché par terre, les bras tendus vers l'âne (car il lui donnait du vin à boire). Parle, inexprimable, qu'as-tu fait là !

Tu me sembles transformé, ton œil est ardent, le manteau du sublime se drape autour de ta laideur : qu'as-tu fait ?

Est-ce donc vrai, ce que disent ceux-là, que tu l'as ressuscité ? Et pourquoi ? N'était-il donc pas avec raison tué et périmé ?

C'est toi-même qui me sembles réveillé : qu'as-tu fait ? Qu'as-tu interverti ? Pourquoi t'es-tu converti ? Parle, inexprimable ! »

« Ô Zarathoustra, répondit le plus laid des hommes, tu es un coquin !

Si *celui-là* vit encore, ou bien s'il vit de nouveau, ou bien s'il est complètement mort, – qui de nous deux sait cela le mieux ? C'est ce que je te demande.

Mais il y a une chose que je sais, – c'est de toi-même que je l'ai apprise jadis, ô Zarathoustra : celui qui veut tuer le plus complètement se met à *rire*.

« Ce n'est pas par la colère, c'est par le rire que l'on tue » – ainsi parlais-tu jadis. Ô Zarathoustra, toi qui restes caché, destructeur sans colère, saint dangereux, – tu es un coquin ! »

2.

Mais alors il arriva que Zarathoustra, étonné de pareilles réponses de coquins, s'élança de nouveau à la porte de sa caverne et, s'adressant à tous ses convives, se mit à crier d'une voix forte :

« Ô vous tous, fols espiègles, pantins ! pourquoi dissimuler et vous cacher devant moi !

Le cœur de chacun de vous tressaillait pourtant de joie et de méchanceté, parce que vous êtes enfin redevenus comme de petits enfants, c'est-à-dire pieux, – parce que vous avez enfin agi de nouveau comme font les petits enfants, parce que vous avez prié, joint les mains et dit « cher bon Dieu » !

Mais maintenant quittez *cette* chambre d'enfants, ma propre caverne, où aujourd'hui tous les enfantillages ont droit de cité. Rafraîchissez dehors votre chaude impétuosité d'enfants et le battement de votre cœur !

Il est vrai, que si vous ne redevenez pas comme de petits enfants, vous ne pourrez pas entrer dans ce royaume des cieux. (Et Zarathoustra montra le ciel du doigt.)

Mais nous ne voulons pas du tout entrer dans le royaume des cieux : nous sommes devenus des hommes, – *c'est pourquoi nous voulons le royaume de la terre.* »

3.

Et de nouveau Zarathoustra commença à parler. « Ô mes nouveaux amis, dit-il, – hommes singuliers, vous qui êtes les hommes supérieurs, comme vous me plaisez bien maintenant, –

– depuis que vous êtes redevenus joyeux. Vous êtes en vérité tous épanouis : il me semble que pour des fleurs comme vous il faut des *fêtes nouvelles*,

– une brave petite folie, un culte ou une fête de l'âne, un vieux fou, un joyeux Zarathoustra, un tourbillon qui, par son souffle, vous éclaire l'âme.

N'oubliez pas cette nuit et cette fête de l'âne, ô hommes supérieurs. C'est *là* ce que vous avez inventé chez moi et c'est pour moi un bon signe, – il n'y a que les convalescents pour inventer de pareilles choses !

Et si vous fêtez de nouveau cette fête de l'âne, faites-le par amour pour vous, faites-le aussi par amour pour moi ! Et faites cela en mémoire *de moi.* »

Ainsi   parlait   Zarathoustra.

Le chant d'ivresse

1.

Mais pendant qu'il parlait, ils étaient tous sortis l'un après l'autre, en plein air et dans la nuit fraîche et pensive ; et Zarathoustra lui-même conduisait le plus laid des hommes par la main, pour lui montrer son monde nocturne, la grande lune ronde et les cascades argentées auprès de sa caverne. Enfin ils s'arrêtèrent là les uns près des autres, tous ces hommes vieux, mais le cœur consolé et vaillant, s'étonnant dans leur for intérieur de se sentir si bien sur la terre ; la quiétude de la nuit, cependant, s'approchait de plus en plus de leurs cœurs. Et de nouveau Zarathoustra pensait à part lui : « Ô comme ils me plaisent bien maintenant, ces hommes supérieurs ! » – mais il ne le dit pas, car il respectait leur bonheur et leur silence. –

Mais alors il arriva ce qui pendant ce jour stupéfiant et long fut le plus stupéfiant : le plus laid des hommes commença derechef, et une dernière fois, à gargouiller et à souffler et, lorsqu'il eut fini par trouver ses mots, voici une question sortit de sa bouche, une question précise et nette, une question bonne, profonde et claire qui remua le cœur de tous ceux qui l'entendaient.

« Mes amis, vous tous qui êtes réunis ici, dit le plus laid des hommes, que vous en semble ? À cause de cette journée – c'est la première fois de ma vie que je suis content, que j'ai vécu la vie tout entière.

Et il ne me suffit pas d'avoir témoigné cela. Il vaut la peine de vivre sur la terre : *Un* jour, *une* fête en compagnie de Zarathoustra a suffi pour m'apprendre à aimer la terre.

« Est-ce là – la vie ! » dirai-je à la mort. « Eh bien ! Encore une fois ! »

Mes amis, que vous en semble ? Ne voulez-vous pas, comme moi, dire à la mort : « Est-ce là la vie, eh bien, pour l'amour de Zarathoustra, encore une fois ! » –

Ainsi parlait le plus laid des hommes ; mais il n'était pas loin de minuit. Et que pensez-vous qui se passa alors ? Dès que les hommes supérieurs entendirent sa question, ils eurent soudain conscience de leur transformation et de leur guérison, et ils comprirent quel était celui qui la leur avait procurée : alors ils s'élancèrent vers Zarathoustra, pleins de reconnaissance, de respect et d'amour, en luis baisant la main, selon la particularité de chacun : de sort que quelques-uns riaient et que d'autres pleuraient. Le vieil enchanteur cependant dansait de plaisir ; et si, comme le croient certains conteurs, il était alors ivre de vin doux, il était certainement plus ivre encore de la vie douce, et il avait abdiqué toute lassitude. Il y en a même quelques-uns qui racontent qu'alors l'âne se mit à danser : car ce n'est pas en vain que le plus laid des hommes lui avait donné du vin à boire. Que cela se soit passé, ainsi ou autrement, peu importe ; si l'âne n'a pas vraiment dansé ce soir-là, il se passa pourtant alors des choses plus grandes et plus étranges que ne le serait la danse d'un âne. En un mot, comme dit le proverbe de Zarathoustra : « Qu'importe ! »

2.

Lorsque ceci se passa avec le plus laid des hommes, Zarathoustra était comme un homme ivre : son regard s'éteignait, sa langue balbutiait, ses pieds chancelaient. Et qui saurait deviner quelles étaient les pensées qui agitaient alors l'âme de Zarathoustra ? Mais on voyait que son esprit reculait en arrière et qu'il volait en avant, qu'il était dans le plus grand lointain, en quelque sorte « sur une haute crête, comme il est écrit, entre deux mers, – qui chemine entre le passé et l'avenir, comme un lourd nuage ». Peu à peu, cependant, tandis que les hommes supérieurs le tenaient dans leurs bras, il revenait un peu à lui-même, se défendant du geste de la foule de ceux qui voulaient l'honorer et qui étaient préoccupés à cause de lui ; mais il ne parlait pas. Tout à coup, pourtant, il tourna la tête, car il semblait entendre quelque chose : alors il mit son doigt sur la bouche et dit : « *Venez !* »

Et aussitôt il se fit un silence et une quiétude autour de lui ; mais de la profondeur on entendait monter lentement le son d'une cloche. Zarathoustra prêtait l'oreille, ainsi que les hommes supérieurs ; puis il mit une seconde fois son doigt sur la bouche et il dit de nouveau : « *Venez ! Venez ! il est près de minuit !* » – et sa voix s'était transformée. Mais il ne bougeait toujours pas de place : alors il y eut un silence encore plus grand et une plus grande quiétude, et tout le monde écoutait, même l'âne et les animaux d'honneur de Zarathoustra, l'aigle et le serpent, et aussi la caverne de Zarathoustra et la grande lune froide et la nuit elle-même. Zarathoustra, cependant, mit une troisième fois sa main sur la bouche et dit :

Venez ! Venez ! Venez ! Allons ! Maintenant il est l'heure : allons dans la nuit !

3.

Ô hommes supérieurs, il est près de minuit : je veux donc vous dire quelque chose à l'oreille, quelque chose que cette vieille cloche m'a dit à l'oreille, – avec autant de secret, d'épouvante et de cordialité, qu'a mis à m'en parler cette vieille cloche de minuit qui a plus vécus qu'un seul homme : – qui compta déjà les battements douloureux des cœurs de vos pères – hélas ! hélas ! comme elle soupire ! comme elle rit en rêve ! la vieille heure de minuit, profonde, profonde !

Silence ! Silence ! On entend bien des choses qui n'osent pas se dire de jour ; mais maintenant que l'air est pur, que le bruit de vos cœurs s'est tu, lui aussi, – maintenant les choses parlent et s'entendent, maintenant elles glissent dans les âmes nocturnes dont les veilles se prolongent : hélas ! hélas ! comme elle soupire ! comme elle rit en rêve ! – n'entends-tu pas comme elle te parle à *toi* secrètement, avec épouvante et cordialité, la vieille heure de minuit, profonde, profonde !

Ô homme, prends garde !

4.

Malheur à moi ! Où a passé le temps ? Ne suis-je pas tombé dans des puits profonds ? Le monde dort –

Hélas ! Hélas ! Le chien hurle, la lune brille. Je préfère mourir, mourir que de vous dire ce que pense maintenant mon cœur de minuit.

Déjà je suis mort. C'en est fait. Araignée, pourquoi tisses-tu ta toile autour de moi ? Veux-tu du sang ? Hélas ! Hélas ! la rosée tombe, l'heure vient – l'heure où je grelotte et où je gèle, l'heure qui demande, qui demande et qui demande toujours : « Qui a assez de courage pour cela ? – qui doit être le maître de la terre ? Qui veut dire : c'est *ainsi* qu'il vous faut couler, grands et petits fleuves ! »

– l'heure approche : ô homme, homme supérieur prends garde ! ce discours s'adresse aux oreilles subtiles, à tes oreilles – *que dit minuit profond ?*

5.

Je suis porté là-bas, mon âme danse. Tâche quotidienne ! tâche quotidienne ! Qui doit être le maître du monde ?

La lune est fraîche, le vent se tait. Hélas ! Hélas ! avez-vous déjà volé assez haut ? Vous avez dansé : mais une jambe n'est pas une aile.

Bons danseurs, maintenant toute la joie est passée. Le vin s'est changé en levain, tous les gobelets se sont attendris, les tombes balbutient.

Vous n'avez pas volé assez haut : maintenant les tombes balbutient : « Sauvez donc les morts ! Pourquoi fait-il nuit si longtemps ? La lune ne nous enivre-t-elle pas ? »

Ô hommes supérieurs, sauvez donc les tombes, éveillez donc les cadavres ! Hélas ! Pourquoi le ver ronge-t-il encore ? L'heure approche, l'heure approche, –

– la cloche bourdonne, le cœur râle encore, le ver ronge le bois, le ver du cœur. Hélas ! *hélas le monde est profond* !

6.

Douce lyre ! Douce lyre ! J'aime le son de tes cordes, ce son enivré de crapaud flamboyant ! – comme ce son me vient de jadis et de loin, du lointain, des étangs de l'amour !

Vieille cloche ! Douce lyre ! toutes les douleurs t'ont déchiré le cœur, la douleur du père, la douleur des ancêtres, la douleur des premiers parents, ton discours est devenu mûr, –

mûr comme l'automne doré et l'après-midi, comme mon cœur de solitaire – maintenant tu parles : le monde lui-même est devenu mûr, le raisin brunit.

– maintenant il veut mourir, mourir de bonheur. Ô hommes supérieurs, ne le sentez-vous pas ? Secrètement une odeur monte,

– un parfum et une odeur d'éternité, une odeur de vin doré, bruni et divinement rosé de vieux bonheur,

– un bonheur enivré de mourir, un bonheur de minuit qui chante : le monde est profond *et plus profond que ne pensait le jour.*

7.

Laisse-moi ! Laisse-moi ! Je suis trop pur pour toi. Ne me touche pas ! Mon monde ne vient-il pas de s'accomplir ?

Ma peau est trop pure pour tes mains. Laisse-moi, jour sombre, bête et lourd ! L'heure de minuit n'est-elle pas plus claire ?

Les plus purs doivent être les maîtres du monde, les moins connus, les plus forts, les âmes de minuit qui sont plus claires et plus profondes que tous les jours.

Ô jour, tu tâtonnes après moi ? Tu tâtonnes après mon bonheur ? Je suis riche pour toi, solitaire, une source de richesse, un trésor ?

Ô monde, tu me veux ? Suis-je mondain pour toi ? Suis-je religieux ? Suis-je devin pour toi ? Mais jour et monde, vous êtes trop lourds,

– ayez des mains plus sensées, saisissez un bonheur plus profond, un malheur plus profond, saisissez un dieu quelconque, ne me saisissez pas

– mon malheur, mon bonheur est profond, jour singulier, et pourtant je ne suis pas un dieu, pas un enfer de dieu : *profonde est sa douleur.*

8.

La douleur de Dieu est plus profonde, ô monde singulier ! Saisis la douleur de Dieu, ne me saisis pas, moi ! Que suis-je ? Une douce lyre pleine d'ivresse, –

– une lyre de minuit, une cloche-crapaud que personne ne comprend, mais qui *doit* parler devant des sourds, ô hommes supérieurs ! Car vous ne me comprenez pas !

C'en est fait ! C'en est fait ! Ô jeunesse ! Ô midi ! Ô après-midi ! Maintenant le soir est venu et la nuit et l'heure de minuit, – le chien hurle, et le vent :

– le vent n'est-il pas un chien ? Il gémit, il aboie, il hurle. Hélas ! Hélas ! Comme elle soupire, comme elle rit, comme elle râle et geint, l'heure de minuit !

323

Comme elle parle sèchement, cette poétesse ivre ! A-t-elle dépassé son ivresse ? a-t-elle prolongé sa veille, se met-elle à remâcher ?

– Elle remâche sa douleur en rêve, la vieille et profonde heure de minuit, et plus encore sa joie. Car la joie, quand déjà la douleur est profonde : *la joie est plus profonde que la peine.*

9.

Vigne, que me joues-tu ? Ne t'ai-je pas coupée ? Je suis si cruel, tu saignes : que veut la louange que tu adresses à ma cruauté ivre ?

« Tout ce qui s'est accompli, tout ce qui est mûr – veut mourir ! » ainsi parles-tu. Béni soit, béni soit le couteau du vigneron ! Mais tout ce qui n'est pas mûr veut vivre : hélas !

La douleur dit : « Passe ! va-t'en douleur ! » Mais tout ce qui souffre veut vivre, pour mûrir, pour devenir joyeux et plein de désirs,

– plein de désirs de ce qui est plus lointain, plus haut, plus clair. « Je veux des héritiers, ainsi parle tout ce qui souffre, je veux des enfants, je ne me veux pas *moi*. » –

Mais la joie ne veut ni héritiers ni enfants, – la joie se veut elle-même, elle veut l'éternité, le retour des choses, tout ce qui se ressemble éternellement.

La douleur dit : « Brise-toi, saigne, cœur ! Allez jambes ! Volez ailes ! Au loin ! Là-haut, douleur ! » Eh bien ! Allons ! Ô mon vieux cœur : *la douleur dit : passe et finis !*

10.

Ô hommes supérieurs, que vous en semble ? Suis-je un devin ? suis-je un rêveur ? suis-je un homme ivre ? un interprète des songes ? une cloche de minuit ?

Une goutte de rosée ? une vapeur et un parfum de l'éternité ! Ne l'entendez-vous pas ? Ne le sentez-vous pas ? Mon monde vient de s'accomplir, minuit c'est aussi midi.

La douleur est aussi une joie, la malédiction est aussi une bénédiction, la nuit est aussi un soleil, – éloignez-vous, ou bien l'on vous enseignera qu'un sage est aussi un fou.

Avez-vous jamais approuvé une joie ? Ô mes amis, alors vous avez aussi approuvé *toutes* les douleurs. Toutes les choses sont enchaînées, enchevêtrées, amoureuses, –

– vouliez-vous jamais qu'une même fois revienne deux fois ? Avez-vous jamais dit : « Tu me plais, bonheur ! Moment ! Clin d'œil ! » C'est *ainsi* que vous voudriez que *tout* revienne !

– tout de nouveau, tout éternellement, tout enchaîné, enchevêtré, amoureux, ô c'est ainsi que vous avez *aimé* le monde, –

– vous qui êtes éternels, vous l'aimez éternellement et toujours : et vous dites aussi à la douleur : passe, mais reviens : *car toute joie veut – l'éternité !*

11.

Toute joie veut l'éternité de toutes choses, elle veut du miel, du levain, une heure de minuit pleine d'ivresse, elle veut la consolation des larmes versées sur les tombes, elle veut le couchant doré –

– *que* ne veut-elle pas, la joie ! Elle est plus assoiffée, plus cordiale, plus affamée, plus épouvantable, plus secrète que toute douleur, elle se veut *elle même*, elle se mord *elle-même*, la volonté de l'anneau lutte en elle, –

– elle veut de l'amour, elle veut de la haine, elle est dans l'abondance, elle donne, elle jette loin d'elle, elle mendie pour que quelqu'un veuille la prendre, elle remercie celui qui la prend. Elle aimerait être haïe, –

– la joie est tellement riche qu'elle à soif de douleur, d'enfer, de haine, de honte, de ce qui est estropié, soif du monde, – car ce *monde*, oh vous le connaissez !

Ô hommes supérieurs, c'est après vous qu'elle languit, la joie, l'effrénée, la bienheureuse, – elle languit, après votre douleur, vous qui êtes manqués ! Toute joie éternelle languit après les choses manquées.

Car toute joie se veut elle-même, c'est pourquoi elle veut la peine ! Ô bonheur, ô douleur ! Oh brise-toi, cœur ! Hommes supérieurs, apprenez-le donc, la joie veut l'éternité, – la joie veut l'éternité de *toutes* choses, *veut la profonde éternité !*

12.

Avez-vous maintenant appris mon chant ? Avez-vous deviné ce qu'il veut dire ? Eh bien ! Allons ! Hommes supérieurs, chantez mon chant, chantez à la ronde !

Chantez maintenant vous-mêmes le chant, dont le nom est « encore une fois », dont le sens est « dans toute éternité » ! – chantez, ô hommes supérieurs, chantez à la ronde le chant de Zarathoustra !

Ô homme ! Prends garde !
Que dit minuit profond ?
« J'ai dormi, j'ai dormi, –
« D'un profond sommeil je me suis éveillé : –
« Le monde est profond,
« et plus profond que ne pensait le jour
« Profonde est sa douleur, –
« La joie plus profonde que la peine.
« La douleur dit : passe et finis !
« Mais toute joie veut l'éternité,
« –   veut   la   profonde   éternité ! »

Le signe

Le matin cependant, au lendemain de cette nuit, Zarathoustra sauta de sa couche, se ceignit les reins et sortit de sa caverne, ardent et fort comme le soleil du matin qui sort des sombres montagnes.

« Grand astre, dit-il, comme il avait parlé jadis, profond œil de bonheur, que serait tout ton bonheur, si tu n'avais pas ceux que tu éclaires !

Et s'ils restaient dans leurs chambres, tandis que déjà tu es éveillé et que tu viens donner et répandre : comme ta fière pudeur s'en fâcherait !

Eh bien ! ils dorment encore, ces hommes supérieurs, tandis que moi je suis éveillé : ce ne sont pas là mes véritables compagnons ! Ce n'est pas eux que j'attends ici dans mes montagnes.

Je veux me mettre à mon œuvre et commencer ma journée : mais ils ne comprennent pas quels sont les signes de mon matin, le bruit de mon pas n'est point pour eux – le signal du lever.

Ils dorment encore dans ma caverne, leur rêve boit encore à mes chants de minuit. L'oreille qui m'écoute, – l'oreille qui obéit manque à leurs membres. »

– Zarathoustra avait dit cela à son cœur tandis que le soleil se levait : alors il jeta un regard interrogateur vers les hauteurs, car il entendait au-dessus de lui l'appel perçant de son aigle. « Eh bien ! cria-t-il là-haut, cela me plaît et me convient ainsi. Mes animaux sont éveillés, car je suis éveillé.

Mon aigle est éveillé et, comme moi, il honore le soleil. Avec des griffes d'aigle il saisit la nouvelle lumière. Vous êtes mes véritables animaux ; je vous aime.

Mais il me manque encore mes hommes véritables ! » –

Ainsi parlait Zarathoustra ; mais alors il arriva qu'il se sentit soudain entouré, comme par des oiseaux innombrables qui voltigeaient autour de lui, – le bruissement de tant d'ailes et la poussée autour de sa tête étaient si grands qu'il ferma les yeux. Et, en vérité, il sentait tomber sur lui quelque chose comme une nuée de flèches, lancées sur un nouvel ennemi. Mais voici, ici c'était une nuée d'amour, sur un ami nouveau.

« Que m'arrive-t-il ? pensa Zarathoustra dans son cœur étonné, et il s'assit lentement sur la grosse pierre qui se trouvait à l'entrée de sa caverne. Mais en agitant ses mains autour de lui, au-dessus et au-dessous de lui, pour se défendre de la tendresse des oiseaux, voici, il lui arriva quelque chose de plus singulier encore : car il mettait inopinément ses mains dans des touffes de poils épaisses et chaudes ; et en même temps retentissait devant lui un rugissement, – un doux et long rugissement de lion.

« *Le signe vient* », dit Zarathoustra et son cœur se transforma. Et, en vérité, lorsqu'il vit clair devant lui, une énorme bête jaune était couchée à ses pieds, inclinant la tête contre ses genoux, ne voulant pas le quitter dans son amour, semblable à un chien qui retrouve son vieux maître. Les colombes cependant n'étaient pas moins empressées dans leur amour que le lion, et, chaque fois qu'une colombe voltigeait sur le nez du lion, le lion secouait la tête avec étonnement et se mettait à rire.

En voyant tout cela, Zarathoustra ne dit qu'une seule parole : « *Mes enfants sont proches, mes enfants* », – puis il devint tout à fait muet. Mais son cœur était soulagé, et de ses yeux coulaient des larmes qui tombaient sur ses mains. Et il ne prenait garde à aucune chose, et il se tenait assis là, immobile, sans se défendre davantage contre les animaux. Alors les colombes voletèrent çà et là, se placèrent sur son épaule, en caressant ses cheveux blancs, et elles ne se fatiguèrent point dans leur tendresse et dans leur félicité. Le vigoureux lion, cependant, léchait sans cesse les larmes qui tombaient sur les mains de Zarathoustra en rugissant et en grondant timidement. Voilà ce que firent ces animaux. –

Tout cela dura longtemps ou bien très peu de temps : car véritablement il n'y a *pas* de temps sur la terre pour de pareilles choses. – Mais dans l'intervalle les hommes supérieurs s'étaient réveillés dans la caverne de Zarathoustra, et ils se préparaient ensemble à aller en cortège au devant de Zarathoustra, afin de lui présenter leur salutation matinale : car en se réveillant ils avaient remarqué qu'il n'était déjà plus parmi eux. Mais lorsqu'ils furent arrivés à la porte de la caverne, précédés par le bruit de leurs pas, le lion dressa les oreilles vivement et, se détournant tout à coup de Zarathoustra, sauta vers la caverne, avec des hurlements furieux ; les hommes supérieurs cependant, en l'entendant hurler, se mirent tous à crier d'une seule voix et, fuyant en arrière, ils disparurent en un clin d'œil.

Mais Zarathoustra lui-même, abasourdi et distrait, se leva de son siège, regarda autour de lui, se tenant debout, étonné, il interrogea son cœur, réfléchit et demeura seul. « Qu'est-ce que j'ai entendu ? dit-il enfin, lentement, que vient-il de m'arriver ? »

Et déjà le souvenir lui revenait et il comprit d'un coup d'œil tout ce qui s'était passé entre hier et aujourd'hui. « Voici la pierre, dit-il en se caressant la barbe, c'est *là* que j'étais assis hier matin : et c'est là que le devin s'est approché de moi, c'est là que j'entendis pour la première fois le cri que je viens d'entendre, le grand cri de détresse.

Ô hommes supérieurs, c'est *votre* détresse que me prédisait hier matin ce vieux devin, –

– c'est vers votre détresse qu'il voulut me conduire pour me tenter : ô Zarathoustra, m'a-t-il dit, je viens pour t'induire à ton dernier péché.

À mon dernier péché ? s'écria Zarathoustra en riant avec colère de sa propre parole : qu'est-ce qui m'a été réservé comme mon dernier péché ? »

– Et encore une fois Zarathoustra se replia sur lui-même, en s'asseyant de nouveau sur la grosse pierre pour réfléchir. Soudain il se redressa :

– « *Pitié ! La pitié pour l'homme supérieur* ! s'écria-t-il et son visage devint de bronze. Eh bien ! *Cela* a eu son temps !

– Ma passion et ma compassion –qu'importent d'elles ? Est-ce que je recherche *le bonheur* ? Je recherche mon *œuvre*.

Eh bien ! Le lion est venu, mes enfants sont proches, Zarathoustra a mûri, mon heure est venue : –

– Voici mon aube matinale, *ma* journée commence, lève-toi donc, *lève-toi, ô grand midi* ! » –

Ainsi parlait Zarathoustra et il quitta sa caverne, ardent et fort comme le soleil du matin qui surgit des sombres montagnes.

[1] Pierre Hidalgo, professeur de philosophie et principal correcteur de ce texte Ã©lectronique, a effectuÃ© une seule modification sur la traduction de Henri Albert : il a remplacÃ© le terme surhumain par surhomme qui rend mieux compte, Ã son sens, de lâ€™allemand Ã¼bermensch. [Note Ebooks libres et gratuits.]

www.feedbooks.com
Food for the mind

Printed in Great Britain
by Amazon

46530045R00203